Der Schutz elektronischer Daten im Verfassungsrecht

Studien zum deutschen und europäischen Medienrecht

herausgegeben von Dieter Dörr und Udo Fink

mit Unterstützung der Dr. Feldbausch Stiftung

Bd. 51

PETER LANG
Frankfurt am Main · Berlin · Bern · Bruxelles · New York · Oxford · Wien

Eva Aernecke

Der Schutz elektronischer Daten im Verfassungsrecht

Bedrohungen durch neue Ermittlungsmethoden

PETER LANG
Internationaler Verlag der Wissenschaften

Bibliografische Information der Deutschen Nationalbibliothek
Die Deutsche Nationalbibliothek verzeichnet diese Publikation in der Deutschen Nationalbibliografie; detaillierte bibliografische Daten sind im Internet über http://dnb.d-nb.de abrufbar.

Zugl.: Mainz, Univ., Diss., 2012

D 77
ISSN 1438-4981
ISBN 978-3-631-63317-5

Internationaler Verlag der Wissenschaften
Frankfurt am Main 2012

www.peterlang.de

Meinen Eltern

Vorwort des Herausgebers

Seit dem Volkszählungsurteil des Bundesverfassungsgerichts wird dem Datenschutz bzw. dem Recht auf informationelle Selbstbestimmung ein hoher Rang zugebilligt. Das Bundesverfassungsgericht hat deutlich gemacht, dass jeder grundsätzlich über Preisgabe und Verwendung seiner Daten selbst bestimmen darf. Dieses Recht steht angesichts moderner Ermittlungsmethoden vor ganz neuen Herausforderungen. Insbesondere nach den Terroranschlägen vom 11. September 2001 werden aufgrund neuer Gesetze immer mehr Daten gesammelt, die sowohl präventiv als auch repressiv gegen Terrornetzwerke wirken sollen. Das Bundesverfassungsgericht hat in neuen Entscheidungen auf diese Entwicklungen reagiert. Dabei bleibt aber durchaus unklar, wie die Schutzbereiche der einzelnen Grundrechte voneinander abgegrenzt werden sollen, und ob dieser Weg wirklich geeignet ist, den notwendigen Schutz zu vermitteln. Daher ist es außerordentlich verdienstvoll, dass sich die Dissertation von Eva Aernecke diesen Problemen umfassend annimmt.

Die Verfasserin hat ihre Abhandlung nach einer kurzen Einleitung in vier Kapitel unterteilt, an die sich eine Zusammenfassung anschließt. Im ersten Kapitel setzt sie sich mit der grundlegenden Frage auseinander, wie sich Sicherheit und individuelle Freiheit zueinander verhalten. Im zweiten Kapitel wird die neuere Rechtsprechung des Bundesverfassungsgerichts zum elektronischen Datenschutz dargestellt. Das dritte Kapitel ist der kritischen Analyse dieser Entscheidungen gewidmet. Im vierten Kapitel entwickelt die Verfasserin einen eigenen Lösungsvorschlag, der auf ein neues Datenschutzgrundrecht hinausläuft, das nach ihrer Auffassung in Art. 2 als Absatz 3 verankert werden sollte.

Eva Aernecke hat eine insgesamt sehr gut gelungene Dissertation zu einer überaus aktuellen und rechtspraktisch höchst bedeutsamen Fragestellung vorgelegt, die ihre besonderen Stärken in der genauen Darstellung der verfassungsgerichtlichen Rechtsprechung und ihrer Würdigung hat. Auf dieser Grundlage gelingt es ihr, einen eigenen, solide begründeten Lösungsvorschlag zu entwickeln, der die künftige Diskussion ganz ohne Zweifel anregen und beleben wird.

Mainz, im April 2012 Dieter Dörr

Vorwort der Verfasserin

Die vorliegende Arbeit wurde im Wintersemester 2011/2012 vom Fachbereich Rechts- und Wirtschaftswissenschaften der Johannes Gutenberg-Universität Mainz als Dissertation angenommen. Sie befindet sich auf dem Stand November 2011.

Ich danke Herrn Professor Dr. Dieter Dörr, der meine Dissertation während der Mitarbeit an seinem Lehrstuhl immer fürsorglich unterstützt hat. Herrn Professor Dr. Friedhelm Hufen bin ich für die sehr schnelle Erstellung des Zweitgutachtens ebenfalls zu Dank verpflichtet. Herrn Professor Dr. Dieter Dörr und Herrn Professor Dr. Udo Fink danke ich auch für die Aufnahme meiner Arbeit in ihre Schriftenreihe zum deutschen und europäischen Medienrecht.

Meinen Kolleginnen und Kollegen des Fachbereichs Rechts- und Wirtschaftswissenschaften und ganz besonders am Lehrstuhl für Öffentliches Recht, Völker- und Europarecht, Medienrecht danke ich ganz herzlich für eine sehr harmonische und produktive Zusammenarbeit und viele fruchtbare Gespräche.

Ich danke meinen Eltern. Sie haben mich während des Studiums und der Dissertation immer unterstützt. Ihnen ist dieses Buch gewidmet.

Mainz, April 2012 Eva Aernecke

Inhaltsverzeichnis

Es gibt wohl kein Wort, dem man mehr unterschiedliche Bedeutung gegeben hätte als dem Wort Freiheit. Kein Wort hat die Geister so vielfältig gefesselt.

Charles-Louis Montesquieu, Vom Geist der Gesetze, 1748, 11. Buch, 2. Kapitel.

Einleitung

„Nach deutschem Verständnis geht es beim Datenschutz nicht allein darum, in Ruhe gelassen zu werden, vielmehr soll jeder grundsätzlich über Preisgabe und Verwendung seiner Daten bestimmen." So hat die Journalistin Katja Gelinsky in einem vergleichenden Beitrag zum Datenschutz aus amerikanischer und deutscher Sicht in der Frankfurter Allgemeinen Zeitung[1] zusammenfassend den Hintergrund des deutschen Datenschutzrechts dargestellt. Gerade im Gegensatz zum amerikanischen Recht zeichnet sich das deutsche Datenschutzrecht dadurch aus, dass es sich am höchsten Schutzgut – der Menschenwürde aus Art. 1 Abs. 1 GG – orientiert und somit eine Maßnahme bei Verletzung des Menschenwürdekerns keiner Rechtfertigung mehr zugänglich ist.

Bei den Deutschen besteht, geprägt durch die historischen Erfahrungen, ein stärkeres Bewusstsein für die Gefahren, die durch staatliche Überwachung entstehen können. Aufgrund der Anschläge des 11. 9. 2001 („9/11") auf das Welthandelszentrum in New York, auf das Pentagon in Washington und des Absturzes des Flugzeugs in Pennsylvania hat sich das Gefühl der Angst vor neuen Anschlägen auf der ganzen Welt verstärkt. Mit der Suche nach der absoluten Sicherheit geht jedoch auch die Aufgabe der eigenen Anonymität einher, da immer mehr Daten beim Staat mit dem Ziel gesammelt werden, Kriminelle oder Terroristen zu ermitteln.

Nach den Terroranschlägen vom 11. 9. 2001 und den U-Bahn Anschlägen in Madrid und London hat sich auch die Datenschutzwelt in Deutschland deutlich verändert. Das Bundesministerium des Inneren reagierte auf die sich neu – insbesondere auch durch die direkten Terrordrohungen gegen Deutschland – entwi-

1 *K. Gelinsky*, FAZ vom 28.05.2010, S. 10.

ckelte Sicherheitslage mit etlichen Gesetzesentwürfen, die sowohl präventiv als auch repressiv gegen die Terrornetzwerke wirken sollten. So wurden mehrere Sicherheitspakete vorgelegt und vom Bundestag beschlossen[2], die sodann die Debatte auslösten, inwiefern Freiheit für Sicherheit weichen müsse.[3] Die immer voranschreitende Datensammlung, die der Staat monopolartig für sich bereithalten will, wie dies beispielsweise bei der Online-Durchsuchung, der Vorratsdatenspeicherung oder der Kfz-Kennzeichenerfassung der Fall ist, steht gerade für diese Entwicklung, die sich vom absoluten Freiheitsgedanken – also der Freiheit des Einzelnen, selbst über seine Daten zu verfügen – zu verabschieden scheint. Es ist mittlerweile fast selbstverständlich geworden, dass auf öffentlichen Plätzen gefilmt wird, ein Mobiltelefon an jeder beliebigen Stelle geortet werden kann und sowohl Anrufe abgehört als auch die Umstände der Telekommunikation ohne größeren technischen Aufwand ermittelt werden können. Das Erstellen von Persönlichkeitsprofilen ist damit ein Leichtes und führt zu deutlich stärkeren Eingriffen in das Persönlichkeitsrecht, als etwa die Volkszählung im Jahr 1983, die noch auf großen Widerstand stieß. In der Folge führt dies dazu, dass Rückzugsräume für die Bürger schwinden, an denen sie sich ihrer Daten und ihrer persönlichen, auch intimen, Freiheit sicher sein können. Andererseits begibt sich der Bürger auch freiwillig auf nicht mehr eigens zu beherrschendes Terrain: die Nutzung des sog. Cloud Computing ist eine Entwicklung, die es ermöglichen soll, zu jeder Zeit und (sofern technisch möglich) von jedem Ort auf die gespeicherten Daten zugreifen zu können und sich dadurch in einer virtuellen Datenwolke bewegen zu können.[4] Mancher spricht sogar davon, dass die gespeicherten Daten einen solchen Grad an Intimität erreichen können, wie er in einer Fa-

---

2 Die ersten Pakete waren dabei das Anti-Terror-Paket I, das insbesondere die Strafbarkeit terroristischer Vereinigungen in § 129b StGB vorsah (BGBl. I 2001, S. 3319) und das Anti-Terror-Paket II, das allgemein als Terrorismusbekämpfungsgesetz (BGBl. I 2002, S. 361) normiert wurde und die Kompetenzen der Sicherheitsbehörden ausdehnte. Darauf folgten dann mehrere einzelne Ermächtigungen für die Staatsschutzorgane, wie beispielsweise das Gesetz zur Errichtung gemeinsamer Dateien von Polizeibehörden und Nachrichtendiensten des Bundes und der Länder (BGBl. I 2006, S. 3406); vgl. hierzu auch das Dokument des wissenschaftlichen Dienstes des Bundestages zu den Maßnahmen nach dem 11. September 2011, abrufbar unter: http://www.bundestag.de /dokumente/analysen/2007/Terrorismusbekaempfung_kor.pdf (Stand: März 2012).

3 Dies betrifft beispielsweise die Rasterfahndung, die zur Ermittlung sog. Schläfer angewandt wurde.

4 Vgl. *B. Mester*, DuD 2010, S. 675.

milie üblich ist.[5] Dieses Speichern von persönlichen bis hin zu intimen Daten in einem nicht eigens beherrschbaren System oder Raum birgt vielerlei Missbrauchsgefahren und stellt die Rechtsprechung vor immer größere Herausforderungen. Es müssen neue Wege gefunden werden, einen effektiven Schutz gegen Eingriffe in die persönlich gespeicherten Daten zu gewährleisten. Auch ein angemessener Ausgleich zwischen Freiheit und Sicherheit muss aufgrund der sich immer weiter entwickelnden Informationsgesellschaft gefunden werden.

Diese Entwicklung bringt jedoch grundrechtliche Probleme mit sich. Insbesondere im Rahmen der Internet- und Telekommunikationssachverhalte stellt sich sowohl durch die Konvergenz der Medien als auch durch den schnellen technischen Fortschritt die Frage, ob und wenn ja inwieweit an den bisherigen Schutzbereichsdefinitionen festgehalten werden kann. Insbesondere muss das Festhalten an veralteten Technikmaßstäben in Frage gestellt werden, da bei derselben präventiven oder repressiven Maßnahme, wie z. B. einer E-Mail Überwachung, unterschiedliche Grundrechte betroffen sein können, je nachdem, an welcher Stelle der Eingriff erfolgt. Diese unterschiedliche Behandlung gilt es zu vereinheitlichen, so dass vergleichbare Sachverhalte gleich behandelt werden.

Die folgende Abhandlung soll anhand von Entscheidungen des Bundesverfassungsgerichts die Schutzbereiche der jeweils im Kontext des Datenschutzes einschlägigen Grundrechte darstellen und einen Ein- und Ausblick schaffen, wie den zukünftigen technischen Gegebenheiten und daraus erwachsenden Gefahren für die Datensicherheit verfassungsrechtlich entgegengetreten werden kann. Im Einzelnen soll untersucht werden, inwieweit die datenschutzrelevanten Sachverhalte unter Art. 10 Abs. 1 Alt. 3, Art. 13 Abs. 1 und/oder Art. 2 Abs. 1 i.V.m. Art. 1 Abs. 1 GG subsumiert werden können und ob die Rechtsprechung hier konsequente, denklogisch notwendige und zukunftsorientierte Wege geht.

Ob die Sachverhalte der neuartigen Ermittlungsmethoden tatsächlich Eingriffe in Art. 13, Art. 10 oder Art. 2 Abs. 1 i.V.m. Art. 1 Abs. 1 GG darstellen, ist nicht nur akademischer Natur. Die Schranken der Grundrechte sind unterschiedlich ausgestaltet: Das Recht auf informationelle Selbstbestimmung untersteht nach der Rechtsprechung des Bundesverfassungsgerichtes der Schrankentrias

---

5 Vgl. *J. Rux*, JZ 2007, S. 285 (293).

des Art. 2 Abs. 1 GG, mithin einem einfachen Gesetzesvorbehalt[6], Art. 13 GG hingegen statuiert in den Absätzen 3 ff. qualifizierte Grundrechtsschranken (z.B. den Richtervorbehalt in Art. 13 Abs. 3, 4 GG) für die Überwachung von Wohnungen, wodurch weitaus höhere Hürden für Eingriffe in dieses Grundrecht aufgestellt werden.[7] Art. 10 GG hingegen ist ein Grundrecht, das nach Art. 10 Abs. 2 S. 1 GG durch oder aufgrund eines Gesetzes eingeschränkt werden darf. Somit liegt auch hier eine nicht qualifizierte Schranke vor. Im Verhältnis zu Art. 2 Abs. 1 i.V.m. Art. 1 Abs. 1 GG ist aber Art. 10 GG lex specialis.[8]

In einem ersten Schritt soll die Darstellung der verfassungsrechtlichen Fragen erfolgen, die insbesondere das Spannungsverhältnis zwischen Freiheit und Sicherheit des Bürgers verdeutlicht (1. Kapitel). Darauf folgen die Darstellung der Entscheidungen des Bundesverfassungsgerichts (2. Kapitel) und die kritische Beurteilung (3. Kapitel). Abschließend wird ein eigener Lösungsvorschlag entwickelt (4. Kapitel).

1. Kapitel – Sicherheit versus Freiheit

Im Volkszählungsurteil[9] – die erste Entscheidung des Bundesverfassungsgerichts zum verfassungsrechtlichen Datenschutz – hat das Paradigma der Freiheitssicherung hinsichtlich persönlicher Daten Eingang in das deutsche Verfassungsrecht gefunden. Hiernach soll jeder frei über seine Daten verfügen können, wenn diese unmittelbaren Personenbezug haben und damit Teil der Persönlichkeit sind. Vom Schutz der Daten ist dementsprechend die autonome Entscheidung über den Datenzugang und die Datenverwendung umfasst. Diese Selbstbestimmung und ein darauf aufbauendes Recht zum Selbstschutz stellen dabei die

---

6 BVerfGE 65, 1 (44); *M. Kutscha*, in: Roggan/Kutscha (Hrsg.), Handbuch zum Recht der inneren Sicherheit, S. 38 f.

7 Vgl. zu den Gesetzesvorbehalten *J.-D. Kühne,* in: Sachs (Hrsg.), GG-Kommentar, Art. 13 Rn. 25 ff.

8 Vgl. *C. Gusy,* in: v. Mangoldt/Klein/Starck (Hrsg.), GG-Kommentar, Art. 10, Rn. 103; *G. Hermes,* in: Dreier (Hrsg.), GG-Kommentar, Band I, Art. 10, Rn. 94.

9 BVerfGE 65, 1.

zentralen Elemente des verfassungsrechtlichen Freiheitsregimes dar, von dem auch der Datenschutz umfasst ist.[10]

Diese Grundprinzipien finden jedoch da ihre Grenzen, wo ein tatsächliches freies Entscheiden über die Preisgabe von Informationen rein tatsächlich nicht mehr möglich ist. Aufgrund der Entwicklung der Computertechnologie und vieler neuer elektronischer Dienste sowie der dadurch bedingten praktisch unausweichlichen Abhängigkeiten von der schwer zu beherrschenden Technik hat sich der Bereich der Freiheitsentfaltung verändert. So kann der Nutzer von Datenverarbeitungsprogrammen oder von Kommunikationswegen die Daten nicht mehr selbst beherrschen.

Die gewährte Freiheit erfährt jedoch auch auf anderer Ebene Einschränkungen, nämlich dort, wo dem Datenschutz gewichtige Sicherheitsgründe gegenüberstehen. Daher ist grundsätzlich abzuwägen, ob der Freiheit (auch der Daten) des Einzelnen oder der Sicherheit Vorrang eingeräumt wird. So ist im Laufe der Entscheidungen des Bundesverfassungsgerichts, ausgehend vom „ersten Datenschutz-Urteil" zur Volkszählung, ein sich wandelndes Freiheitsverständnis zu beobachten: Der Grundrechtsträger kann sich aufgrund der heimlich angewandten Maßnahmen seiner Freiheit nicht mehr sicher sein.[11] Vielmehr muss er regelmäßig damit rechnen, zumindest im Rahmen von Maßnahmen, die alle Bürger erfassen, miterfasst zu werden.

Bei Aufklärungs- oder auch Gefahrenabwehrfragen des Staates, mit denen er den Schutz der Bürger bezweckt, ist es regelmäßig eine verfassungsrechtliche und -politische Gratwanderung, wie viel Freiheit des Einzelnen aufgegeben werden muss, um den Schutz der Bevölkerung im Allgemeinen bestmöglich herstellen zu können. So stellen sich beispielsweise bei Maßnahmen, die informationstechnische Systeme betreffen, rein praktische Fragen, nämlich ob der Staat mit privaten Softwareherstellern zusammenarbeiten muss, um die jeweiligen Programme in die digitale Welt zu bringen, beispielsweise durch Viren oder Trojanische Pferde.[12] Oder inwiefern der private Firewall-Dienstleister ver-

10 Vgl. *W. Hoffmann-Riem,* Grundrechts- und Funktionsschutz für elektronisch vernetzte Kommunikation, AöR 2009, S. 513 (526).

11 Vgl. *O. Lepsius,* Großer Lauschangriff (Teil I), JURA 2005, S. 433 (435).

12 Vgl. *U. Buermeyer,* Online-Durchsuchung – Technischer Hintergrund, HRRS 2007, S. 154 (155 ff.).

pflichtet werden kann, nutzbare Sicherheitslücken nur an den Staat und nicht mehr an seine Kunden zu melden.[13] Auch die Internationalisierung bringt weitere Sicherheitsrisiken: so hat das Schengener Abkommen[14] die Grenzen nicht nur für rechtschaffende, sondern auch für kriminelle Bürger geöffnet. Daher müssen auch die Sicherheitsanforderungen internationalisiert werden, um kriminelle, insbesondere auch länderübergreifende terroristische Netzwerke aufzuspüren und zerschlagen zu können.[15] Bereits 1792 wurde der Satz „Ohne Sicherheit ist keine Freiheit" von *Wilhelm v. Humboldt* geprägt[16] – es besteht also ein Spannungsverhältnis zwischen diesen gegenpoligen „Rechten".[17]

In der Verfassung selbst wird gerade keine grundsätzliche Entscheidung darüber getroffen, auf welche Waagschale nun im Einzelfall mehr Gewicht entfallen soll.[18] So muss auf die verfassungsmäßigen Prinzipien abgestellt und daraus abgeleitet werden, wie das Verhältnis ausgestaltet ist. Daher stellt sich die Frage, wie sich der ursprünglich liberale (Rechts-)Staatsbegriff und die Funktion der Gewährleistung von Sicherheit in verschiedenen Lebensbereichen miteinander verbinden lassen. Dieses Verhältnis zeigt sich als umso vielschichtiger, da sowohl der Begriff der Sicherheit als auch der Begriff des Rechtsstaats ständigen Veränderungen unterworfen ist: So wird die Sicherheit heute weiter verstanden und auch der Rechtsstaat wird und wurde, zunächst nach dem liberalen, dann nach dem sozialen Ansatz, in seiner ursprünglichen Funktion der Begrenzung der staatlichen Macht immer weiter zurückgedrängt.[19] Hieran zeigt sich aber auch, dass sowohl die Sicherheit als auch der Rechtsstaat selbst als zwei Seiten derselben Medaille angesehen werden können: sie beeinflussen sich gegensei-

13 Vgl. Bedenken *P. Schaar/S. Landwehr*, K&R 2007, S. 202 (205).

14 Vgl. Titel V, Art. 67 bis 89 AEUV.

15 Vgl. zu diesem Problem auch *C. Callies*, DVBl. 2003, S. 1096 (1097).

16 *W. v. Humboldt,* Ideen zu einem Versuch, die Gränzen der Wirksamkeit des Staates zu bestimmen, S. 45.

17 Vgl. hierzu ausführlich *J. Masing,* JZ 2011, S. 753 ff.

18 Vgl. hierzu ausführlich insbesondere zum Ansatz „in dubio pro libertate/securitate" *W. Schwetzel*, Freiheit, Sicherheit, Terror, S. 101 ff. m.w.N.; so auch *K.-A. Schwarz*, in: Blaschke/Förster/Lumpp/Schmidt (Hrsg.), Sicherheit statt Freiheit, S. 32.

19 Vgl. zur Geschichte des Rechtsstaats *E.-W. Böckenförde*, Recht, Staat, Freiheit, S. 143 ff; auch *W. Brugger*, Freiheit und Sicherheit, insb. S. 21 ff; *ders.*, Gewährleistung von Freiheit und Sicherheit, in: VVDStRL 63, S. 121 ff.; *K. Sobota*, Das Prinzip Rechtsstaat, S. 263 ff.; *C. Callies*, Rechtsstaat und Umweltstaat, S. 53 ff. m.w.N.

tig.[20] Je mehr (Sicherheits-)Zuständigkeiten auf den Staat übertragen werden, desto weniger Freiheit verbleibt für den Einzelnen.

Der Rechtsstaat im liberalen Sinne besagt, dass die staatliche Herrschaft sich an das geschaffene Recht gleichermaßen wie die verpflichteten Bürger zu halten hat.[21] Das bedeutet, dass der Staat ein Gebilde ist, in dem nicht nach moralischen, sondern nach objektiv-pragmatischen Regeln gehandelt wird.[22] Dabei ist der Rechtsstaat im liberalen Sinne zunächst (noch) nicht mit der Aufgabe betraut, die Sicherheit der Bürger zu gewährleisten. Im liberalen Verständnis ist „der Staat die Antwort auf die Bedrohung des Menschen durch den Menschen, der Rechtsstaat die Antwort auf die Bedrohung des Menschen durch den Staat“[23]. Die Entfaltung des Menschen in seiner Persönlichkeit bedurfte also eines rechtlichen Rahmens, den der Staat schaffen sollte.

Warum sich die Bürger überhaupt zu einem Gebilde „Staat“ zusammenschließen wollen, wurde insbesondere ab dem 17. Jahrhundert thematisiert. Allen philosophischen Ansätzen war dabei zunächst gemein, dass der Mensch grundsätzlich frei sein will und der Zusammenschluss zum Staat nicht per se eine Zuständigkeitsübertragung in Gestalt einer Freiheitsaufgabe beinhalten soll. So erklärt *Hobbes* im Leviathan die Notwendigkeit der Formierung der Bürger zu einem Staat folgendermaßen: „Die Absicht und Ursache, warum die Menschen bei allem ihrem natürlichen Hang zur Freiheit und Herrschaft sich dennoch entschließen konnten, sich gewissen Anordnungen, welche die bürgerliche Gesellschaft erfordert zu unterwerfen, lag in dem Verlangen: sich selbst zu erhalten und ein bequemeres Leben zu führen […]“. Dabei bedürfe es deswegen einer ganzen Bürgerschaft, da „die beabsichtigte Sicherheit [nicht] dadurch erreicht werden [kann], dass sich nur einige wenige Menschen miteinander verbinden, weil bei einer geringen Anzahl die durch die wenigen Verbündeten erhaltene Verstärkung den Sieg ungewiss macht und den Feinden um so mehr Mut einflößt“.[24]

---

20 Vgl. *U. Volkmann*, Sicherheit und Risiko, JZ 2004, S. 696; so auch *C. Callies,* DVBl. 2003, S. 1096.

21 Als „Staat der Vernunft“ wurde der Rechtsstaat im 17. Jahrhundert bezeichnet, vgl. *C. T. Welcker*, Die letzten Gründe von Staat, Recht und Strafe, 1813, S. 25.

22 Vgl. *U. Volkmann,* Sicherheit und Risiko, JZ 2004, S. 696 (697).

23 *U. Volkmann,* Sicherheit und Risiko, JZ 2004, S. 696 (697).

24 *T. Hobbes*, Leviathan 1651, abgedruckt in: I. Fetscher (Hrsg.), Werkausgabe, Kapitel 17, S. 131; Hobbes geht dabei davon aus, dass der Mensch grundsätzlich ein asoziales

Auch *Locke*, der auf die absolute Freiheit und Gleichheit des Einzelnen und damit auf den Schutz des Einzelnen vor dem Staat besteht[25], erkennt die Notwendigkeit des Zusammenschlusses. Im Rahmen eines Gesellschaftsvertrages[26] sollen Rechte und Pflichten festgeschrieben werden, um die Rechte der Freiheit und Gleichheit auch gegenüber anderen Bürgern durchsetzen zu können und so Frieden zu schaffen: „Die einzige Möglichkeit, mit der jemand diese natürliche Freiheit aufgibt und die Fesseln bürgerlicher Gesellschaft anlegt, liegt in der Übereinkunft mit anderen, sich zusammenzuschließen und in eine Gemeinschaft zu vereinigen, mit dem Ziel eines behaglichen, sicheren und friedlichen Miteinanderlebens, in dem sicheren Genuß ihres Eigentums und in größerer Sicherheit gegenüber allen, die nicht zu dieser Gemeinschaft gehören."[27]

Kant definierte in seinem Werk „Die Metaphysik der Sitten" den Staat als „Vereinigung einer Menge von Menschen unter Rechtsgesetzen" und bestimmt dabei die drei Gewalten als unter den Staatsbegriff fallend, wie sie von *Locke*[28] und *Montesquieu*[29] entwickelt wurden und bis heute gelten.[30] In seiner Schrift „Zum ewigen Frieden" behandelt der Erste Definitivartikel die staatsrechtliche Ebene,

---

Wesen, ein Egoist ist und dies zum „Krieg eines jeden gegen jeden" führt. (Kapitel 13, S. 96). Daher benötigt der Mensch eine obere Gewalt, um die Ordnung durch Gesetze zu wahren, (Kapitel 13, S. 97).

25 Allgemein zur Sichtweise von Locke: *J. Braun*, Einführung in die Rechtsphilosophie, S. 201 f.

26 Vgl. *J. Locke,* Two Treaties of Government, 1689 Kapitel 8, 2. Abhandlung, in deutscher Sprache abgedruckt in: Euchner (Hrsg.), Zwei Abhandlungen über die Regierung, S. 261.

27 *J. Locke,* Two Treaties of Government, 1689 Kapitel 7, 2. Abhandlung, in deutscher Sprache abgedruckt in: Euchner (Hrsg.), Zwei Abhandlungen über die Regierung, S. 254, 260.

28 Vgl. *J. Locke,* Two Treaties of Government, 1689 Kapitel 5, 2. Abhandlung, in deutscher Sprache abgedruckt in: Euchner (Hrsg.), Zwei Abhandlungen über die Regierung, S. 219 ff; Locke geht dabei hinsichtlich der Entstehung des Staates von einem bereits bestehenden vorstaatlichen Recht aus. Der Naturzustand sei hier ein Zustand der Freiheit und Gleichheit (S. 201 f.).

29 „Alles wäre verloren, wenn ein und derselbe Mann oder dieselbe Körperschaft der Fürsten, des Adels oder des Volkes diese drei Gewalten ausübte: Gesetze zu erlassen, sie in die Tat umzusetzen und über Verbrechen und private Streitigkeiten zu richten", in: *C.-L. Montesquieu,* De l´esprit des lois („Vom Geist der Gesetze") 1748, abgedruckt in: Reclam-Ausgabe, übersetzt von K. Weigand, 2001, 11. Buch, 6. Kapitel, S. 216 (217).

30 *I. Kant,* Die Metaphysik der Sitten, abgedruckt in: Weischedel (Hrsg.), Werkausgabe Band VIII, 1968, Bd. VIII, S. 431.

nach der *Kant* erläutert, dass die Sicherung des Friedens nur mithilfe des Rechtsstaats und dem Republikprinzip erreicht werden kann.[31] *Hobbes, Locke* und *Kant* gingen hierbei jedoch noch vom liberalen Rechtsstaatsprinzip aus, wenn auch bereits soziale Ansätze vorhanden waren. Erkennbar ist dies insbesondere am gegenseitigen Anerkennen des Eigentums – auch und gerade durch Regeln des Staates.[32]

Heute stellt sich der Rechtsstaatsbegriff unter Einfluss des Sozialstaats nicht mehr zwingend als Gegenpol zur Sicherheit dar. Die soziale Sicherheit soll so gewährleistet sein, dass die vom Bürger geweckte Anspruchs- und Erwartungshandlung erfüllt wird, was die konjunkturelle Sicherheit[33] und letztlich natürlich auch die Sicherheit des Lebens und der Gesundheit der Bürger mit umfasst. Dieses Staatkonzept stellt daher das Gegenkonzept zum „Nachtwächterstaat"[34] dar. Die Ausweitung der Staatsaufgabe ist dem ursprünglichen Begriff des Rechtsstaats neu – die reine Funktion der Ordnungswahrung reicht hier nicht mehr aus, da nunmehr immer mehr Aufgaben auf den Staat übertragen werden.[35] Daher

---

31 Vgl. *I. Kant,* Zum ewigen Frieden, Ein philosophischer Entwurf 1795, in: Weischedel (Hrsg.), Schriften zur Anthropologie, Geschichtsphilosophie, Politik und Pädagogik 1, Band 11, S. 204 ff. Dabei erweise sich die republikanische Verfassung im Staat als die einzige adäquate Staatsform für den vernunftbegabten Menschen. Zum Verhältnis von Staat und Frieden in der Aufklärung ausführlich, *S. Schiedermair,* Der internationale Frieden und das Grundgesetz, S. 45 ff.

32 Vgl. hierzu auch der „Wandel zur materiellen Interpretation der Grundrechte" beim sozialen Rechtsstaat, *C. Callies*, Rechtsstaat und Umweltstaat, S. 61 f.

33 Vgl. *U. Volkmann,* Sicherheit und Risiko, JZ 2004, S. 696 (699).

34 Diese Begrifflichkeit geht auf *F. Lasalle* zurück: *ders.,* Gesammelte Reden & Schriften, Kapitel Arbeiterprogramm, S. 124 (152): „Entsprechend [...] faßt die Bourgeoisie den sittlichen Staatszweck so auf: er bestehe ausschließend und allein darin, die persönliche Freiheit und sein Eigentum zu schützen. Dies ist eine Nachtwächteridee, meine Herren, eine Nachtwächteridee deshalb, weil sie sich den Staat selbst nur unter dem Bilde eines Nachtwächters denken kann, dessen ganze Funktion darin besteht, Raub und Einbruch zu verhüten."

35 Vgl. auch *E. Schmidt-Aßmann*, in: J. Isensee/P. Kirchhof (Hrsg.) HStR I, Band II, § 26 Rn. 10, der hier Eckpunkte festlegt, die das Rechtsstaatsprinzip nun ausmachen: „Sicherheit, Schutz vor staatlicher Willkür und staatlichem Übermaß, Frieden und gerechter Ausgleich durch Recht und rechtlich geordnete Verfahren sind die hier wirksamen Konstanten."; Vgl. *U. Volkmann,* Sicherheit und Risiko, JZ 2004, S. 696 (699); weiter auch *K.-P. Sommermann*, Staatsziele und Staatszielbestimmungen, S. 203 ff.; *J. Isensee*, JZ 1999, S. 265 (271 f.).

wird auch im Grundgesetz in Art. 28 Abs. 1 S. 1 GG nunmehr vom „sozialen Rechtsstaat“ gesprochen.

Neuere Entwicklungen bringt auch das Vorsorgeprinzip hinsichtlich des Sicherheitsaspekts mit sich: Der Staat soll eine „Risikosicherheit“ schaffen[36], die alle Lebensbereiche umfasst: die Konjunktur-, die Gesundheits- und die Gefahrenabwehrpolitik.[37] Diese Entwicklung war notwendig, da neue Risiken durch immer neuere Entwicklungen in Wissenschaft und Forschung entstanden.[38] So bleibt im Ergebnis vom ursprünglichen Rechtsstaatsgedanken im engeren Sinne nicht mehr viel übrig. Vielmehr erscheint die Freiheit, auf die der Rechtsstaat einmal bezogen war, als gefährdet, weil nun jede Freiheitsbetätigung eine staatliche Maßnahme im Rahmen der Vorsorge nach sich ziehen kann, also „proaktives Handeln“ möglich und notwendig ist.[39] So entsteht eine totale Kontrolle der Bürger durch den Staat und ein Ausschluss der Kontrolle des Staates durch den Bürger, da seine Zuständigkeit weit nach vorne verlagert wird, dass eine Überprüfung mangels Maßstab – es ist noch nichts passiert – schwer erfolgen kann.[40]

Dies zeigt, dass sich das Rechtsstaatsprinzip den Anforderungen der Zeit durchaus anpassen kann und muss. Vom Verteilungsprinzip des klassischen Rechtsstaatsbegriffs zugunsten der individuellen Freiheit bleibt aber nicht mehr viel, da der Staat sich für etwaige Eingriffe lediglich rechtfertigen muss.[41] So hat auch *Hobbes* bereits formuliert: „Jedermann soll freiwillig, wenn andere ebenfalls

---

36 Vgl. umfassend zur „Staatspflicht zur Risikominderung“ *U. Di Fabio*, Risikoentscheidungen im Rechtsstaat, S. 41 ff.; vgl. *U. Volkmann*, Sicherheit und Risiko, JZ 2004, S. 696 (700); *ders.* Staatliche Schutzpflichten und Eingriffe in die Freiheitsrechte - Gestaltungsfreiheit des Staates und richterliche Kontrolle, in: Verein Deutscher Verwaltungsgerichtstag e.V. (Hrsg.), Dokumentation 16. Deutscher Verwaltungsgerichtstag, S. 301 (310), der die Auswirkungen auf den Gefahr- und Störerbegriff darstellt; ferner zur Risikoprävention: *E. Denninger*, Prävention und Freiheit, S. 9 f.; dies kritisierend *W. Hoffmann-Riem,* Freiheit und Sicherheit, ZRP 2002, S. 497 (499 f.), da eine Diskriminierung, wie im Fall der Rasterfahndung damit unausweichlich sei.

37 Vgl. *U. Volkmann*, Sicherheit und Risiko, JZ 2004, S. 696 (700 f.); hierzu auch *J. Masing,* JZ 2011, S. 753 (756).

38 Vgl. *C. Callies*, DVBl. 2003, S. 1096 (1097), zur Entwicklung von der konkreten Gefahrenabwehr zur umfassenden Risikovorsorge, *ders.,* DVBl. 2003, S. 1096 (1098 f.).

39 Vgl. darstellend zum Präventionsstaat *E. Denninger,* Freiheit durch Sicherheit?, in: Koch (Hrsg.) Terrorismus – Rechtsfragen der äußeren und inneren Sicherheit, S. 83 (88); *ders.,* Prävention und Freiheit, S. 19 f.

40 Vgl. *U. Volkmann*, Sicherheit und Risiko, JZ 2004, S. 696 (702).

41 Vgl. *H. Dreier*, in: ders. (Hrsg.), GG-Kommentar, Band I, Vorb. Rn. 88.

dazu bereit sind, auf sein Recht auf alles verzichten, soweit er dies um des Friedens und der Selbstverteidigung willen für notwendig hält; und er soll sich mit soviel Freiheit gegenüber anderen zufrieden geben, wie er anderen gegen sich selbst einräumen würde."[42] Nur der Freiheitsverzicht kann Sicherheit – damals noch im Hinblick auf das Prinzip des Kriegs jeder gegen jeden – gewährleisten. Diese Entwicklung zeigt jedoch auch, dass sich Freiheit und Sicherheit im Rechtsstaat nicht mehr voneinander trennen lassen[43], so dass es gerade jetzt, da der Vorsorge-Rechtsstaat in die Rechtsordnung Einzug gehalten hat, schwierig ist, beiden Interessen in gleicher Weise Rechnung zu tragen. Gerade dann, wenn noch kein tatsächlicher Anhaltspunkt, sondern erst ein Verdacht für einen Schaden an verfassungsmäßig geschützten Rechtsgütern vorliegt, mag die Aufgabe der Gewährleistung der Sicherheit bereits eingreifen, jedoch zum Preis der (zumindest teilweisen) Aufgabe der individuellen Freiheit. In diesen Fällen ist es nicht mehr eine verfassungsrechtliche, sondern eher eine verfassungspolitische Entscheidung, welchem Schutz – der Sicherheit oder der Freiheit – mehr Gewicht eingeräumt wird. Diese Entscheidung muss dementsprechend bei jedem Fall einzeln getroffen werden.[44] Es bedarf also einer neuen Balance zwischen Freiheit und Sicherheit, gerade durch neue Bedrohungen.[45] Diese neue „Austarierung" soll anhand der Bundesverfassungsgerichtsentscheidungen zu neuartigen Ermittlungsmethoden näher beleuchtet werden.

---

42 *T. Hobbes*, Leviathan 1651, abgedruckt in: I. Fetscher (Hrsg.), Werkausgabe, Kapitel 14, S. 100.

43 Vgl. *C. Callies,* DVBl. 2003, S. 1096 (1104 f.); so auch *U. Di Fabio,* NJW 2008, S. 421 (422); zu diesem Verhältnis auch: *J. Isensee,* Der Verfassungsstaat als Friedensgarant, in: Mellinghoff/Morgenthaler/Puhl (Hrsg.), Die Erneuerung des Verfassungsstaates, S. 7 (27 ff.); *C. Callies*, ZRP 2002, S. 1 (6).

44 Vgl. *W. Brugger,* Freiheit und Sicherheit, S. 102 ff.; so auch *C. Callies,* DVBl. 2003, S. 1096 (1105), der hier jeweils eine „Freiheitsverträglichkeitsprüfung" hinsichtlich der Maßnahmen zur Abwehr von Kriminalität fordert.

45 Vgl. *W. Hoffmann-Riem,* Freiheit und Sicherheit, ZRP 2002, S. 497 (501); so auch *U. Volkmann,* Staatliche Schutzpflichten und Eingriffe in die Freiheitsrechte – Gestaltungsfreiheit des Staates und richterliche Kontrolle, in: Verein Deutscher Verwaltungsgerichtstag e.V. (Hrsg.), Dokumentation 16. Deutscher Verwaltungsgerichtstag, S. 301.

A. Die Schutzgewährleistung im Verhältnis zur Freiheitsgewährung

Hinsichtlich der Schutzgewährleistung stehen sich wiederum die beiden Pole der Freiheit und Sicherheit gegenüber. Die Freiheitsrechte der mündigen Bürger, die auch einen Abwehranspruch gegenüber dem Staat gewährleisten, müssen in gleicher Weise beachtet werden. Die Abwehrfunktion der Grundrechte ist die älteste Ausprägung aller Grundrechtsfunktionen und die Begrenzung staatlicher Macht ist „vornehmste Aufgabe des Rechtsstaats"[46]. Ohne Sicherheit, als Gewährleistung der Sicherheit durch den Staat, kann auch die Freiheitsgewährleistung des Grundgesetzes nicht erfüllt werden. Zwischen Freiheit und Sicherheit besteht ein untrennbarer Zusammenhang – ohne das eine Element kann das andere nicht bestehen.[47] Im Ergebnis schränkt der Staat auch durch die Annahme seiner Schutzpflicht die Freiheit der Bürger nicht ein; vielmehr stärkt und gewährleistet er ihnen hierdurch das Recht auf Freiheit[48], was im Folgenden näher dargestellt wird.

Inwiefern es ein Grundrecht auf Sicherheit geben kann, ist seit jeher umstritten.[49] Es muss in jedem Fall eine angemessene Balance zwischen Schutz durch und Schutz vor dem Staat hergestellt werden. Sofern der Staat sich nämlich in der Pflicht sieht, schützende Maßnahmen zu ergreifen, beispielsweise – wie hier zu untersuchen sein wird – im Bereich der Gefahrenabwehr und Strafverfolgung, so sind diese immer auch vor dem Hintergrund der Freiheit des Einzelnen auf ihre Erforderlichkeit hin zu betrachten. Sobald also elementare Rechtsgüter der Menschen durch sicherheitsfördernde Maßnahmen des Staates bedroht werden, besitzt die Freiheit des Einzelnen zu Gunsten der Sicherheit kein Gewicht mehr. Aus diesem Grunde haben sich die Menschen zu einem Staatsverband zusammengeschlossen und damit auf die sich aus der Freiheit ergebenden Möglichkeit der Selbsthilfe verzichtet.[50]

---

46 M. Hansen/A. Pfitzmann/A. Roßnagel, DRiZ 2007, S. 225 (229).

47 Vgl. Sondervotum *E. Haas*, BVerfGE 115, 320 (374).

48 Vgl. Sondervotum *E. Haas*, BVerfGE 115, 320 (375).

49 Vgl. zum Grundrecht auf Sicherheit *J. Isensee*, Das Grundrecht auf Sicherheit 1983; *G. Robbers*, Sicherheit als Menschenrecht 1987.

50 Vgl. Sondervotum *E. Haas*, BVerfGE 115, 320 (375).

Bei der Darstellung dieses Spannungsverhältnisses wird somit klar, worauf die verfassungsrechtliche und verfassungspolitische Kritik bei der Durchführung staatlicher Maßnahmen immer zurückzuführen ist: im Ergebnis streiten jeweils die Aspekte der Sicherheit mit denen der Freiheitsgewährleistung des Einzelnen um größtmögliche Entfaltung. Daher ist bei der Argumentation im jeweiligen Einzelfall auf dieses Spannungsverhältnis im Rahmen der Verhältnismäßigkeit einzugehen.

B. Die Schutzpflicht als Ausprägung des Sicherheitsaspekts

Die Staatsaufgabe Sicherheit wird im materiellen Rechtsstaat durch die grundrechtliche Schutzpflicht „subjektiviert".[51] Unter der Schutzpflicht des Staates versteht man die Pflicht des Staates, nicht nur Eingriffe in grundrechtlich geschützte Güter zu unterlassen, sondern vor Eingriffen, auch durch Private, aktiv zu schützen.[52] Damit wird der abwehrrechtliche Charakter der Grundrechte durch einen Schutzcharakter ergänzt.

Die Existenz von Schutzpflichten ist durch das Bundesverfassungsgericht und die Literatur gleichermaßen anerkannt; lediglich hinsichtlich der Herleitung der Schutzpflicht bestehen unterschiedliche Ansichten.

I. Die Herleitung der Schutzpflicht

Zunächst bedarf es einer Herleitung der Schutzpflicht, da sie sich nicht generell für alle Grundrechte aus dem Gesetzestext des Grundgesetzes ergibt, sondern lediglich an besonderen Stellen wie in Art. 1 Abs. 1 S. 2 und Art. 6 Abs. 1 GG erwähnt wird. Jedoch hat die Schutzpflicht durch das Bundesverfassungsgericht dogmatische Konturen erhalten.

Die Schutzgüter der Grundrechte bedürfen nicht eines Schutzes gegenüber Eingriffen des Staates, sondern der Staat ist auch verpflichtet, diese Güter positiv zu

51 *C. Callies,* DVBl. 2003, S: 1096 (1101), ähnlich auch ; *K.-A. Schwarz*, in: Blaschke/Förster/Lumpp/Schmidt (Hrsg.), Sicherheit statt Freiheit, S. 47 f.

52 Vgl. *J. Dietlein*, Die Lehre von den grundrechtlichen Schutzpflichten, S. 16 m.w.N.

schützen, insbesondere, sofern Eingriffe von Seiten Privater drohen.[53] Das Bundesverfassungsgericht sieht in den Grundrechten einen unabhängigen, vom bestehenden Normensystem eigenständigen, objektiv-rechtlichen Grundrechtsgehalt und hat diesen anhand von Fällen zum Schutz von Leben und Gesundheit entwickelt.[54] Aus diesem Gehalt der Grundrechte leitet es sodann die staatliche Schutzpflicht als Unterfall dieses objektiv-rechtlichen Grundrechtsgehalts ab.[55] Hierin liegt die „verfassungsrechtliche Antwort“[56] auf die fehlende unmittelbare Grundrechtsbindung Privater.[57] Daher folgt aus der Schutzpflicht auch ein subjektiver Schutzanspruch, d.h. wenn der Staat seine Schutzpflicht verletzt, verletzt er auch das subjektive Grundrecht.[58] In der Entwicklung der Rechtsprechung ist als Leitentscheidung die Lüth-Entscheidung aus dem Jahre 1958 zu nennen, in der bereits im ersten Leitsatz klargestellt wurde, dass die Grundrechte zwar in erster Linie Abwehrrechte des Bürgers gegen den Staat seien, sich in den Grundrechtsbestimmungen des Grundgesetzes aber auch eine objektive Wertordnung widerspiegele. Diese gelte als verfassungsrechtliche Grundentscheidung für alle Bereiche des Rechts.[59] Damit hat das Gericht zum Ausdruck gebracht, dass die Grundrechte also nicht nur eine solche Dimension beinhalten, die dem Bürger eine abwehrrechtliche Position einräumen, sondern auch eine schutzgewährende.[60] Inwiefern auf diesen Schutz jedoch wiederum ein Anspruch bestehen kann, muss in einem zweiten Schritt beantwortet werden. Zur weiteren Ausgestaltung der Schutzpflicht sollen hier nun die Entscheidun-

---

53 Vgl. *D. Murswiek*, in: Sachs (Hrsg.), GG-Kommentar, Art. 2 Rn. 24.

54 vgl. BVerfGE 33, 195 (200 f.); 39, 1 (41), 46, 160 (164); 49, 89 (141 f.); 53, 30 (57); 56, 54 (73).

55 Vgl. *J. Dietlein*. Die Lehre von den grundrechtlichen Schutzpflichten, S. 51, der die staatlichen Schutzpflichten als „Postulat objektiv-rechtlicher Grundrechtsgehalte“ bezeichnet; vgl. ausführlich zu den Schutzpflichten auch *D. Dörr*, Die deutsche Handelsflotte und das Grundgesetz, S. 172 ff.; *R. Müller-Terpitz,* Der Schutz des pränatalen Lebens, S. 85; *K. Stern*, Staatsrecht III/1, S. 947 ff.

56 *E. Gurlit,* Verfassungsrechtliche Rahmenbedingungen des Datenschutzes, NJW 2010, S. 1035 (1040).

57 Vgl. in jüngerer Rechtsprechung BVerfGE 115, 118 (152).

58 Vgl. BVerfGE 77, 170 (214).

59 Vgl. BVerfGE 7, 198.

60 Vgl. hierzu auch *E. Schmidt-Aßmann*, in: Isensee/Kirchhof (Hrsg.) HStR, Band II, § 26 Rn. 32; *C. Callies*, in: Merten/Papier (Hrsg.), HbGR II, § 44, Rn. 3, der den Doppelauftrag insoweit als „Zwickmühle der Freiheit“ aufgrund der Handlungspflicht und gleichzeitiger Handlungsgrenzen bezeichnet.

gen zum Schwangerschaftsabbruch des Bundesverfassungsgerichts dargestellt werden.[61]

II. Die Entscheidungen des Bundesverfassungsgerichts zum Schwangerschaftsabbruch

Schutzpflichten sollen den Staat verpflichten eine Situation zu schaffen, in der die grundrechtlich geschützten Güter von dritter Seite, aus staatlicher oder privater Sphäre herrührend, nicht beeinträchtigt werden.[62] Am deutlichsten kommt diese Schutzdimension des Grundgesetzes im Falle des Art. 1 Abs. 1 S. 2 GG zum Ausdruck, da hierbei der Staat als Hoheitsträger nicht nur zur Achtung der Menschenwürde verpflichtet ist, sondern diese auch schützen muss.[63] Die Entscheidung des Bundesverfassungsgerichts in Sachen Schwangerschaftsabbruch im Rahmen der Fristenlösung aus dem Jahre 1975[64] bezeichnet *Isensee* daher auch als „Paukenschlag" in der Entwicklung der Grundrechtsdogmatik.[65] In Frage stand hier, ob sich eine schwangere Frau im Falle eines Schwangerschaftsabbruchs strafbar macht. Dabei stellte das Gericht fest, dass die Schutzpflicht des Staates auch das ungeborene Leben umfasst und dieser Schutz auch gegenüber

---

61 Ausführlich zur Herleitung und dem Umfang der Schutzpflichten *J. Dietlein*, Die Lehre von den grundrechtlichen Schutzpflichten, insb. S. 21 ff, S. 74 ff; *K.-A. Schwarz*, in: Blaschke/Förster/Lumpp/Schmidt (Hrsg.), Sicherheit statt Freiheit, S. 39 ff.; *R. Müller-Terpitz,* Der Schutz des pränatalen Lebens, insb. S. 82 ff. m.w.N.

62 Vgl. *M. Sachs*, Grundrechte, A 4, Rn. 27; Ein Staat muss also auch zum Schutz der Werte berufen sein, die er sich in der Verfassung gibt. Diese Argumentation hat bereits der sog. „Nachtwächterstaat" des 19. Jahrhunderts herangezogen. Der Bürger könne nämlich nachts ruhig schlafen, sofern der Staat seinen Schutzpflichten – zumindest für die Sicherheit des Bürgers – genüge. Der Staat solle also die Freiheitssphären der Bürger gegeneinander abschirmen. (vgl. hierzu *A. Hoyer*, Der Verhältnismäßigkeitsgrundsatz als Strukturelement der Rechtfertigungsgründe, in: R. Alexy (Hrsg.) Juristische Grundlagenforschung, S. 99 (108 f.), *R. Zippelius*, Allgemeine Staatslehre, § 29 II.

63 Vgl. *B. Pieroth/B. Schlink*, Grundrechte, Rn. 79; *C. Callies*, DVBl. 2003, S. 1096 (1101); *ders.,* Rechtsstaat und Umweltstaat 2001, S. 312 ff. (437 ff.).

64 Das Bundesverfassungsgericht hatte sich dabei mit der Frage zu beschäftigen, ob der damalige § 218 StGB in seiner Formulierung mit dem Grundgesetz vereinbar war. Es ging hierbei um die sog. „Fristenlösung", also ob die Schwangere unter bestimmten Voraussetzungen straffrei bleibt, wenn sie innerhalb der ersten 12 Wochen mit einem Arzt einen Schwangerschaftsabbruch vornimmt.

65 *J. Isensee,* Das Grundrecht auf Sicherheit, S. 27.

der Mutter durchgesetzt werden müsse. Dennoch könne es Gründe geben, dass die Schwangerschaft für eine Frau als unzumutbar angesehen wird, so dass es Ausnahmeregelungen bedürfe. Den Schwangerschaftsabbruch unter bestimmten Voraussetzungen unter Strafe zu stellen sei jedoch grundsätzlich durch das Grundgesetz geboten.[66]

Hier hat das Bundesverfassungsgericht festgestellt, dass die Schutzpflicht des Staates „umfassend" ist.[67] Dabei leitete das Gericht die Schutzpflicht zum einen aus der Lebensschutz- und zum anderen aus der Menschenwürdegarantie zugunsten des ungeborenen Lebens her.[68] Eine solche Verpflichtung ist zwar einerseits zu begrüßen, jedoch andererseits für die Praxis insoweit noch nicht tauglich ausgestaltet, als hieraus noch nicht ersichtlich ist, wie weit diese Verpflichtung gehen kann, d.h. in welchem Umfang eine solche Schutzpflicht besteht. Auch dieses Problems hat sich das Bundesverfassungsgericht in seiner frühen Entscheidung zum Schwangerschaftsabbruch angenommen und festgestellt, dass „die Schutzverpflichtung umso ernster genommen werden [muss], je höher der Rang des in Frage stehenden Rechtsgutes innerhalb der Wertordnung des Grundgesetzes anzusetzen ist."[69]

Der Umfang der Schutzpflicht wurde dann 1993 im Urteil Schwangerschaftsabbruch II des Bundesverfassungsgerichts näher konkretisiert.[70] Im fünften Leitsatz formulierte das Gericht den Umfang wie folgt: „Die Reichweite der Schutzpflicht für das ungeborene menschliche Leben ist im Blick auf die Bedeutung und Schutzbedürftigkeit des zu schützenden Rechtsguts einerseits und damit kollidierender Rechtsgüter andererseits zu bestimmen." Daraus folgt dass nunmehr, in Anlehnung an die erste Entscheidung aus 1973, weiterhin der Rang des zu schützenden Gutes herangezogen werden muss. Dabei ist jedoch – insbesondere im Falle des Schwangerschaftsabbruchs – zu bedenken, dass das Leben sowohl in Art. 2 Abs. 2, S. 1 GG als auch durch Art. 1 Abs. 1, S. 2 GG geschützt wird. Gerade im Falle der Tötung des Nasciturus durch einen vorsätzlichen Abbruch der Schwangerschaft sind besonders hohe Anforderungen an Zulässigkeit

66 Vgl. BVerfGE 39, 1.

67 Vgl. BVerfGE 39, 1 (42).

68 Vgl. hierzu ausführlich *R. Müller-Terpitz,* Der Schutz des pränatalen Lebens, S. 89.

69 BVerfGE 39, 1 (42).

70 BVerfGE 88, 203; hierzu auch *C. Callies,* in: Merten/Papier (Hrsg.),HbGR II, § 44 Rn. 5.

eines solchen zu stellen; dieser kann im Ergebnis nicht gerechtfertigt werden, auch wenn die im Rangverhältnis vergleichbaren Rechtsgüter der Mutter beeinträchtigt werden. Zu bedenken ist in diesem speziellen Fall gerade, dass es nicht möglich ist, einen Ausgleich dergestalt zu treffen, dass sowohl das Leben des Ungeborenen als auch die Freiheit des Abbruchs der Schwangerschaft durch die Frau gewahrt wird. Denn ein Abbruch bedeutet immer gleichzeitig die Vernichtung des ungeborenen Lebens.[71] Daher hat das Bundesverfassungsgericht in seiner ersten Entscheidung bereits festgestellt, dass das Selbstbestimmungsrecht der Frau alleine nicht ausreicht, um einen Schwangerschaftsabbruch zu rechtfertigen. Vielmehr müsse der Staat davon ausgehen, dass grundsätzlich eine Pflicht zur Austragung besteht[72], von der die Frau nur ausnahmsweise wegen schwerwiegender gesundheitlicher Beeinträchtigungen oder ähnlichen Umständen entbunden werden kann.[73] Diese Grundsatzentscheidung wurde auch im zweiten Urteil des Bundesverfassungsgerichts zum Schwangerschaftsabbruch bestätigt[74], wobei ferner festgestellt wurde, dass die Grundrechtspositionen der Frau auch dazu führen können, dass es in Ausnahmelagen zulässig, manchmal sogar geboten ist, eine Rechtspflicht zur Austragung des ungeborenen Kindes nicht aufzuerlegen.

Ferner muss zur Feststellung des Umfangs der Schutzpflicht abschließend eine Abwägung nach dem Verhältnismäßigkeitsgrundsatz[75] erfolgen; es müssen also kollidierende Rechtsgüter von Verfassungsrang in die Erwägungen einbezogen werden.[76] Dies ist jedoch gerade bei solchen Fallkonstellationen schwierig, in denen es lediglich ein „Ganz oder gar nicht“ gibt, wie im Falle der Tötung des ungeborenen Lebens.[77]

71 Vgl. BVerfGE 39, 1 (43); BVerfGE 88, 203 (255).

72 Vgl. BVerfGE 39, 1 (44).

73 Vgl. BVerfGE 39, 1 (44); BVerfGE 88, 203 (255).

74 Vgl. BVerfGE 88, 203 (255).

75 Vgl. BVerfGE 100, 313 (359); 109, 279 (335 ff.); 115, 320 (345); 118, 168 (193); 120, 274 (318 f.).

76 Insofern spricht *C. Callies* erneut von einer „Zwickmühle“, in der sich der Staat befindet, da er gleichzeitig grundrechtlichen Schutzpflichten und Abwehrrechten genügen muss, vgl. *C. Callies*, in: Merten/Papier (Hrsg.), HbGR II, § 44 Rn. 19.

77 Das Bundesverfassungsgericht hat in späteren Entscheidungen – über den Schutz des ungeborenen Lebens hinaus – weitere Arten von Schutzpflichten entwickelt: Schutz der Bürger vor Kernenergie (BVerfGE 49, 89 (140 ff.)), vor Straßenverkehrs- (BVerfGE

III. Die Kritik an der bundesverfassungsgerichtlichen Herleitung einer Schutzpflicht

Die Literatur bejaht mit dem Bundesverfassungsgericht die Annahme staatlicher Schutzpflichten, die zuvörderst darauf ausgelegt sind, Regelungen und Entscheidungen zu treffen, auf deren Grundlage sich die Bürger nicht gegenseitig schädigen.[78]

Nach einer teilweise vertretenen Ansicht in der Literatur hat sich diese Aufgabe, die Rechte der Bürger zu schützen, bereits vor Formulierung der Grundrechte aus dem Selbstverständnis des Staates herauskristallisiert. Nach Ansicht von *Sachs* bedeutet „die grundsätzliche Anerkennung der staatlichen Schutzaufgaben keineswegs notwendigerweise, dass sich die Pflicht zum Schutz der Grundrechtsgüter der Bevölkerung auch als Konsequenz der Grundrechtsbestimmung darstellt“.[79] Hiernach soll diese Aufgabe des Staates bereits vor der Anerkennung von Grundrechten bestanden haben und sei unabhängig von diesen Bestimmungen des Grundgesetzes anzuerkennen.

Murswiek hat sein Verständnis von Schutzpflichten als Gewährleistungspflichten von einem „Staat als Friedensordnung“ abgeleitet, denn die Anknüpfung an die objektiv-rechtliche Funktion der Grundrechte berge Unklarheiten sowohl über die Existenz als auch über den Umfang der Schutzpflichten.[80]

Nach Ansicht von *Dörr* muss weiter zwischen verschiedenen Formen von Schutzpflichten unterschieden werden. Dass es eine „allgemeine Schutzpflicht“ im Gegensatz zur besonders statuierten des Grundgesetzes, beispielsweise in Art. 6 Abs. 1 und Art. 4 GG, geben muss, ergebe sich aus einem „erst recht-

---

79, 174 (201 f.)) und Fluglärm (BVerfGE 56, 54 (73 f.), vor Schadstoffbelastung (BVerfGE, NJW 1998, S. 3264 (S. 3265 f.)) und vor Belastung durch Ozon (BVerfGE NJW 1996, S. 651). Zwar steht regelmäßig der Schutz der Gesundheit/des Lebens im Vordergrund der Entscheidungen. Doch im Falle des Urteils zum Waldsterben zeigte das Bundesverfassungsgericht auch auf, dass aus dem Eigentumsrecht des Art. 14 Abs. 1 GG auch Schutzpflichten abgeleitet werden können.

78 Ausführlich zur Kritik in der Literatur vgl. *C. Callies,* in: Merten/Papier (Hrsg.), HbGR II, § 44 Rn. 8 ff.; *R. Müller-Terpitz*, Der Schutz des pränatalen Lebens, S. 92 ff.; *J. Dietlein*, Die Lehre von den grundrechtlichen Schutzpflichten, S. 38 ff. m.w.N.

79 *M. Sachs*, Grundrechte, A 4, Rn. 27.

80 Vgl. *D. Murswiek*, Die staatliche Verantwortung für die Risiken der Technik, S. 101 f.

Schluss". Denn wenn der Gesetzgeber schon den Schutz direkt gewährleistet habe, so dränge sich der Schluss auf, dass es auch eine allgemeine Schutzpflicht geben müsse, die allen Freiheitsrechten zugutekommt.[81]

Unterschiede zwischen der Herleitung der Schutzpflicht durch das Bundesverfassungsgericht und durch die Stimmen in der Literatur, insbesondere bei *Dörr* und *Murswiek,* zeigen sich darin, dass nach Meinung letztgenannter die Schutzpflichtendimension bereits im Abwehrcharakter der Grundrechte angelegt ist. Sofern der Staat seiner Schutzpflicht durch positives Handeln nicht nachkomme, stelle dies dementsprechend einen Eingriff des Staates in die Grundrechte durch Unterlassen dar.[82] So formuliert *Dörr* deutlich, dass „die Schutzpflicht damit Bestandteil jedes einzelnen Freiheitsrechtes [ist] und den Staat [verpflichtet], den Freiheitsraum des Bürger auch vor Eingriffen von anderen Seiten in Schutz zu nehmen".[83] Somit bedarf es des vom Bundesverfassungsgericht gewählten Weges über die objektive Dimension der Grundrechte nicht. Die Schutzpflicht ist vielmehr denknotwendiger Bestandteil des Abwehrcharakters der Grundrechte.

Daher ist die Herleitung der Schutzpflicht durch den Charakter der Grundrechte stringent begründbar. Es gibt dabei zum einen deutliche Formulierungen des staatlichen Schutzauftrages im Grundgesetztext, etwa in Art. 1 Abs. 1 S. 2; 6 Abs. 2 GG. Zum anderen ergeben sich aus der Formulierung der Grundrechte auch denklogisch notwendige Schutzpflichten des Staates, da anderenfalls einem Grundrecht keine weitgehendere Bedeutung zukommen könnte.[84] Zusammenfas-

81 Vgl. *D. Dörr,* Die deutsche Handelsflotte und das Grundgesetz, S. 174; so auch *E. Klein,* Diplomatischer Schutz, DÖV 1977, S. 704 (705 f.).

82 Vgl. auch *D. Murswiek,* Die staatliche Verantwortung für die Risiken der Technik, S. 103, 105, der die Pflicht des Staates zum Schutz von Individualrechtsgütern allgemein als Gewährleistungspflicht bezeichnet; diese Ansicht des Eingriffs durch Unterlassen ausführlich darstellend *M. Ruffert,* Vorrang der Verfassung und Eigenständigkeit des Privatrechts, S. 162.

83 Vgl. *D. Dörr*, Faires Verfahren, S. 162.

84 Vgl. das Beispiel in *D. Dörr*; Die deutsche Handelsflotte und das Grundgesetz, S. 173, dass sich die Pflicht zum Auslandsschutz bereits aus dem Treueverhältnis zwischen Staat und Bürger ergibt. Normativ wurde dies dann in Art. 16 Abs. 1 und Abs. 2 GG festgesetzt. (vgl. BVerfGE 4, 299 (304), wo bereits 1955 von der Pflicht des Staates gesprochen wird, seine Angehörigen zu schützen.); grundlegend zu den Öffentlichen Aufgaben des Staates nach Leibniz: *H. Schiedermair,* Das Phänomen der Macht und die

send ist es dementsprechend vorzugswürdig, die Schutzverpflichtung des Staates aus der grundrechtlichen Werteordnung selbst herzuleiten.[85] Damit stellt sich die Schutzpflicht des Staates als Bestandteil des Grundrechtssystems dar.[86]

Zusammengefasst stellt sich nach den dargestellten Meinungen lediglich die Frage danach, ob die Schutzpflicht aus den Grundrechten (als Abwehrrechte) abgeleitet wird, oder ob ihre Funktion ganz selbständig und unabhängig von ihrem grundsätzlich abwehrrechtlichen Charakter aus der Funktion des Staates heraus besteht. Letzteres könnte eine „andere" Dimension der Grundrechte begründen. Beide Meinungen fußen im Ergebnis doch auf dem einen gleichen Grundgedanken, nämlich dass die abwehrrechtliche Funktion der Grundrechte gerade nicht die einzige ist, sondern vielmehr die Schutzpflichten-Dimension eine weitere Ausprägung der rechtsstaatlichen Grundrechtskonzeption darstellt.[87] Die Verpflichtung des Staates betrifft nämlich zum einen den Aspekt, Grundrechte „passiv" zu achten und zum anderen diese „aktiv" zu schützen. Dies sind zwei Seiten der gleichen Medaille – ohne die eine Seite macht die andere (oftmals) keinen Sinn. Denn Freiheit ist auch gerade nicht nur durch Abwehr zu er-

---

Idee des Rechts bei Gottfried Wilhelm Leibniz, S. 121 ff., der den Pflichtenkreis des Staates nach dem Gebot „suum cuique tribuere" festlegt.

85 Vgl. *D. Dörr,* Faires Verfahren, S. 160 ff.; ebenso vgl. *H. Schiedermair/ D. Dörr,* Der Schutz der deutschen Handelsflotte, S. 37 ff.; *D. Dörr*, Die deutsche Handelsflotte und das Grundgesetz, S. 174.

86 Zu den Schutzpflichten im Allgemeinen: vgl. *E. Klein*, Grundrechtliche Schutzpflicht, NJW 1989, S. 1633 ff.; *H. H.* Klein, DVBl. 1994, S. 489 ff.; *H.-U. Erichsen*, Jura 1997, S. 85 ff.; *G. Robbers*, Sicherheit als Menschenrecht, S. 121 ff.; vgl. ausführlich hierzu m.w.N.: *U. Di Fabio*, Risikoentscheidungen im Rechtsstaat, S. 44 ff.; J. *Dietlein,* Die Lehre von den grundrechtlichen Schutzpflichten, S. 21 ff., 26 ff., m.w.N.; *K. Stern,* StR III/1, S. 728 ff., 931 ff.; *D. Grimm*, Schutzrecht und Schutzpflicht, in: FS Mahrenholz, S. 529 (537 ff), der im Vergleich der Rundfunkrechtsprechung in Amerika und Deutschland klarmacht, inwiefern auch Gefahren drohen, sofern auf verfassungsrechtliche Schutzpflichten verzichtet wird, und daraus folgend der politische Bereich – in Form der Gesetzgebung – zu mehr Macht gelangt.

87 Vgl. BVerfGE 49, 24 (56 f.), unter Bezugnahme auf BVerfGE 49, 202 (209): „Die Sicherheit des Staates als verfaßte Friedens- und Ordnungsmacht und die von ihm zu gewährende Sicherheit seiner Bevölkerung sind Verfassungswerte [...]"; Vgl. *D. Murswiek*, Die staatliche Verantwortung für die Risiken der Technik, S. 102 ff.; *W. Brugger*, Freiheit und Sicherheit, S. 55 f.; *J. Isensee*, Das Grundrecht auf Sicherheit, S. 33: Vielfach wird von der „in Vergessenheit geratenen Dimension der Schutzpflicht" gesprochen, was bedeuten soll, dass keine „neue" Dimension im Rahmen der Grundrechte entwickelt wurde, sondern die jeher bekannte wieder auflebt.

reichen, sondern es bedarf eben auch des Schutzes gegen staatliche und private Gefährdungen.[88] So hat *Isensee* diese Gedanken in der Begrifflichkeit des „Grundrechts auf Sicherheit“[89] gebündelt, was jedoch auch kein anderes Ergebnis mit sich bringt, als dass die Schutzpflichtdimension der Grundrechte in jedem Falle besteht.[90]

IV. Der Anspruch des Einzelnen und der gewährte Schutzumfang

In der Entscheidung zur Fristenlösung von 1993 hat das Bundesverfassungsgericht entschieden, der Staat müsse „ausreichende Maßnahmen normativer und tatsächlicher Art ergreifen, die dazu führen, dass ein – unter Berücksichtigung entgegenstehender Rechtsgüter – angemessener und als solcher wirksamer Schutz erreicht wird.“[91]

Zu beachten ist daher das vom Bundesverfassungsgericht statuierte Untermaßverbot. Dieses Untermaßverbot korreliert mit dem Übermaßverbot hinsichtlich

---

88 Vgl. *M. Möstl*, Die staatliche Garantie für die öffentliche Sicherheit und Ordnung, S. 25; *K. Hesse,* Die verfassungsrechtliche Kontrolle der Wahrnehmung grundrechtlicher Schutzpflichten des Gesetzgebers, in: FS Mahrenholz, S. 541 (544), der deutlich hervorhebt, dass „freie und autonome Lebensgestaltung unter heutigen Verhältnissen nicht nur von dem Unterlassen staatlicher Eingriffe ab[hängt], sondern in wachsendem Maße auch von der Schaffung und Erhaltung ihrer Voraussetzungen durch staatliche Planung, Lenkung und Vorsorge, ohne welche grundrechtliche Freiheit wertlos sein kann“.

89 *J. Isensee*, Das Grundrecht auf Sicherheit, insb. S. 34 ff, d.h. die Schutzpflicht soll Ausdruck des grundrechtlichen Leistungsanspruchs und nicht des Abwehrrechts darstellen.

90 Vgl. so auch *W. Schwetzel*, Freiheit, Sicherheit, Terror, S. 72, so läge lediglich eine andere Benennung der Schutzpflichtdimension vor; kritisch hierzu *P. Szczekalla,* Die sogenannten grundrechtlichen Schutzpflichten im deutschen und europäischen Recht, S. 247 f., m.w.N., insbesondere da es an der Notwendigkeit fehle, ein „neues“ Grundrecht zu schaffen, wenn eine Grundrechtsdimension auch aus den bestehenden Grundrechten abgeleitet werden könne; kritisch weiterhin auch zur Figur des Grundrechts auf Sicherheit *M. Kutscha*, in: Roggan/Kutscha (Hrsg.), Handbuch zum Recht der inneren Sicherheit, S. 31 ff.

91 Vgl. BVerfGE 88, 203 (254); nähere Ausführungen zum vorgeschlagenen Beratungskonzept im Falle eines geplanten Schwangerschaftsabbruchs s. BVerfGE 88, 203 (267).

des Eingriffs des Staates in Freiheitsrechte der Bürger.[92] Es soll dem Gesetzgeber bei seiner Einschätzungsprärogative hinsichtlich des „Wie" der Regelung im Rahmen der Schutzpflicht ein unteres Limit setzen.[93] Der Rechtsstaat wird hier von zwei Seiten beansprucht: vom Störer, wenn der Staat in ein ihn schützendes Grundrecht eingreift und vom Schutzbedürftigen, wenn der Staat den Schutz vorenthält.[94] Nach Ansicht des Bundesverfassungsgerichts unterliegt auch das Untermaßverbot der verfassungsgerichtlichen Kontrolle, da Art und Umfang des Schutzes der Einschätzungsprärogative des Gesetzgebers obliegen[95] und somit allein ein Verstoß gegen das Untermaßverbot überprüfbar ist. Ferner enthält die Schutzpflicht nicht nur einen Gesetzgebungsauftrag, sondern auch einen Vollzugsauftrag, d.h. die wirksame Handhabung muss gewährleistet sein.

Hinsichtlich der Reichweite grundrechtlicher Schutzpflichten ist mithin festzuhalten, dass gerade im Vergleich zur abwehrrechtlichen Komponente der Grundrechte ein nicht so weitgehendes Schutzniveau besteht. Dies ist damit zu begründen, dass bei einer abwehrrechtlichen Situation die Maßnahme im Verhältnis Staat-Bürger nur auf der einen, nämlich auf der Staatsseite, rechtfertigungsbedürftig ist. Bei einem Gleichordnungsverhältnis, wie dies bei den Regelungen im Bereich der Schutzpflicht der Fall ist, nämlich der Ordnung von Bürger-Angelegenheiten zum Schutz derselben, reicht das Niveau nur soweit, wie im Prozess der Abwägung ein Ausgleich ermittelt werden kann. Staatliche Schutzpflichten dürfen demnach nicht dazu führen, dass unangemessene Grundrechtseingriffe unter Berufung auf die Schutzpflicht des Staates vorgenommen werden.[96] Es handelt sich folglich im Ergebnis immer um einen Kompromiss, der aus seiner Natur heraus schon schwächer ist, als eine Rechtfertigung einer staatlichen Maßnahme im Falle der abwehrrechtlichen Situation.[97]

---

92 Das Übermaßverbot fußt im Rechtsstaatsprinzip und besagt, dass nur solche staatliche Maßnahmen verfassungsrechtlich zulässig sind, die auch dem Verhältnismäßigkeitsgrundsatz genügen, vgl. hierzu u.a. BVerfGE 16, 194; 39, 190 (191); 70, 297 (311); 90, 145; 109, 133 (159).

93 Vgl. *E. Denninger,* Vom Elend des Gesetzgebers – zwischen Übermaßverbot und Untermaßverbot, in: FS Mahrenholz, S. 561 (566).

94 Vgl. *J. Isensee*, in: ders./Kirchhof, HStR, Band V, 2. Auflage, § 111, Rn. 165.

95 Vgl. BVerfGE 88, 203 (254);

96 Vgl. *P. Schmitz,* CR 2006, S. 603 (604).

97 Vgl. *M. Möstl*, Verfassungsbeschwerde gegen legislatives Unterlassen, DÖV 1998, S. 1029 (1036); vgl. weiter *H. H. Klein*, DVBl. 1994, S. 489 (492).

V. Schutz der Bürger vor (terroristischen) Bedrohungen

Auch hinsichtlich des Schutzes vor (terroristischen) Bedrohungen besteht die Frage nach der Schutzpflicht. Art. 2 Abs. 2 GG statuiert das Gewaltmonopol des Staates, das sich aus dem Staatszweck ableitet, Sicherheit für die Bürger zu schaffen.[98] Daher muss der Staat seiner Schutzpflicht, die, wie bereits festgestellt, sowohl in Art. 2 Abs. 2 S. 1 als auch in Art. 1 Abs. 1 S. 2 GG ihren Grund findet[99], nachkommen, indem er Gefahren vor Schäden an Leben und Gesundheit der Bürger durch terroristische oder anderweitige Bedrohungen entgegentritt und vor diesen schützt.[100] Diese Pflicht des Staates wurde insbesondere in der Schleyer-Entscheidung des Bundesverfassungsgerichts deutlich.[101] Hiernach ist der Staat durch Art. 2 Abs. 2 S. 1 i.V.m. Art. 1 Abs. 1 S. 2 grundsätzlich verpflichtet, jedes menschliche Leben zu schützen. Jedoch obliegt die Frage nach dem „Wie" des Schutzes dem Entscheidungsspielraum der zuständigen staatlichen Organe.[102] Diese Schutzpflicht besteht nach dem Bundesverfassungsgericht jedoch nicht nur hinsichtlich des bedrohten Einzelnen, wie dies bei dem entführten Martin Schleyer der Fall war, sondern auch bezüglich der Gesamtheit aller Bürger, so dass die Entscheidungen hinsichtlich der gebotenen Maßnahmen einzelfallbedingt sind und bleiben müssen.[103]

Im Hinblick auf die Ermittlungsmaßnahmen muss sich der Staat damit auch den neuen Methoden der terroristischen Bedrohung anpassen. Somit muss es auch möglich sein, auf elektronische Datenverarbeitungsvorgänge zuzugreifen, da hierüber regelmäßig Kontakte zwischen Terroristen oder Kriminellen im Allge-

---

98 Vgl. *C. Callies*, ZRP 2002, S. 1 (3); H. P. Bull, NVwZ 1989, S. 801 (803 f.).

99 Unter Hinweis auf BVerfGE 115, 118 (152).

100 Vgl. *W. Frenz*, NVwZ 2007, S. 631; *C. Callies*, ZRP 2002, S. 1; zur inneren Sicherheit als Staatsaufgabe siehe auch *M. Kutscha*, in: Roggan/Kutscha (Hrsg.), Handbuch zum Recht der inneren Sicherheit, S. 24 f. zum Verhältnis von Freiheit und Sicherheit S. 28 ff.; *M.-T. Tinnefeld*, MMR 2009, XXVI.

101 BVerfGE 46, 160.

102 Vgl. BVerfGE 46, 160 (164).

103 Vgl. BVerfGE 46, 160 (165). Daher wurde im Ergebnis vom Bundesverfassungsgericht keine Entscheidung über die gebotene Maßnahme getroffen. Es solle den zuständigen staatlichen Organen überlassen bleiben, „welche Maßnahmen zur Erfüllung der ihnen obliegenden Schutzpflichten zu ergreifen sind".

meinen gepflegt werden und dieser Bereich daher dem Staat nicht vorenthalten werden darf.[104] Daher ist es Aufgabe des Verfassungsrechts, solche Maßstäbe für die Sicherheitspolitik aufzustellen, dass die Handlungsnotwendigkeiten verfassungsrechtlich ermöglicht werden. Dies stellt wiederum auch neue Anforderungen an den Verhältnismäßigkeitsgrundsatz, da die Ermittlungsmethoden hinsichtlich des Eingriffs intensiver geworden sind. So hat die Möglichkeit der Kommunikation über das Internet das Bedürfnis nach heimlicher Überwachung der Internet-Kommunikation mit sich gebracht, wobei es hierfür eines technischen Eingriffs in diesen Vorgang bedarf. Aus diesen Gründen müssen bei der Beurteilung dieser Eingriffe ebenfalls neue Anforderungen an den Verhältnismäßigkeitsgrundsatz gestellt werden.[105]

C. Der Kernbereichsschutz bei persönlichen Daten als Ausprägung des Freiheitsaspekts

Schon in seinem Elfes-Urteil hat das Bundesverfassungsgericht eine „Sphäre privater Lebensgestaltung" des Bürgers anerkannt und diesen als letzten unantastbaren Bereich menschlicher Freiheit definiert, „der der Einwirkung der gesamten öffentlichen Gewalt entzogen ist".[106] Fraglich ist jedoch, inwiefern eine genauere Definition des Kernbereichs und damit auch des Begriffs der Menschenwürde gemäß Art. 1 Abs. 1 GG selbst, möglich ist. Der Menschenwürdegrundsatz gilt als historisch bedingte Absage an das nationalsozialistische Regime als Gegenprogramm zur totalitären Missachtung des Individuums.[107] So werden die Begriffe wie „unantastbarer (Intim-)Bereich", die sog. „Objektformel"[108] und andere Attribute, wie die Nicht- oder Negativdefinition[109], regelmä-

104 Vgl. *R. Poscher*, JZ 2009, S. 269.

105 Vgl. *M.-T. Tinnefeld,* MMR 2009 XXVI (XXVII).

106 BVerfGE 6, 32 (41).

107 Vgl. *H. Dreier*, in: ders. (Hrsg.), GG-Kommentar, Art. 1 Abs. 1, Rn. 39 f.

108 Der Begriff der Objektformel wird auf Günter Dürig zurückgeführt und wurde vom Bundesverfassungsgericht nun regelmäßig zur Definition der Menschenwürde herangezogen, vgl. u.a. BVerfGE 30, 1 (39); 109, 279 (312).

109 Dabei gehen die Autoren davon aus, dass es keine abstrakte Definition der Menschenwürde geben könne, so dass man in dieses Gebot lediglich in Einzelfällen konkretisieren müsse (so auch das Bundesverfassungsgericht, vgl. BVerfGE 1, 97 (104); 27, 1 (6); 30, 1 (25); 72, 105 (115 ff.).

ßig zur Bestimmung herangezogen, jedoch reichen auch diese abstrakten Formeln regelmäßig nicht aus, um den Sachverhalt unter Art. 1 Abs. 1 GG subsumieren zu können.[110] Unstreitig ist jedoch, dass es hinsichtlich des Menschenwürdegrundsatzes „keinerlei Einschränkungen, Relativierungen und Abwägungen" geben darf.[111] Dies ist jedoch gerade dem Bundesverfassungsgericht in den hier analysierten Entscheidungen nicht durchgehend gelungen. Zwar nennt der jeweils entscheidende Senat die Vorgehensweise der Kernbereichsdefinition nicht „Abwägung", jedoch argumentiert er regelmäßig in einer Weise, die an Abwägungsentscheidungen erinnert. So sei jeweils nur die Sozialsphäre betroffen oder die Gedanken haben sich, wie in der Tagebuchentscheidung[112], auf dem Papier manifestiert und seien daher dem Intimbereich nicht mehr zuzuordnen. Dass ein Tagebuch jedoch gerade intimste Gedanken und Gefühle beinhalten kann und damit eindeutig dem Intimbereich zuzurechnen ist, wurde bei der Entscheidung des Gerichts nicht berücksichtigen. Die Argumentation lässt sich daher nur damit begründen, dass anderenfalls die Kenntnisnahme des Tagebuchs einem Beweiserhebungs- und damit einem Beweisverwertungsverbot unterlegen hätte und ein so überführter Sexualstraftäter hätte freigelassen werden müssen. Dass in diesem Fall eine Abwägung mit dem Allgemeininteresse der effektiven Strafverfolgung vorgenommen wurde, liegt auf der Hand.

Daher stehen sich in der Argumentation des Bundesverfassungsgerichts bei Eingriffen jeweils zwei schwer in Einklang zu bringende Positionen gegenüber: entweder man nimmt die Verletzung des absolut geschützten Kernbereichs an oder der Eingriff betrifft lediglich den „nur" nach Maßgabe des Verhältnismäßigkeitsgrundsatzes zu schützenden Bereich des Persönlichkeitsrechts.[113] Als Kriterium für die Betroffenheit des Kernbereichs nennt das Gericht etwa die

110 So auch *P. Tiedemann,* DÖV 2009, S. 606 (612 f.), dieser schlägt vor, die Menschenwürde dort als verletzt anzusehen, wo die Willensfreiheit des Menschen beeinträchtigt werde, nicht aber da, wo nur seine Handlungsfreiheit eingeschränkt ist. Dies ist jedoch auch eine eher formelhafte Definition und vereinfacht gerade die Subsumtion auch nicht mehr, als die Formeln des Bundesverfassungsgerichts dies tun.

111 *P. Tiedemann*, DÖV 2009, S. 606 (613); *J. Masing*, JZ 2011, S. 753 (755); vgl. hierzu auch ausführlich *K.-E. Hain,* Der Staat, 45. Band 2006, S. 189 (191), der die These vertritt, dass erst nach Abwägung der Bedingungen die Menschenwürde – und damit auch der hier angesprochene Kernbereichsschutz – „operabel" ist;

112 BVerfGE 80, 367.

113 Vgl. *E. Denninger*, ZRP 2004, S. 101.

Äußerungen innerster Gefühle oder Ausdrucksformen der Sexualität. Dabei betont es auch, dass „Aufzeichnungen oder Äußerungen im Zwiegespräch, die zum Beispiel ausschließlich innere Eindrücke und Gefühle wiedergeben und keine Hinweise auf konkrete Straftaten enthalten [...] nicht schon dadurch einen Gemeinschaftsbezug [gewinnen], dass sie Ursachen oder Beweggründe eines strafbaren Verhaltens freizulegen vermögen.[114]

Im Datenschutz zeigen sich die besonders schwierig in Ausgleich zu bringende Positionen zwischen dem Freiheitsgebot auf der einen und der Schutzpflicht auf der anderen Seite. Der Staat muss bereits in seiner Schutzpflicht zwei korrelierende Positionen auf den größten gemeinsamen Nenner bringen: zum einen obliegen die persönlichen Daten selbst dem Schutz des Staates, insbesondere dann, wenn Kernbereichsverletzungen drohen, und zum anderen ist auch der Bürger vor terroristischen oder anderweitigen Bedrohungen zu schützen.

Um den unterschiedlichen Schutzbedürfnissen in verschiedenen Lebensbereichen Rechnung zu tragen, hat das Bundesverfassungsgericht die Sphärentheorie entwickelt, um verschieden starke Eingriffe abgestuft rechtfertigen zu können[115], sofern es sich nicht um den unantastbaren Kernbereich handelt. Letzterer ist nämlich nach der Rechtsprechung des Bundesverfassungsgerichts keiner Abwägung zugänglich.[116] Im grundlegenden Elfes-Urteil des Bundesverfassungsgerichts heißt es dazu: „Vor allem dürfen die Gesetze daher die Würde des Menschen nicht verletzen, die im Grundgesetz der oberste Wert ist, aber auch die geistige, politische und wirtschaftliche Freiheit des Menschen nicht so einschränken, dass sie in ihrem Wesensgehalt angetastet würde (Art. 19 Abs. 2, Art. 1 Abs. 3, Art. 2 Abs. 1 GG). Hieraus ergibt sich, dass dem einzelnen Bürger eine Sphäre privater Lebensgestaltung verfassungskräftig vorbehalten ist, also ein letzter unantastbarer Bereich menschlicher Freiheit besteht, der der Einwirkung der gesamten öffentlichen Gewalt entzogen ist."[117] Der Kernbereich war

---

114 BVerfGE 109, 279 (319).

115 Vgl. *D. Murswiek*, in: Sachs (Hrsg.), GG-Kommentar, Art. 2, Rn. 104; BVerfGE 6, 32 (41); 27, 1 (6); 34, 238 (245 f.).

116 Vgl. allgemein zur Rechtsprechung und Entwicklung des Kernbereichsschutzes *M. Warntjen*, Heimliche Zwangsmaßnahmen und der Kernbereich privater Lebensgestaltung, S. 43 ff.

117 BVerfGE 6, 32 (41); 27, 1 (6); 34, 238 (245 f.); 38, 316 (320); vgl. hierzu auch ausführlicher *U. Di Fabio*, in: Maunz/Dürig (Hrsg.), GG-Kommentar, Art. 2 GG, Rn. 158.

nach Auffassung des Bundesverfassungsgerichts ein Bereich der Nichtkommunikation, also des „forum internum“[118], wohingegen bei Vorliegen des eines Sozialbezugs ein Eingriff in den Intimbereich nicht mehr möglich sein soll.[119] Inwiefern auch enge persönliche Beziehungen (z.B. familiärer Natur) noch der Intimsphäre zuzuordnen sind, hing dabei vom Einzelfall ab, nämlich inwieweit der Sozialbezug intensiv genug ist, um die Bedeutung der Intimsphäre zu verdrängen.[120] Entscheidend sei also nicht, ob eine soziale Bedeutung oder Beziehung überhaupt bestehe, sondern wie „intensiv sie ist“.[121]

Für den Datenschutz selbst hat das Bundesverfassungsgericht jedoch bereits in seinem Volkszählungsurteil festgestellt, dass es auf die verschiedenen Sphären nicht ankommen könne, da es aufgrund der durch die EDV ermöglichten Datenverarbeitungsprozesse kein belangloses Datum geben könne.[122] So soll also nicht mehr die Zuordnung zu den Sphären, sondern der Verwendungszusammenhang ausschlaggebend für die Schutzwürdigkeit der Daten sein, so dass sich die Frage nach der Höchstpersönlichkeit des Datums nun nur noch im Verhältnis zum Allgemeininteresse beantworten lässt und somit leicht zum „Abwägungsposten“ wird.[123] So gipfelte diese Rechtsprechungslinie in der „Abwägungsdogmatik“, wie sie sich in der Entscheidung zur strafprozessualen Verwertbarkeit von Tagebuchaufzeichnungen niedergeschlagen hat. Dabei hat das Gericht Grenzen des Höchstpersönlichen gezogen, indem es die Kommunikation über begangene Straftaten gerade nicht dem unantastbaren Kernbereich zugeordnet hat.[124] Genau diese Entscheidung erfuhr jedoch deutliche Kritik – selbst aus den eigenen Reihen des entscheidenden Senats. Die hier in Rede stehenden Informationen verlören nämlich ihren höchstpersönlichen Charakter gerade nicht dadurch, dass sie

---

118 BVerfGE 33, 367 (377).

119 Vgl. BVerfGE 6, 389 (433).

120 Vgl. hierzu auch die Tagebuchentscheidung des Bundesverfassungsgerichts BVerfGE 80, 367, in der das Gericht formuliert: „Gleichwohl können aber Vorgänge, die sich in Kommunikation mit anderen vollziehen, hoheitlichem Eingriff schlechthin entzogen sein. Der Mensch als Person, auch im Kernbereich seiner Persönlichkeit, verwirklicht sich notwendig in sozialen Bezügen.“

121 Kritisch hierzu *M. Warntjen*, Heimliche Zwangsmaßnahmen und der Kernbereich privater Lebensgestaltung, S. 55.

122 Vgl. BVerfGE 65, 1 (45).

123 Vgl. *M.-E. Geis*, JZ 1991, S. 112 (113 f.).

124 Vgl. BVerfGE 80, 367 (375).

„dem Papier anvertraut“ würden und wären daher einem „intimen Selbstgespräch“ gleichzusetzen.[125]

Im Ergebnis ist also nach dem Bundesverfassungsgericht nicht mehr allein der äußerlich erkennbare, vom Verfasser bestimmte intime Verwendungszweck ausschlaggebend für die Zuordnung zum unantastbaren Intimbereich, sondern die Sozialgerichtetheit des Inhalts eines Gesprächs oder einer Aufzeichnung. Dabei sollen wiederum die Wertigkeit der dadurch gefährdeten Belange der Allgemeinheit ins Gewicht fallen, so dass schützende Drittinteressen zum Kriterium der Sphärenzurechnung werden.[126] Eine absolute Grenze besteht jedoch da, wo die Maßnahme einen selbständigen Eingriff in die Menschenwürde darstellt.[127] Die Kritiker wenden dagegen ein, dass der Sozialbezug als „förmliches Kriterium“ nicht geeignet sei, den Kernbereich zu bestimmen, da dieses Kriterium wenig handhabbar sei – es fehle an klaren Abgrenzungsparametern.[128]

Vor dem Hintergrund der bisherigen Rechtsprechung zum Kernbereichsschutz, die sich als wenig greifbar darstellt, ist es daher zur weiteren Ausdifferenzierung des Schutzgehalts des elektronischen Datenschutzes notwendig, die Rechtsprechungslinie des Bundesverfassungsgerichts im Hinblick auf die Bewertung neuer Ermittlungsmethoden durch neuartige technische Möglichkeiten zu analysieren.

---

125 Vgl. Sondervotum BVerfGE 80, 367 (380 ff.); so auch *M.-E. Geis,* JZ 1991, S. 112 (116).

126 Vgl. *U. Di Fabio* in: Maunz/Dürig (Hrsg.), GG-Kommentar, Art. 2 GG, Rn. 162; diese Rechtsprechungslinie kritisierend *M.-E. Geis,* JZ 1991, S. 112 (115). Geis fordert hier, dass an der Annahme eines unantastbaren Kernbereichs – ohne Abwägung mit Allgemeininteressen – festgehalten werden müsse; *M. Baldus,* JZ 2008, S. 218 (224), der auch auf die Abwägungsoffenheit des Kernbereichs in der Rechtsprechung des Bundesverfassungsgerichts hinweist.

127 *D. Murswiek*, in: Sachs (Hrsg.), GG-Kommentar, Art. 2, Rn. 106.

128 Vgl. *M. Warntjen,* Heimliche Zwangsmaßnahmen und der Kernbereich privater Lebensgestaltung, S. 56; zur Bestimmbarkeit des Kernbereichs ausführlich *M. Baldus*, JZ 2008, S. 218 (222).

2. Kapitel – Die Entscheidungen des Bundesverfassungsgerichts zum elektronischen Datenschutz

Der elektronische Datenschutz zeichnet sich dadurch aus, dass die erhobenen Daten digital gespeichert und weiterverwendet werden. Die elektronische Datenverarbeitung birgt dabei die Gefahr, dass mehrere Datenquellen miteinander verknüpft und vollständige Persönlichkeitsprofile erstellt werden können. Vor diesem Hintergrund besteht hinsichtlich des elektronischen Datenschutzes ein höheres Schutzbedürfnis als dies beim „analogen Datenschutz" wie bei der Volkszählung im Jahre 1983 der Fall ist, da damals ein Zusammenführen der Daten mangels Digitalisierung schwerer möglich war. Mithin erhöht sich durch die Speicherung auf Systemen auch die Gefahr, dass unbefugte Dritte auf die Daten Zugriff erhalten – sei es legal per „Mouseclick" oder durch einen Angriff von außen auf das System, auf dem die Daten gespeichert sind. Durch die Tatsache, dass immer mehr personenbezogene Daten, auch ohne Wissen des Betroffenen, gespeichert werden, erhöht sich die Schwere der Beeinträchtigung erneut. Diesen Neuerungen musste sich auch das Bundesverfassungsgericht widmen und hat in seinen Entscheidungen mehrmals auch hinsichtlich des elektronischen Datenschutzes Stellung genommen.

Im Folgenden werden daher zunächst die jeweiligen Schutzbereiche der Grundrechte im Hinblick auf den elektronischen Datenschutz analysiert, um dann die aussagekräftigsten Entscheidungen des Bundesverfassungsgerichts zum elektronischen Datenschutz zu erläutern. Dabei sollen die Abgrenzungsparameter aufgezeigt werden, die hinsichtlich der einschlägigen Grundrechte, d.h. Art. 13, Art. 10 und Art. 2 Abs. 1 i.V.m. Art. 1 Abs. 1 GG, vom Bundesverfassungsgericht angewandt werden. Der Fokus der Untersuchung liegt diesbezüglich darauf, inwiefern sich im Laufe des Voranschreitens der technischen Möglichkeiten die Rechtsprechung gewandelt hat und ob vor diesem Hintergrund die einst im Volkszählungsurteil festgelegten Parameter hinsichtlich des Umgangs mit persönlichen Daten aufrechterhalten wurden. So sieht sich das Bundesverfassungsgericht durch technische Neuerungen regelmäßig neuen Fragestellungen ausgesetzt, die zunächst vom Grundgesetzwortlaut nicht eindeutig zu beantworten sind. Dabei stellte sich beispielsweise hinsichtlich des Schutzbereichs des Art. 10 Abs. 1 Alt. 3 GG die Frage, ob eine Maßnahmen den Übermittlungsvorgang und damit den Schutzbereich von Art. 10 Abs. 1 Alt. 3 GG betrifft, wenn z.B. an einem Telefonapparat eine Mithöreinrichtung installiert wird. Auch die Frage, wann ein Telekommunikationsvorgang abgeschlossen ist, ist im Hinblick auf die Email-Überwachung von großer Bedeutung. Insgesamt ist es auch nicht mehr eindeutig, welche technische Maßnahme „nur noch" in einer Wohnung vorgenommen wird und damit unter Art. 13 Abs. 1 GG fallen kann. Damit beschäftigte sich das Gericht ausführlich in der Entscheidung zur Online-Durchsuchung. Im Fokus der Entscheidungen steht dabei auch, wie der Kernbereich privater Lebensgestaltung geschützt wird, welche Maßstäbe insgesamt an die Rechtfertigung einer Ermittlungsmaßnahme angelegt werden und inwiefern die Schutzpflicht des Staates die Freiheit des Einzelnen nicht zu sehr einschränkt.

Diese Entscheidungen sollen daher im Lichte der aufgeworfenen Fragen untersucht und in einem weiteren Kapitel kritisch beurteilt werden. Hierbei wird eine Rechtsprechungslinie herausgearbeitet, die zeigen wird, wie auch in Zukunft mit neuartigen technischen Ermittlungsmethoden verfassungsrechtlich umgegangen werden muss.

Im Rahmen der Entscheidung zur Volkszählung wurde ein erster Meilenstein in der Entwicklung eines verfassungsrechtlichen Datenschutzrechts gesetzt. Dieses Datenschutzrecht ist zwar nicht expressis verbis im Grundgesetz enthalten, durch die im Urteil entwickelte Auslegung des Art. 2 Abs. 1 i.V.m. Art. 1 Abs. 1 GG ist dieses jedoch nunmehr anerkannt. Die Notwendigkeit hierfür ergab sich durch die fortschreitende Technik. Damit ergaben sich neue Gefährdungslagen wie die Möglichkeit der absoluten Registrierung und der damit verbundenen konkreten Gefahr der Erstellung umfassender Persönlichkeitsprofile.[129] Ob diese Vorgaben im Hinblick auf die neuen Ermittlungsmethoden weiterhin Anwendung gefunden haben, wird im Folgenden untersucht.

---

129 Vgl. *U. Di Fabio,* in: Maunz/Dürig (Hrsg.), GG-Kommentar, Art. 2 Abs. 1, Rn. 173.

A. Einschlägige Grundrechte

Der elektronische Datenschutz kann drei Grundrechte betreffen: Art. 10, Art. 13 und Art. 2 Abs. 1 i.V.m. Art. 1 Abs. 1 GG. Wie diese abzugrenzen sind und welche Folgeprobleme sich damit stellen, wird im Folgenden untersucht.

I. Art. 10 GG

Indem das Grundrecht auf Unverletzlichkeit des Telekommunikationsgeheimnisses die einzelnen Kommunikationsvorgänge grundsätzlich dem staatlichen Zugriff entzieht, soll die freie Telekommunikation gewahrt werden.[130] Sichergestellt wird damit, dass der Meinungs- und Informationsaustausch mittels Fernmeldeanlagen nicht deswegen unterbleibt, weil sich der Gesprächsteilnehmer der Situation ausgesetzt fühlt, nicht mehr unbeobachtet und ungehört seine Stellungnahmen abgeben zu dürfen.[131] Das Fernmeldegeheimnis soll gegen eine vom Betroffenen ungewollte Informationserhebung schützen und die „Privatheit auf Distanz" gewährleisten.[132] Der Begriff des Fernmeldegeheimnisses entstand aus einer wörtlichen Zusammenfassung hinsichtlich des Art. 117 WRV „Telegraphen- und Fernsprechgeheimnis". Dies ergänzt die anderen beiden Ausprägungen des Art. 10 Abs. 1 Alt. 3 GG, nämlich das Brief- und Postgeheimnis, über den Schutz der Vertraulichkeit der Individualkommunikation auf technische Übertragungswege.[133] Unter Fernmeldewesen wird die Übertragung auf elektronischem Wege verstanden, z.B. durch Leitungen, Funk, optische oder andere Signale.[134] Anknüpfungspunkt ist hierbei das Übertragungsmedium, um den Schutzbereich des Fernmeldegeheimnisses zu eröffnen. Daher ist grundsätzlich jede unkörperliche Übermittlung umfasst, jedoch kann die Empfangsform selbst körperlich sein, wie dies beispielsweise beim Fax der Fall ist.[135]

---

130 Vgl. BVerfGE 100, 313 (359).

131 Vgl. BVerfGE 100, 313 (359).

132 *M. Pagenkopf,* in: Sachs (Hrsg.), GG-Kommentar, Art. 10 GG, Rn. 14.

133 Vgl. *C. Gusy,* in: v. Mangoldt/Klein/Starck (Hrsg.), GG-Kommentar, Art. 10 GG, Rn. 39.

134 *G. Hermes,* in: Dreier (Hrsg.), GG-Kommentar, Band I, Art. 10 GG, Rn. 37; *W. Löwer,* in: v. Münch/Kunig, GG-Kommentar, Art. 10 GG, Rn. 18.

135 *M. Pagenkopf,* in: Sachs (Hrsg.), GG-Kommentar, Art. 10 GG, Rn. 14.

So soll Art. 10 Abs. 1 Alt. 3 GG also einen Ausgleich für die technisch bedingte Einbuße an Privatheit schaffen und will den Gefahren begegnen, die sich aus dem Übermittlungsvorgang einschließlich der Einschaltung von Dritten ergeben.[136] Daher hat das Bundesverfassungsgericht den Schutzbereich dahingehend präzisiert, dass auch die Einrichtungen, welche die Übertragung ermöglichen, d.h. also die Infrastruktur, umfasst sind.[137] In Anerkennung des technologischen Fortschritts hat das Bundesverfassungsgericht im Hinblick auf die verschiedenen Ausprägungen von Telekommunikation den sachlichen Schutzbereich des Grundrechts weitgefasst. Danach sind alle Arten von Telekommunikation ungeachtet der Übertragungsart (also Kabel, Funk, analog oder digital) und der Ausdrucksform (Sprache, Bild, Ton und/oder Zeichen) geschützt.[138] Art. 10 Abs. 1 Alt. 3 GG soll aber aufgrund der technischen Veränderungen entwicklungsoffen sein, so dass auch neuartige Übertragungstechniken grundsätzlich erfasst werden.[139] Aufgrund dieser weiten Definition sind folglich auch Kommunikationsdienste durch das Internet wie VoiP-Dienste[140] oder E-Mails vom Schutzbereich umfasst.[141]

Art. 10 Abs. 1 Alt. 3 GG schützt demnach den gesamten Vorgang der Telekommunikation. Hierbei nimmt Art. 10 Abs. 1 Alt. 3 GG im dogmatischen Gefüge der Grundrechte eine Zwitterstellung ein. Art. 10 Abs. 1 Alt. 3 GG birgt sowohl einen klassischen abwehrrechtlichen Charakter als auch Schutzpflichten des Staates gegenüber privaten Dritten hinsichtlich des Zugriffs auf private Inhalte in sich.[142] Der Abwehrcharakter ergibt sich aus der Garantie der „Unverletzlichkeit" in Art. 10 Abs. 1 Alt. 3 GG. Dadurch wird die Vertraulichkeit der

---

136 Vgl. BVerfGE 85, 386 (396); 106, 28 (36); 107, 299 (313).

137 Vgl. BVerfGE 36, 120 (144).

138 Vgl. BVerfGE 67, 157 (171); 107, 299 (312); 113, 348 (364); jüngst BVerfGE 125, 260 (310).

139 Vgl. zur Entwicklungsoffenheit auch BVerfGE 46, 120 (144).

140 Sog. Voice-over-IP-Dienste wie Skype, vgl. ausführlich *J. Oster*, Rechtsfragen der Medienkonvergenz am Beispiel der Internet-Telefonie, in: Fechner (Hrsg.), Konvergenz – Datenschutz – Meinungsforen: Fragestellungen des Internetrechts, S. 8 ff.; *ders.*, Voice over IP, CR 2007, S. 769 ff.

141 Vgl. BVerfGE 113, 348 (383); 120, 274 (307).

142 Vgl. BVerfGE 106, 28 (37); vgl. zu der Abwehr- und Schutzdimension des Art. 10 GG: *C. Gusy*, in: v. Mangoldt/Klein/Starck (Hrsg.), GG-Kommentar, Art. 10, Rn. 57 ff.

Kommunikation gegen unbefugte Kenntnisnahme oder Nutzung geschützt.[143] Der Staat ist jedoch nicht nur zur Abwehr, sondern aufgrund der Verkörperung der Grundrechte in einer objektiven Wertordnung, gerade auch zum Schutz dieses Rechts verpflichtet, wie bereits oben dargestellt. Der Hoheitsträger soll Beeinträchtigungen durch Dritte innerhalb des Telekommunikationsvorgangs abwehren.[144] Für die Anwendbarkeit des Art. 10 Abs. 1 Alt. 3 GG auf Telekommunikation ist es dabei unerheblich, welche Übermittlungsart genutzt oder welche Ausdrucksform für die Telekommunikation verwandt wird.[145] Es kommt lediglich auf eine point-to-point Verbindung, also einen gewollter Ausschluss der Öffentlichkeit, an, d.h. dass beispielsweise Rundfunk gerade nicht hierunter fällt.[146]

Fraglich ist jedoch, ob die Kommunikation im Internet auch von Art. 10 Abs. 1 Alt. 3 GG geschützt wird. Der Begriff des Fernmeldegeheimnisses ist dynamisch zu verstehen und muss auch technische Weiterentwicklung umfassen.[147] Durch die zunehmende Konvergenz der Medien wird die Differenzierung zwischen Massen- und Individualkommunikation zunehmend schwierig.[148] Die Nutzung eines Webangebots, wie beispielsweise der Download von Musik, stellt

---

143 Vgl. *W. Durner*, in: Maunz/Dürig (Hrsg.), GG-Kommentar, Art. 10 GG, Rn. 49; *C. Gusy*, in: v. Mangoldt/Klein/Starck (Hrsg.), GG-Kommentar, Art. 10, Rn. 57.

144 Dies ist der Unterschied zur Ausprägung einer Drittwirkung der Grundrechte: Hier wird nicht ein privater Dritter, sondern der Staat selbst verpflichtet, eine schützende Handlung zugunsten des Grundrechts aktiv zu vollziehen. Zu der Herleitung der Schutzpflicht vgl. *C. Gusy*, in: v. Mangoldt/Klein/Starck (Hrsg.), GG-Kommentar, Art. 10 GG, Rn. 61; grundlegend zur Schutzpflicht: BVerfGE 39, 1 (41 f.); BVerfGE 46, 160 (164 f.); *D. Dörr*, Faires Verfahren, S. 139 f.; diese Schutzpflicht kam insbesondere bei der Privatisierung der Bundespost zum Tragen, vgl. hierzu *G. Hermes*, in: Dreier (Hrsg.), GG-Kommentar, Art. 10 Rn. 85.

145 Vgl. BVerfGE 120, 274 (307); BVerfGE 106, 28 (36); BVerfGE 115 (166 (182).

146 Daher ist auch der E-Mail-Verkehr nach dem Bundesverfassungsgericht als Telekommunikation zu bewerten, vgl. BVerfGE 113, 348 (383): „[…], die aufgrund neuerer Telekommunikationsforen wie etwa E-Mail über das Internet ausgetauscht werden."

147 *U. Sieber/M. Nolde*, Sperrverfügungen im Internet, Ergebnisse des Rechtsgutachtens für die KJM, S. 81.

148 Vgl. *C. Degenhart*, CR 2011, S. 231 (232); *D. Klesczewski*, in: Säcker (Hrsg.), Berliner Kommentar zum TKG, § 88 Rn. 12; *G. Hermes*, in: Dreier (Hrsg.), GG-Kommentar, Art. 10 Rn. 20, 39; *A. Koreng*, Zensur im Internet, S. 56; *U. Sieber/M. Nolde*, Sperrverfügungen im Internet, Ergebnisse des Rechtsgutachtens für die KJM, S. 80.

sich als Individualkommunikation dar.[149] Die Kommunikation im Internet erfolgt über den Austausch von Datenpaketen zwischen Rechnern, die von Menschen bedient werden. Ein Aussenden von Signalen, das wie beim klassischen Rundfunk ohne Rückkanal lediglich empfangen wird, existiert im Rahmen der Kommunikation im Internet nicht. Auch die Tatsache, dass der Vorgang in der Regel automatisiert verläuft und dass Mitarbeiter des Diensteanbieters regelmäßig keine Kenntnis davon erlangen, ändert nichts am Charakter der Internet-Kommunikation als Individualkommunikation.[150] Das Bundesverfassungsgericht erstreckt den Schutzbereich des Telekommunikationsgeheimnisses daher auch auf die Kommunikationsdienste des Internets. Der Schutzbereich von Art. 10 Abs. 1 Alt. 3 GG umfasst danach die mit einem an das Internet angeschlossenen informationstechnischen System geführte laufende Fernkommunikation.[151]

Geschützt ist weiterhin nicht nur der Inhalt der Telekommunikation als solcher, sondern auch die (Begleit-)Umstände, warum und wie es zu dieser Telekommunikation gekommen ist, also auch wann, wie oft und zwischen welchen Gesprächspartnern eine Verbindung bestanden hat.[152] Es werden also auch Verkehrsdaten (vgl. § 3 Nr. 30 TKG) und Kommunikationspartner, Zeit, Ort und Häufigkeit der Kontakte von Art. 10 GG erfasst.

Anders stellt sich dies bei Maßnahmen dar, die keine Kommunikationsverbindung zur Datenerhebung erfordern. Bei der Ermittlungsmaßnahme des IMSI-Catchers bedarf es lediglich eines Einlog-Vorgangs in eine Funkzelle, um den Standort des Mobiltelefons zu bestimmen. Dies begründet nach Ansicht des Bundesverfassungsgerichts jedoch gerade keinen Eingriff in Art. 10 Abs. 1 Alt. 3 GG, weil für die Ermittlung keine Ausnutzung der Kommunikationsbeziehung nötig ist, sondern hier lediglich eine technische Gegebenheit genutzt wird.[153]

---

149 *M. Germann*, Gefahrenabwehr und Strafverfolgung im Internet, S. 118; *U. Sieber/M. Nolde*, Sperrverfügungen im Internet, Ergebnisse des Rechtsgutachtens für die KJM, S. 79 ff.

150 LG Hamburg, Urt. v. 12.3.2010, Az. 308 O 640/08, Rz. 48 (juris); *C. Schnabel*, MMR 2008, 281 (284) m.w.N.

151 BVerfGE 120, 274 (340 f.).

152 Vgl. BVerfGE 67, 157 (172); BVerfGE 85, 386 (396 f.); BVerfGE 100, 313 (358); BVerfGE 107, 299 (312 f.).

153 Vgl. hierzu die Ausführungen zur Rechtsprechung des Bundesverfassungsgerichts zum Einsatz der IMSI-Catcher.

II. Art. 13 GG

Schutzgut des Art. 13 Abs. 1 GG ist die räumliche Privatsphäre zugunsten der Eigenentfaltung[154], aber auch die Beherrschung von Informationen über die Vorgänge und Gegenstände in der Wohnung[155], wobei auch Geschäfts- und Betriebsräume vom Schutzbereich umfasst sind.[156] Damit einhergehend wird ein Mindestmaß an physischer und informationeller Abschottung des Raumes nach außen verlangt.[157] Wohnungseingriffe bestehen daher im Eindringen in den Wohnungsbereich oder im Verweilen in der Wohnung gegen den Willen des Grundrechtsträgers.[158] Daher liegt auch dann ein Eingriff vor, wenn in der Wohnung Messungen vorgenommen werden, die z.B. zur Erfassung von Codewörtern erforderlich sind (sog. Messungen elektromagnetischer Strahlungen) oder Mikrofone bzw. die Kameras von Computern zum Ausspähen von Vorgängen in der Wohnung genutzt werden.[159]

Der Umstand, dass bei Ermittlungsmaßnahmen wie der Online-Durchsuchung ein Eindringen in die Wohnung nicht mehr erforderlich ist, wirft die Frage auf, ob diese Maßnahme dennoch an Art. 13 Abs. 1 GG zu messen ist.

III. Art. 2 Abs. 1 i.V.m. Art. 1 Abs. 1 GG

Das allgemeine Persönlichkeitsrecht findet seine Grundlage in Art. 2 Abs. 1 i.V.m. Art. 1 Abs. 1 GG, wobei der Menschenwürdesatz dabei als „programmatische Leit- und Auslegungsrichtlinie" dient.[160] Die Unterfälle des allgemeinen Persönlichkeitsrechts gemäß Art. 2 Abs. 1 i.V.m. Art. 1 Abs. 1 GG spielen hinsichtlich des Datenschutzes auf verfassungsrechtlicher Ebene eine immer größere Rolle. Insbesondere die Unterfälle des allgemeinen Persönlichkeitsrechts wie

154 Vgl. *J.-D. Kühne,* in: Sachs (Hrsg.), GG-Kommentar, Art. 13 Rn. 7.

155 Vgl. *G. Hermes,* in: Dreier (Hrsg.) GG-Kommentar, Band I, Art. 13 Rn. 12.

156 Vgl. zu den Sachverhalten Art. 13 Abs. 1 GG betreffend: BVerfGE 89, 1 (12); 103, 142 (150 f.), zur Anwendbarkeit auf Geschäfts- und Betriebsräume vgl. BVerfGE 32, 54 (69 ff.); 44, 353 (371); 76, 83 (88); 96, 44 (51).

157 Vgl. *G. Gornig*, in: v. Mangoldt /Klein /Starck (Hrsg.), Art. 13 Rn. 15; *G. Hermes,* in: Dreier (Hrsg.) GG-Kommentar, Band I, Art. 13 Rn. 16.

158 Vgl. BVerfGE 76, 83 (90); 89, 1 (12).

159 Vgl. BVerfGE 120, 274 (310).

160 *H. Dreier*, in: ders. (Hrsg.) GG-Kommentar, Band I, Art. 2 Abs. 1 Rn. 68.

das Recht auf informationelle Selbstbestimmung und das Recht auf Gewährleistung der Vertraulichkeit und Integrität informationstechnischer Systeme zeigen deutlich eine Entwicklung hin zu einem elektronischen Datenschutzgrundrecht.

Das Recht auf informationelle Selbstbestimmung wurde im Volkszählungsurteil[161] vom Bundesverfassungsgericht entwickelt. Aus der heutigen Sicht erscheint es überraschend, dass die staatliche Erfassung von Daten wie Name, Anschrift, Lebensunterhalt, Beruf und ähnliche Daten solchen Widerstand bei der Bevölkerung verursachen konnten. Dies mag aber dem Umstand geschuldet sein, dass zum einen bis dato eine solche Erhebung noch nicht stattgefunden hatte, und zum anderen dass es mangels technischer Möglichkeiten auch noch keine Vorstellungen darüber gab, auf welch vielfältige Weise in der Zukunft Daten ausgespäht werden können. So hat das Bundesverfassungsgericht den Schutzumfang folgendermaßen definiert: Das in Art. 2 Abs. 1 i.V.m. Art. 1 Abs. 1 GG gewährleistete allgemeine Persönlichkeitsrecht könne „gerade auch im Hinblick auf moderne Entwicklungen und die mit ihnen verbundenen Gefährdungen der menschlichen Persönlichkeit Bedeutung gewinnen. Die bisherigen Konkretisierungen durch die Rechtsprechung umschreiben den Inhalt des Persönlichkeitsrechts nicht abschließend. Es umfasst auch die aus dem Gedanken der Selbstbestimmung folgende Befugnis des Einzelnen, grundsätzlich selbst zu entscheiden, wann und innerhalb welcher Grenzen persönliche Lebenssachverhalte offenbart werden.“[162] Dieses Recht auf informationelle Selbstbestimmung ist jedoch nicht schrankenlos gewährleistet. Der Einzelne hat nicht ein Recht im Sinne einer absoluten, uneinschränkbaren Herrschaft über ‚seine‘ Daten; er ist vielmehr eine sich innerhalb der sozialen Gemeinschaft entfaltende, auf Kommunikation angewiesene Persönlichkeit.[163] Dieses Recht war also als klassisches Abwehrrecht konzipiert, als Recht am eigenen Datum, über dessen Preisgabe und Verwendung der Einzelne frei entscheiden können soll.[164] So soll für den Einzelnen durch den Schutzgehalt des Art. 1 Abs. 1 GG gewährleistet werden, dass dieser selbst über Art und Weise der eigenen Kommunikation und Selbstdarstellung

161 BVerfGE 65,1.

162 Vgl. *H. Dreier,* in: ders. (Hrsg.), GG-Kommentar, Art. 2 Abs. 1 Rn. 78. BVerfGE 65,1 (43).

163 Zusammenfassend aus BVerfGE 65, 1 (41-44).

164 Vgl. *W. Hoffmann-Riem*, Schutz der Vertraulichkeit und Integrität informationstechnischer Systeme, JZ 2008, S. 1009 (1010).

bestimmt und so deren Konsistenz und Kohärenz entwickeln und erhalten kann.[165]

B. Die Entscheidungen des Bundesverfassungsgerichts

Die Entscheidungen des Bundesverfassungsgerichts zu den Sachverhalten hinsichtlich des elektronischen Datenschutzes lassen sich anhand der einschlägigen Grundrechte analysieren. Besonderes Augenmerk liegt dabei darauf, inwiefern sich die Parameter hinsichtlich der Beurteilung von eingriffsintensiven Maßnahmen infolge der Veränderung der Sicherheitslage der Welt geändert haben und wie diese nun gerechtfertigt werden können. Dabei steht im Fokus der Betrachtung die Schutzbereichsabgrenzungen, der Umgang mit dem Schutz des Kernbereichs, die Schrankensystematik und die Herleitung des Richtervorbehalts in den Fällen des Art. 10 Abs. 1 Alt. 3 und Art. 2 Abs. 1 i.V.m. Art. 1 Abs. 1 GG. Weiterhin ergibt sich aus der Analyse auch, inwiefern das Gericht auch zukünftig den elektronischen Datenschutz hinreichend gewährleisten kann.

I. Die Rechtsprechung zu Art. 10 GG

Zur Rechtsprechung hinsichtlich Art. 10 Abs. 1 Alt. 3 GG gehören die Entscheidungen zur strategischen Telekommunikationsüberwachung, zur Überprüfung der Daten eines Mobiltelefons, der vorsorgenden individuellen Telekommunikationsüberwachung, der E-Mail-Überwachung und der Vorratsdatenspeicherung.

1. Strategische Telekommunikationsüberwachung

In einer Leitentscheidung in Sachen elektronischer Datenschutz hatte sich das Bundesverfassungsgericht mit der Verfassungsmäßigkeit der Telekommunikationsüberwachung durch den Bundesnachrichtendienst (BND) zu beschäftigen.[166] Hierbei hat es in seinen Leitsätzen zusammenfassend erklärt, dass Art. 10 GG nicht nur gegenüber der staatlichen Kenntnisnahme von Telekommunikationsda-

165 So *C. Gusy,* Lauschangriff und Grundgesetz, JuS 2004, S. 457 (458) zum „Schutzbereich" von Art. 1 GG in seinem „rollen- bzw. kommunikationstheoretischen Ansatz".

166 BVerfGE 100, 313.

ten schützt, sondern dass sich der Schutz auch auf die Informations- und Datenverarbeitungsprozesse und deren Verwertung erstreckt, die sich wiederum an zulässige Kenntnisnahmen anschließt.

a. Sachverhalt

Die Verfassungsbeschwerden betrafen die Befugnisse des Bundesnachrichtendienstes zur Überwachung, Aufzeichnung und Auswertung des Telekommunikationsverkehrs sowie zur Übermittlung der daraus erlangten Daten an andere Behörden.[167]

Im vorliegenden Verfahren ging es lediglich um die strategische, nicht die individuelle Überwachung, die ursprünglich gemäß § 3 Abs. 1 S. 2 G 10 a.F. nur zur Früherkennung und Abwehr der Gefahr eines bewaffneten Angriffs auf die Bundesrepublik zulässig war. In der strategischen Überwachung wird mit Suchbegriffen gearbeitet, d.h. sämtliche Kommunikation wird grundsätzlich auf bestimmte Wörter „in time" durchsucht. Sobald ein vom System gespeichertes Wort in der Kommunikation gesprochen oder geschrieben wurde, wird die Kommunikation sodann von der Behörde überprüft.[168] Dies beinhaltete eine geographische Beschränkung auf Gebiete, bei denen Kriegsgefahr drohte.[169] Damit sollte die Gewinnung von Informationen über außen- und verteidigungspolitische Sachverhalte ermöglicht werden.[170] Mit der Gefahr des Terrorismus und internationaler Straftaten sollte sodann auch ab Mitte der 90er die Überwachung des internationalen Fernmeldeverkehrs ermöglicht werden.[171] Mit dieser Gesetzesänderung ging sodann eine Ausweitung der Zwecke der Telekommunikati-

---

167 Vgl. BVerfGE 100, 313 (315); rechtliche Grundlage waren hier die jeweiligen Normen zur Telekommunikationsüberwachung im Gesetz zur Beschränkung des Brief-, Post- und Fernmeldegeheimnisses (G10) vom 13.08.1968 (BGBl. S. 949).

168 Beispiele hierfür können die Wörter: Bombe oder Anschlag sein); vgl. zur strategischen Telekommunikationsüberwachung BVerfGE 100, 313 (319, 366).

169 Vgl. BVerfGE 100, 313 (316 f.). In der strategischen Überwachung wird mit Suchbegriffen gearbeitet, d.h. sämtliche Kommunikation wird grundsätzlich auf bestimmte Wörter „in time" durchsucht. Sobald ein vom System gespeichertes Wort in der Kommunikation gesprochen oder geschrieben wurde, wird die Kommunikation sodann von der Behörde überprüft (Beispiele können hier die Wörter: Bombe, Atombombe oder Terrorist sein.); BVerfGE 100, 313 (319, 366).

170 Vgl. BVerfGE 100, 313 (317).

171 Novellierung des G 10- Gesetzes vom 28.10.1994 (BGBl. I S. 3186).

onsüberwachung einher. Danach durfte diese Maßnahme dann neben der Gefahr eines bewaffneten Angriffs gemäß § 3 Abs. 1 S. 2 Nr. 1 G 10 auch für fünf weitere Zwecke durchgeführt werden.[172] Hinsichtlich dieser neuen Zwecke erstreckte sich die Überwachungsmaßnahme nur auf den „nicht leitungsgebundenen internationalen Telekommunikationsverkehr“, § 3 Abs. 1 S. 1 G 10.

Die Novellierung brachte aber auch eine Ausweitung in personeller Hinsicht. So war zwar die gezielte Erfassung bestimmter Telekommunikationsanschlüsse gemäß § 3 Abs. 2 S. 2 G 10 ausgeschlossen. Dies galt jedoch gemäß § 3 Abs. 2 S. 3 G 10 nicht für Telekommunikationsanschlüsse von Ausländern im Ausland. Diese Anschlussnummern durften auch als Suchbegriffe in der strategischen Telekommunikationsüberwachung verwendet werden.[173]

Soweit personenbezogene Daten durch die Überwachung ermittelt werden konnten, durften diese auch gemäß § 3 Abs. 3 S. 1, Abs. 5 S. 1 G 10 anderen Behörden übermittelt werden, sofern die Verwendung rechtlich gestattet war, gemäß § 3 Abs. 3 S. 1 G 10. Auch die Mitteilungspflicht hinsichtlich der Betroffenen konnte entfallen gemäß § 3 Abs. 8 S. 2 G 10, sofern die Daten binnen drei Monaten von den Behörden gelöscht wurden.[174]

Die Kontrolle der Telekommunikationsüberwachung erfolgte hierbei gemäß § 9 Abs. 1 G 10 (in der damals geltenden Fassung) durch eine parlamentarische Kontrollkommission.[175] Zur damaligen Zeit überwachte der BND täglich 15.000 Telekommunikationsverbindungen (Telex, Telefax, Telefon), von denen ein kleiner Teil konkret ausgewertet wurde.[176]

Das Gericht hat in einer einstweiligen Anordnung[177] zunächst die Verwendung und Weitergabe der erlangten Daten unter den Vorbehalt gestellt, dass bestimmte Tatsachen vorliegen müssen, die den Verdacht begründen, dass die in der

---

172 Dies betraf die Gefahr der Begehung internationaler terroristischer Anschläge (Nr. 2), der internationalen Verbreitung von Kriegswaffen und des konventionellen Rüstungshandels (Nr. 3), des Drogenexports in die Bundesrepublik (Nr. 4), der im Ausland begangenen Geldfälschungen (Nr. 5) und der Geldwäsche im Zusammenhang mit den in Nummer 3 bis 5 genannten Handlungen (Nr. 6).

173 BVerfGE 100, 313 (318 f.).

174 Vgl. BVerfGE 100, 313 (319).

175 Vgl. BVerfGE 100, 313 (323) mit der damals geltenden Fassung des § 9 G 10.

176 Vgl. hierzu auch *H. Schrader,* DuD 1999, S. 650.

177 BVerfGE 93, 181.

Vorschrift genannte Straftat geplant oder begangen wird bzw. bereits begangen wurde.

b. Entscheidung des Gerichts

aa. Allgemeines

In seiner Entscheidung hat das Bundesverfassungsgericht zunächst festgestellt, dass alleiniger Prüfungsmaßstab im vorliegenden Fall Art. 10 Abs. 1 Alt. 3 GG ist. Art. 2 Abs. 1 i.V.m. Art. 1 Abs. 1 GG komme deswegen nicht Betracht, da Art. 10 GG eine spezielle Garantie bezogen auf den Fernmeldeverkehr enthalte und daher die allgemeine Vorschrift des Art. 2 Abs. 1 i.V.m. Art. 1 Abs. 1 GG verdränge.[178] Dabei gewährleiste Art. 10 GG nicht nur der Schutz gegenüber staatlicher Kenntnisnahme von Fernmeldekommunikation, sondern auch den Informations- und Datenverarbeitungsprozess, der sich an die Kenntnisnahme von geschützten Telekommunikationsvorgängen anschließt.[179]

Die besonderen Anforderungen an den Gesetzgeber, die Verarbeitung personenbezogener Daten betreffend, müssen nach Ansicht des entscheidenden Senats hier jedoch eingehalten werden. Insbesondere die Maßgaben, die im Volkszählungsurteil durch das Gericht entwickelt wurden, sollen übertragen werden. Hierzu gehöre, dass sich der Umfang der Beschränkung klar und für den Einzelnen erkennbar aus dem Gesetz ergeben muss. Weiterhin müsse der Zweck des Eingriffs bereichsspezifisch und präzise bestimmt werden und die erhobenen Daten müssten für diesen Zweck geeignet und erforderlich sein.[180] Eine nicht anonymisierte Sammlung von Daten auf Vorrat sei dementsprechend nicht mit Art. 10 GG zu vereinbaren.

Auch die Weitergabe der Daten und Informationen, die durch die Kenntnisnahme des Fernmeldevorgangs erlangt worden seien, fällt nach Ansicht des Bundesverfassungsgerichts unter Art. 10 Abs. 1 Alt. 3 GG, insbesondere da damit regelmäßig eine Ausweitung der dies zur Kenntnis nehmenden Stellen und Personen und somit eine Erweiterung des Verwendungszusammenhangs einhergeht.

178 Vgl. BVerfGE 100, 313 (358).

179 Vgl. BVerfGE 100, 313 (359). Dies betrifft also den zeitlich nachfolgenden Eingriff in diese Daten, der aber als einheitlicher Sachverhalt zu betrachten ist.

180 Vgl. BVerfGE 100, 313 (359 f.).

All dies lasse sich auf den Eingriff in die Fernmeldeübertragung zurückführen, so dass sich diese Maßnahme ebenso am Maßstab des Art. 10 GG messen lassen müsse. Solche Zweckänderungen der Verwendung der Daten sind nach dem entscheidenden Senat zwar grundsätzlich möglich, bedürfen doch ihrerseits auch einer gesetzlichen Grundlage, die wiederum verfassungsgemäß sein muss.[181]

Art. 10 GG umfasse weiterhin im Rahmen des effektiven Rechtsschutzes auch den Anspruch des Betroffenen, von solchen Abhör-Maßnahmen zumindest im Nachhinein Kenntnis zu erlangen.[182] Dies stelle ein Spezifikum des Datenschutzrechts dar, das gegenüber der die Maßnahme durchführende Stelle durchgesetzt werden kann.[183] Um dieser nur nachträglichen Rechtsschutzmöglichkeit Rechnung zu tragen, ist nach Maßgabe der entscheidenden Richter eine vorherige Kontrolle durch unabhängige und an keine Weisung gebundene staatliche Organe und Hilfsorgane, anzuordnen, was insbesondere den Richtervorbehalt umfasst.[184]

Ferner verlangt das Gericht auch, dass die erlangten Daten gelöscht werden müssen, sobald sie für die Zwecke oder den gerichtlichen Rechtsschutz nicht mehr erforderlich sind.[185] Weiterhin betont es, dass auch aus ausländischen Gebieten stammende Telekommunikation mit inländischem staatlichem Handeln derart verknüpft sein kann, dass der Schutzbereich des Art. 10 GG in diesem Falle eröffnet ist. Dies sei dann der Fall, wenn der Empfang und die Auswertung der hierdurch erhaltenen Daten durch den Bundesnachrichtendienst und somit auf deutschem Boden erfolge.[186]

---

181 Vgl. BVerfGE 100, 313 (360, 367).

182 Wie dies im Einzelnen zu geschehen hat, wird vom Grundgesetz nicht vorgeschrieben. Es bedarf jedoch bei heimlichen Maßnahmen einer Benachrichtigung, sofern Auskunftsansprüche dabei auch nicht eingeräumt worden sind oder den Rechten der Betroffenen nicht angemessen Rechnung getragen wurde (vgl. BVerfGE 30, 1 (21,31 f.). Eine spätere Benachrichtigung kann jedoch im Hinblick auf Art. 10 Abs. 2 GG auch gerechtfertigt sein, sofern der beabsichtigte Zweck andererseits gefährdet würde (vgl. BVerfGE 49, 329 (342 f.); 100, 313 (361)).

183 Vgl. BVerfGE 100, 313 (361).

184 Vgl. BVerfGE 100, 313 (361) mit Hinweis auf BVerfGE 30, 1 (23 f.;30 f.); 65, 1 (46); 67, 157 (185).

185 Vgl. BVerfGE 100, 313 (362).

186 Vgl. BVerfGE 100, 313 (363 f.).

In der weiteren Analyse stellt das Bundesverfassungsgericht fest, dass bereits die Erfassung der Daten selbst Eingriffsqualität hat, sofern sie die Kommunikation für den Bundesnachrichtendienst verfügbar macht und die Basis des darauffolgenden Abgleichs mit den Suchbegriffen bildet.[187] Ein Eingriff sei nur dann zu verneinen, wenn zwischen deutschen Anschlüssen Kommunikationsbeziehungen ungezielt und allein technikbedingt zunächst miterfasst, dann aber unmittelbar nach der Signalaufbereitung technisch wieder spurlos ausgesondert werden. Mit der Speicherung und anschließender Auswertung, ob die Daten für den Zweckerreichung erforderlich seien, und der anschließende inhaltliche Kenntnisnahme, erweitere sich sodann auch der Eingriff in Art. 10 GG.[188]

bb. Überwachung und Aufzeichnung des Fernmeldeverkehrs

Die Befugnis zur Überwachung und Aufzeichnung des Fernmeldeverkehrs nach § 1 Abs. 1, § 3 Abs. 1 S. 2 Nr. 1-4 und 6 G10 wurde demnach als mit Art. 10 GG vereinbar erklärt. Jedoch ist nach Ansicht des Bundesverfassungsgerichts die Regelung des § 3 Abs. 1 S. 2 Nr. 5 G 10, nach der die Maßnahmen auch zur Sammlung von Nachrichten über Sachverhalte zulässig sind, deren Kenntnis notwendig ist um die Gefahr im Ausland begangener Geldfälschungen rechtzeitig zu erkennen und einer solchen Gefahr zu begegnen, mit Art. 10 GG unvereinbar.[189]

Die neu eingesetzten Zwecke in § 3 Abs. 1 S. 2 Nr. 1-6 stellen nach der Meinung der Richter legitime Gründe für die Durchführung der Telekommunikationsüberwachung dar. Dadurch sollen Gefahren für die Existenz des Staates, das Wohlergehen der Bevölkerung und auch für die selbst gewählte freiheitliche Ordnung abgewehrt werden. Zudem gehe es darum, schwerwiegende Konsequenzen für den Staat abzuwehren, sofern nämlich hochrangige Gemeinschaftsgüter gefährdet werden, deren Verletzung schwere Schäden für den äußeren und inneren Frieden und die Rechtsgüter Einzelner zur Folge haben.[190] Daher sei die Maßnahme der Telekommunikationsüberwachung zur Erreichung dieser Zwecke auch geeignet.

187 Vgl. BVerfGE 100, 313 (366).
188 Vgl. BVerfGE 100, 313 (366 f.).
189 Vgl. BVerfGE 100, 313 (368, 373 f.).
190 Vgl. BVerfGE 100, 313 (373).

Ferner sind nach Ansicht des Bundesverfassungsgerichts die Anforderungen an die Erforderlichkeit gewahrt. Ein weniger beeinträchtigendes Mittel stehe insbesondere deshalb nicht zur Verfügung, weil die Zusammenarbeit mit denjenigen Staaten, von denen Gefahren ausgehen, weniger Erfolg verspreche.[191]

Lediglich § 3 Abs. 1 S. 2 Nr. 5 G 10, der die Ermächtigung der Telekommunikationsüberwachung bei der Gefahr der Geldfälschung im Ausland normiert, werde dem Erfordernis der Verhältnismäßigkeit im engeren Sinne nicht gerecht. Die Beeinträchtigung des Art. 10 GG durch die angegriffene Vorschrift wiegt nach der Argumentation der entscheidenden Richter schwer. Diese betreffe zwar nur den internationalen nicht-leitungsgebundenen Verkehr.[192] Der Eingriff weise aber eine starke Intensität auf.[193] Das Gericht verweist hierbei auf seine frühere Entscheidung, bei der es die Verfassungsmäßigkeit von Maßnahmen der Postkontrolle und Telefonkontrolle überprüfte und dabei das Gewicht der Grundrechtsbeeinträchtigung noch als relativ gering eingestuft hatte[194], weil die vom Gesetz geforderte Bestimmung und Anordnung der Überwachungsmaßnahme geographisch begrenzt war.[195]

Nun sind jedoch die Zwecke, die die Zulässigkeit einer Telekommunikationsüberwachung begründen, erheblich ausgedehnt (Nr. 2-6 des § 3 Abs. 1 G 10) und zudem die geographische Beschränkung durch die Nutzung von Satellitenfunk hinfällig geworden, wie das Bundesverfassungsgericht in seiner Entscheidung betont. Daher sei auch die Anonymität der Kommunikation nicht mehr gleichermaßen gewährleistet. Die Verbindungsdaten werden, so beschreibt es das Bundesverfassungsgericht, miterfasst und die ins Gesetz aufgenommenen Gefahren sind somit subjektbezogener und liefern oftmals erst in Verbindung mit der Identität des Betroffenen das bezweckte Datum.[196] Ferner werde die Anonymität auch deswegen nicht mehr in gleichem Maße gewahrt, da die Erkenntnisse nicht sofort wieder gelöscht werden. Es bedürfe vielmehr einer Er-

191 Hierbei verweist das Gericht zum einen darauf, dass die Zusammenarbeit Kenntnisse im Bereich der Präventivmaßnahmen voraussetzt und zum anderen, dass oftmals auch von den Staaten selbst Gefahren ausgehen. (BVerfGE 100, 313 (375)).

192 Vgl. BVerfGE 100, 313 (377).

193 Vgl. BVerfGE 100, 313 (380).

194 Vgl. BVerfGE 67, 157.

195 Vgl. BVerfGE 67, 157 (178).

196 Vgl. BVerfGE 100, 313 (379).

fassungs- und Aufzeichnungsphase, die weiter aufrechterhalten werde, um die Ergebnisse auch vergleichen und auswerten zu können. Technisch anderweitige Möglichkeiten, wie die temporäre Speicherung, werden hingegen nicht verwendet.[197]

Dies hat nach Meinung des Gerichts zur Folge, dass ein Einschüchterungseffekt eintreten kann, da mit der Kenntnisnahme von der Möglichkeit einer solchen Überwachung bereits eine Einschränkung des Kommunikationsverhaltens Einzelner und Gesellschaft selbst einhergehen kann.[198]

Zur Rechtfertigung der Maßnahme argumentierte das Gericht damit, dass die Überwachungsmaßnahmen dem Schutz hochrangiger Gemeinschaftsgüter dienen. Durch international agierende Kriminalität haben sich neue Gefahren entwickelt, durch die auch die Interessen der Bundesrepublik erheblich berührt werden, und somit in der Schwere einem bewaffneten Angriff gleichkommen.[199] Daher ließen sich die Voraussetzungen des § 3 Abs. 1 S. 2 Nr. 1 bis 4 und Nr. 6 G 10 (die Gefahr eines bewaffneten Angriffs, terroristischer Anschläge, Verbreitung von Kriegswaffen, Verbringung von Betäubungsmitteln und Geldwäsche) verfassungsrechtlich nicht beanstanden. Hierbei seien nämlich nur Überwachungsmaßnahmen im Hinblick auf bestimmte außen- und sicherheitspolitisch relevante Gefahrenlagen gestattet. Zudem beinhalte das Gesetz auch materielle Kriterien und verfahrensrechtliche Sicherungen, die den Eingriff einschränkten und die Rechte Dritter schützen.[200]

Hinsichtlich § 3 Abs. 1 S. 2 Nr. 5 G 10 (Geldfälschungstatbestand im Ausland) ist nach Ansicht des entscheidenden Senats die Verhältnismäßigkeit jedoch nicht gewahrt. Es handle sich weder um eine Gefahr, die einem bewaffneten Angriff in der Schwere nahekäme, noch hafte ihr gleichwertiges Gefahrenpotential an, das den übrigen Tatbeständen immanent sei.[201] Geldfälschung sei keine typischerweise im Ausland begangene Handlung und berge nicht zwingend eine erhebliche Gefahr für Bestand und Sicherheit der Bundesrepublik. Daher erklärte das Bundesverfassungsgericht das Gesetz insoweit für unvereinbar mit Art. 10

197 Vgl. BVerfGE 100, 313 (381).
198 Vgl. BVerfGE 100, 313 (381).
199 Vgl. BVerfGE 100, 313 (382).
200 Vgl. BVerfGE 100, 313 (383 f.).
201 Vgl. BVerfGE 100, 313 (385).

GG und verpflichtete den Gesetzgeber, einen verfassungsmäßigen Zustand herzustellen.[202]

cc. Weiterverwendung der Daten

Hinsichtlich der Weiterverwendung der Daten fehlt es nach Ansicht des Bundesverfassungsgerichts bei § 3 Abs. 4 G 10 an einer hinreichenden Regelung, wie bei den nicht gelöschten Daten die Zweckbindung gewahrt bleibt, sofern eine Weiterverwendung zu anderen Zwecken angedacht wird. Daher sei auch hier der Gesetzgeber gefordert, eine mit Art. 10 GG zu vereinbarende Regelung zu schaffen.[203] Auch die Regelung zur Übermittlung der erlangten Daten an andere Behörden zur Erfüllung ihrer Aufgaben gemäß § 3 Abs. 5 S. 1 i.V.m. Abs. 3 S. 1 G 10 sei nicht mit Art. 10 GG vereinbar.

Der Zweck der Regelung selbst begegne dabei jedoch keinen verfassungsmäßigen Bedenken. Die Nutzbarmachung von Daten für andere Behörden sei für die Verhütung, Aufklärung oder Verfolgung von Straftaten ein legitimes Mittel. Auch habe der Gesetzgeber klare und präzise Festlegungen zur Weitergabe der Daten getroffen, indem die Übermittlung gemäß § 3 Abs. 5 G 10 nur dann statthaft sei, soweit dies zur Aufgabenerfüllung erforderlich ist. Auch seien die Zwecke der Übermittlung mit dem ursprünglichen Zweck der Erhebung der Daten vereinbar. Da die Daten auf der strategischen Überwachung basieren, zielen sie gerade nicht auf bestimmte Personen ab. Damit ergebe sich ein begrenzter Verwendungszweck. Hinzu komme, dass Daten auch nur für solche Zwecke zugänglich gemacht werden dürfen, die selbst eine derartige Methode rechtfertigen können.[204]

Hinsichtlich der Regelung zur Weitergabe der Daten ist aber nach Ansicht des Gerichts der Verhältnismäßigkeitsgrundsatz nicht gewahrt. Der BND selbst gehe in seinen Ermittlungsmaßnahmen nicht gegen die Betroffenen selbst vor, sondern habe vielmehr eine Unterrichtungspflicht gegenüber der Bundesregierung.[205] Bei den anderen Behörden könne diese Weitergabe jedoch zur Einlei-

---

202 Vgl. BVerfGE 100, 313 (385).
203 Vgl. BVerfGE 100, 313 (386).
204 Vgl. BVerfGE 100, 313 (389 f.).
205 Vgl. BVerfGE 100, 313 (391 f.).

tung eines Strafverfahrens führen.[206] Zwingend geboten sei daher ein hohes Gewicht des jeweils in Rede stehenden Rechtsguts.

Der Katalog der Straftaten sei sowohl auf Verbrechen als auch auf Vergehen ausgelegt. Auch reichen hier bereits „tatsächliche Anhaltspunkte" aus, um die Übermittlung zu rechtfertigen. Herbei sei sodann auch zwischen der präventiven und der repressiven Tätigkeit der Behörden zu unterscheiden.[207] Das vorinstanzliche Gericht forderte daher eine Tatsachenbasis, da anderenfalls die Zahl der betroffenen Grundrechtsträger unverhältnismäßig hoch ist. In den Fällen der Verhinderung von Straftaten reiche es jedoch nicht aus, wenn auf Verdachtsbasis tatsächliche Anhaltspunkte bejaht werden. Es müssen also konkrete und in gewissem Umfang verdichtete Umstände als Tatsachenbasis vorliegen.[208] Ferner müsse auch die Übermittlung aus Rechtsschutzgründen protokolliert werden.[209]

Aus diesen Gründen ist nach Ansicht der entscheidenden Richter auch die Regelung zur Übermittlung der erlangten Daten vom Gesetzgeber verfassungsgemäß neuzugestalten. Es fehle im Rahmen des § 3 Abs. 7 G 10 an Kennzeichnungspflichten der Empfangsbehörden, um die Zweckbindung zu dokumentieren. So sollen sich die aus der strategischen Überwachung erlangten Daten nicht mit anderweitigen Daten vermischen, damit eine transparente Verwendung, ohne Umgehungsmöglichkeit der Verwendungsbeschränkungen, gewährleistet werden könne.[210]

Weiterhin sei auch die Regelung der Mitteilungspflicht gemäß § 3 Abs. 8 S. 2 G 10 mit dem Grundgesetz unvereinbar, sofern sie gestatte, dass die Mitteilung deswegen entfällt, weil sie innerhalb von drei Monaten vernichtet worden ist.[211] Hierin zeige sich der Verstoß gegen Art. 10 und Art. 19 Abs. 4 GG, da der Eingriff nicht lediglich dadurch obsolet werde, dass eine Vernichtung stattgefunden habe; vielmehr bestehe bereits durch die Erfassung der Daten und der darauffolgenden Verwendung ein Eingriff.[212] Auch hier ist nach Ansicht des Bundesverfassungsgerichts der Gesetzgeber verpflichtet, einen verfassungsgemäßen

206 Vgl. BVerfGE 100, 313 (392).
207 Vgl. BVerfGE 100, 313 (394).
208 Vgl. BVerfGE 100, 313 (395).
209 Vgl. BVerfGE 100, 313 (396).
210 Vgl. BVerfGE 100, 313 (397).
211 Vgl. BVerfGE 100, 313 (397 f.).
212 Vgl. BVerfGE 100, 313 (398 f.).

Rechtszustand herzustellen, da die Norm lediglich für unvereinbar und nicht für nichtig erklärt wurde.

2. Beschlagnahme und Überprüfung eines Mobiltelefons

Eine weitere Entscheidung betraf die verfassungsrechtliche Vereinbarkeit der Maßnahme einer Beschlagnahme und Überprüfung eines Mobiltelefons. Auch diese Frage ist für die Frage nach einem elektronischen Datenschutz von Bedeutung, da die Daten aus einem Datenverarbeitungsprozess stammen.

Am 4. Februar 2005[213] entschied das Bundesverfassungsgericht darüber, ob eine ohne richterlichen Beschluss durchgeführte Wohnungsdurchsuchung gegen Art. 13 Abs. 1 und Abs. 2 GG verstößt und ob das darauffolgende Auslesen der Daten von einem Mobiltelefon, das in diesem Zusammenhang beschlagnahmt wurde, den Beschwerdeführer in seinem Recht aus Art. 10 Abs. 1 Alt. 3 GG oder Art. 2 Abs. 1 i.V.m. Art. 1 Abs. 1 GG verletzt.

a. Sachverhalt

Während der Aufklärung einer Reihe von Straftaten suchten die Polizeibeamten den Beschwerdeführer auf, durchsuchten dessen Wohnung und nahmen ihn vorläufig fest. Ein aufgefundenes Mobiltelefon des Beschwerdeführers stellten die Polizeibeamten im Zuge der Durchsuchung sicher, um damit geführte Gespräche zu ermitteln, die der Beschwerdeführer möglicherweise mit Mittätern geführt hatte. Der Beschwerdeführer wurde zwar noch am selben Tag wieder entlassen, die Polizei las jedoch die in dem Mobiltelefon und der SIM-Karte gespeicherten Daten aus, behielt die Datenaufzeichnung bei den Akten und gab das Gerät zurück. Der Tatverdacht bestätigte sich im Ergebnis jedoch nicht.[214]

Das Amtsgericht erklärte mit dem angegriffenen Beschluss die Durchsuchung, die Beschlagnahme und die vorläufige Festnahme für rechtmäßig, da während der Durchsuchung ein dringender Tatverdacht bestanden habe.[215] Das Landgericht stellte hingegen die Rechtswidrigkeit der vorläufigen Festnahme fest. Zwar sei die Durchsuchung der Wohnung des Beschwerdeführers nicht zu beanstan-

213 Vgl. Beschluss des Bundesverfassungsgerichts vom 4.2.2005, 2 BvR 308/04.

214 Beschluss des Bundesverfassungsgerichts vom 4. Februar 2005, 1BvR 308/04, Rz. 1.

215 Beschluss des Bundesverfassungsgerichts vom 4. Februar 2005, 1BvR 308/04, Rz. 2.

den, da ein Anfangsverdacht bestanden hätte. Über die Beschlagnahme des Mobiltelefons könne hingegen nicht mehr entschieden werden, da mit dessen Herausgabe das Rechtsschutzbedürfnis entfallen sei. Eine nachträgliche Feststellung sei hingegen nicht möglich, da es sich nicht um einen tiefgreifenden Grundrechtseingriff handle.[216] Auch hiergegen richtet sich die Verfassungsbeschwerde des Beschwerdeführers.

b. Entscheidung des Gerichts

Das Bundesverfassungsgericht hat hinsichtlich der Wohnungsdurchsuchung einen Eingriff in Art. 13 Abs. 1 und Abs. 2 GG angenommen. Die Durchsuchung müsse in aller Regel zumindest mit dem Versuch verbunden werden, einen Ermittlungsrichter zu erreichen bzw. bei dessen Unerreichbarkeit einen Staatsanwalt gemäß § 105 Abs. 1 S. 1 StPO mit der Sache zu betrauen.[217]

Hinsichtlich der Beschlagnahme des Mobiltelefons samt SIM-Karte hat das Gericht die Eröffnung des Schutzbereichs des Art. 10 Abs. 1 Alt. 3 GG bejaht, einen Eingriff in das allgemeine Persönlichkeitsrecht in Form der informationellen Selbstbestimmung, aufgrund seines subsidiären Charakters gegenüber Art. 10 Abs. 1 Alt. 3 GG hingegen verneint. Das Mobiltelefon gebe in Verbindung mit der SIM-Karte Informationen über abgegangene, angenommene und zwar empfangene, aber nicht angenommene Anrufe, sofern der gegnerische Anschlussbesitzer das Senden seiner Nummer nicht unterdrücke. Ferner können auch empfangene, bei bestimmter Einstellung auch gesendete SMS gelesen werden. Aus Sicht des Bundesverfassungsgerichts ist deswegen ein Eingriff in Art. 10 Abs. 1 Alt. 3 GG gegeben, da auch hier die (Tele-)Kommunikationsumstände geschützt seien. Dies ergebe sich aus dem Umstand, dass die Information, ob, wann und wie oft zwischen Fernmeldeanschlüssen Fernmeldeverkehr stattgefunden hat

---

216 Beschluss des Bundesverfassungsgerichts vom 4. Februar 2005, 1BvR 308/04, Rz. 3.

217 Beschluss des Bundesverfassungsgerichts vom 4. Februar 2005, 1BvR 308/04, Rz. 13; denn nur so könne die Nachprüfung der Gefahr im Verzug, wie sie im vorliegenden Fall vorgebracht wurde, gewährleistet werden, vgl. BVerfGE 103, 142 (155 ff.). Im Ergebnis stellte das Gericht sogar die Frage, ob in der vorliegenden Fallkonstellation diese Durchsuchung nicht sogar zwecklos und unverhältnismäßig gewesen sei, da der vermeintliche Täter durch die vorherige Anwesenheit der Beamten gewarnt gewesen sein könnte, so dass in dieser Situation bereits die angeführte Gefahr im Verzug fraglich erscheint.

oder versucht worden ist, zu den durch Art. 10 Abs. 1 Alt. 3 GG geschützten Kommunikationsumständen gehöre.[218]

Als Ermächtigungsgrundlage gemäß Art. 10 Abs. 2 S. 1 GG kamen hier die §§ 100g und 100h StPO (a.F. bis zum 31.12.2007) in Betracht[219]. Zwar liegt nach Maßgabe des entscheidenden Senats kein Sachverhalt vor, der von §§ 100g und 100h gedeckt ist, denn es wurden ja gerade keine Auskunftsersuchen an die Telekommunikationsdienstleister gestellt. Jedoch lassen sich nach Ansicht des Bundesverfassungsgerichts die dafür aufgestellten Bewertungsmaßstäbe auf die Fallkonstellationen übertragen, in denen die den Ermittlungen dienlichen Verbindungsdaten bei dem Beschuldigten aufgezeichnet oder gespeichert seien.[220] Daher sei die Offenbarung dieser Verbindungsdaten auf Ermittlungsverfahren beschränkt, die sich an Straftaten von erheblicher Bedeutung richten. Es bedürfe demnach also auch eines richterlichen Beschlusses, der lediglich bei Gefahr in Verzug durch die Staatsanwaltschaft, nicht aber durch die Polizei alleine, ersetzt werden könne.

Daher seien die Beschlüsse des Land- und Amtsgerichts wegen der Verstöße gegen Art. 13 Abs. 1 und Abs. 2 GG aufzuheben, sofern sie die Durchsuchung der Wohnung betreffen; weiterhin werde die Sache im ganzen an das Landgericht zurückgewiesen, um so die Gelegenheit zu geben, die sachliche Prüfung der Rechtmäßigkeit der Beschlagnahme gem. §§ 95 Abs. 2, 90 Abs. 2 S. 1 BVerfGG nachzuholen.[221]

---

218 Beschluss des Bundesverfassungsgerichts vom 04. Februar 2005, 1BvR 308/04, Rz. 22; vgl. weiterhin zum Schutz des Telekommunikationsumstands: BVerfGE 67, 157 (172); 85, 386 (396); 100, 313 (358); 107, 299 (312 f.).

219 vgl. hierzu die vollständige Synopse, abrufbar unter: http://dejure.org/aenderungen /Synopse-StPO-2008.pdf (Stand: März 2012).

220 Vgl. Beschluss des Bundesverfassungsgerichts vom 4. 2. 2005, 1BvR 308/04, Rz. 25. Hiernach mussten bei den § 100 g und h StPO vor der Reform durch das Gesetz zur Neuregelung der Telekommunikationsüberwachung und anderer verdeckter Ermittlungsmaßnahmen sowie zur Umsetzung der Richtlinie 2006/24/EG vom 21.12.2007 (BGBl. I S. 3198) die Schranken bei anderen Zwangsmaßnahmen auch gelten, um einer Umgehung dieser Vorgaben vorzubeugen. Eine solche „Ergebnis-Analogie" – nämlich nach dem Ergebnis, dass die sich beim Betroffenen befindlichen Daten auf irgendeine Weise zugänglich gemacht werden – ist jedoch problematisch.

221 Dies ist hier der Fall, da der Rechtsweg nicht ausgeschöpft war, das Gericht jedoch zum vorliegenden Sachverhalt verfassungsrechtlich Stellung nehmen wollte.

3. Vorsorgende individuelle Telekommunikationsüberwachung

Ähnlich wie bei der strategischen Telekommunikationsüberwachung des BND hatte das Land Niedersachsen 1994 in seinem Gesetzes über die öffentliche Sicherheit und Ordnung[222] in § 33a Abs. 1 Nr. 2 und 3 dazu ermächtigt, auch im Rahmen der Gefahrenabwehr Vorbereitungen zu treffen, um künftige Gefahren abwehren zu können, sowie auch für die Verfolgung von Straftaten vorzusorgen und Straftaten zu verhüten.[223]

a. Sachverhalt

Im vorliegenden Fall richtete sich eine Verfassungsbeschwerde gegen die Ermächtigungsgrundlage hinsichtlich der Befugnis zur Aufzeichnung von und dies auch innerhalb einer Wohnung.[224] Die Daten sollten sodann gemäß § 38ff. Nds.SOG auch zu anderen Zwecken als dem ursprünglichen Erhebungszweck übermittelt und verwendet werden dürfen.[225] Ende 1997 und dann auch nach dem 11. 9. 2001 wurde dieses Gesetz erneut novelliert, so dass u.a. das heimliche Abhören in Wohnungen auch zur Abwehr von einer Gefahr der Begehung einer Straftat von erheblicher Bedeutung möglich ist.[226]

b. Entscheidung des Gerichts

Hinsichtlich dieser Ermächtigungen rügte der Beschwerdeführer die Verletzung seiner Grundrechte aus Art. 10 Abs. 1 Alt. 3, Art. 5 Abs. 1 und Art. 2 Abs. 1 GG.[227] Das Gericht nahm eine Verletzung des Art. 10 GG an; das Recht auf informationelle Selbstbestimmung trete hinter Art. 10 GG zurück, genauso wie

---

222 Niedersächsischen Gesetzes über die öffentliche Sicherheit und Ordnung (Nds.SOG) in der Fassung von Artikel 1 des Gesetzes zur Änderung des Niedersächsischen Gefahrenabwehrgesetzes vom 11. Dezember 2003 (Niedersächsisches Gesetz- und Verordnungsblatt Seite 414) und in der Fassung der Bekanntmachung vom 19. Januar 2005 (Niedersächsisches Gesetz- und Verordnungsblatt Seite 9).

223 Dies war im damals geltenden § 33a Abs. 1 Nr. 2 und Nr. 3 Nds.SOG geregelt.

224 Vgl. BVerfGE 113, 348 (349 f.).

225 Vgl. BVerfGE 113, 348 (365).

226 Vgl. BVerfGE 113, 348 (350).

227 BVerfGE 113, 348 (354).

auch Art. 5 GG, soweit die Schutzbereiche sich überschnitten bzw. soweit der Eingriff in der staatlichen Wahrnehmung und gegebenenfalls Verarbeitung der mit Mitteln der Telekommunikation geäußerten Meinungen liege.[228] Die angegriffene Norm (§ 33a Abs. 1 Nr. 2 und 3 Nds.SOG) sei in formeller und materieller Hinsicht verfassungswidrig.[229]

Ein Eingriff in das Fernmeldegeheimnis liegt nach Ansicht des Bundesverfassungsgerichts vor. Staatliche Stellen können sich auf der Grundlage des Gesetzes ohne Zustimmung der Beteiligten Kenntnis von Inhalt und Umständen der Telekommunikation verschaffen.[230] Hierbei sei auch aufgrund der Masse an Daten eine besondere Intensität des Eingriffs zu erkennen und weiterhin sei eine Vertiefung des Eingriffs in Art 10 GG auch deswegen zu bejahen, da die erhobenen Daten auch weitergegeben und sodann zu anderen Zwecken verarbeitet werden können.[231] Hier seien sowohl der Bestimmtheitsgrundsatz als auch die Anforderungen an die Angemessenheit im Rahmen der Verhältnismäßigkeit und an den Kernbereichsschutz nicht gewahrt.[232]

Das Bundesverfassungsgericht betont, dass das Bestimmtheitsgebot sicherstellen soll, dass die belastenden Maßnahmen für den Bürger erkennbar sind und dass die Verwaltung und Gerichte ihre Handlungsmaßstäbe kennen und danach handeln. Dabei müssen Anlass, Zweck und Grenzen des Eingriffs „bereichsspezifisch, präzise und normenklar" festgelegt sein.[233] In diesem Zusammenhang können jedoch nicht dieselben Kriterien verwendet werden, wie sie für die Gefahrenabwehr oder Strafverfolgung entwickelt wurden. Vielmehr bedürfe es bei diesen Vorfeldmaßnahmen gerade (noch) keiner konkreten Gefahrenlage, wie dies bei der Gefahrenabwehr der Fall ist, sondern es müsse ein neues Kriterium für diese Vorfeldsituation angewendet werden.[234] Problematisch sei hierbei, dass bei einer solchen Phase, in der es noch keine eindeutigen Anhaltspunkte für eine (Straf-)Tat gäbe, eine genaue Definition für die Ermächtigung zur Vorfeldmaß-

228 Vgl. BVerfGE 113, 348 (364).

229 Im Folgenden beschränken sich die Ausführungen jedoch auf die materielle Verfassungswidrigkeit.

230 So BVerfGE 113, 348 (365) mit Hinweis auf BVerfGE 100, 313 (366); 107, 299 (313).

231 Vgl. BVerfGE 113, 348 (365).

232 Vgl. BVerfGE 113, 348 (375 f.).

233 Vgl. BVerfGE 113, 348 (375) mit Verweis auf BVerfGE 110, 33 (52 ff.) und BVerfGE 100, 313, 359 f.;372).

234 Vgl. BVerfGE 113, 348 (377).

nahme nur sehr eingeschränkt möglich sei. Es könne sich also nur auf solche Tatsachen gestützt werden, bei denen man nicht wisse, „ob sie sich zu einer Rechtsgutverletzung weiterentwickeln“.[235] Daher muss nach Ansicht des entscheidenden Senats der Gesetzgeber eine derartige Umschreibung der Tatsachen vornehmen, die das Risiko einer Fehlprognose so klein wie möglich hält. „Handlungsbegrenzende Tatbestandselemente“ müssen insofern im Normtext enthalten sein, wobei die Elemente der Vorhersehbarkeit und Kontrollierbarkeit vergleichbar zu denen bei der Gefahrenabwehr und Strafverfolgung sein sollen.[236] Mangels Erfüllung dieser Anforderungen verstoße § 33 Abs. 1 Nr. 2 und 3 Nds.SOG gegen den Bestimmtheitsgrundsatz. Weder werde ein Vorgang oder dessen Planung erwartet, noch bedürfe es einer konkreten Vorbereitungshandlung. Eine solch weite Ermächtigung werde daher dem Bestimmtheitsgebot nicht gerecht. Auch § 33a Abs. 1 Nr. 3 Nds.SOG, der zur Überwachung von Kontakt- und Begleitpersonen ermächtigt, sei nicht mit dem Bestimmtheitsgebot vereinbar. So sei der Begriff der „Kontakt- und Begleitperson“, auch im Hinblick auf die Legaldefinition des Nds.SOG, zu ungenau. Dies werde auch nicht dadurch geheilt, dass die Datenerhebung nur dann zulässig ist, sofern sich dies als zur Verfolgung oder Verhütung einer Straftat unerlässlich darstellt, da dieses Kriterium im Rahmen von Vorfeldmaßnahmen mangels Vorhersehbarkeit gar nicht eindeutig bestimmt werden könne.[237]

Weiterhin ist der Eingriff nach Ansicht des Bundesverfassungsgerichts unangemessen.[238] Der Eingriff wiege hier schwer. Es werden nicht nur Gespräche erfasst, sondern auch auf neue Kommunikationsformen, wie die E-Mail, werde zugegriffen. Dabei können Verbindungsdaten und Standortkennungen, wie sie auch nach § 33a Abs. 2 S. 1 Nr. 2 und 3 Nds.SOG erfasst werden dürfen, erhebliche Rückschlüsse auf das Kommunikationsverhalten zulassen.[239] Ferner spricht nach Meinung der entscheidenden Richter auch die Streubreite für die Intensität des Eingriffs. So könne diese Maßnahme eine große Anzahl an Personen treffen, da nicht nur potentiellen Straftäter, sondern auch zufällig Kontaktpersonen in

235 So bereits problematisch bei BVerfGE 110, 33 (59).

236 Vgl. BVerfGE 113, 348 (378), mit weiteren Ausführungen im Detail.

237 Vgl. BVerfGE 113, 348 (381).

238 Vgl. BVerfGE 113, 348 (382).

239 So auch schon BVerfGE 113, 348 (383). Verwiesen wird dabei auf die Erstellung eines Bewegtbildes.

den Fokus der Polizei geraten können. Insbesondere auch der Umstand, dass die Dritt-Betroffenen eines Telefongesprächs regelmäßig von der Vertraulichkeit des Gesprächs und dessen Inhalt ausgehen, spreche für einen intensiven Eingriff.[240] Weiterhin liege ein gewichtiger Eingriff vor, da die Maßnahme regelmäßig heimlich und über einen längeren Zeitraum erfolgt, da es sich gerade um Vorfeldmaßnahmen ohne konkreten Straftaten-Bezug handelt.[241]

Das Bundesverfassungsgericht hat auch hier – wie bereits bei der vorangegangenen Entscheidung zur strategischen Telekommunikationsüberwachung – in der Weitergabemöglichkeit der Daten zu anderen Zwecken als solche zu denen die Daten erhoben wurden, einen erneuten schwerwiegenden Eingriff in Art. 10 Abs. 1 Alt. 3 GG gesehen. Im Hinblick auf diese schwerwiegenden Eingriffe seien daher die durch die Polizei zu schützenden Gemeinwohlbelange nicht verhältnismäßig abgewogen worden. Zwar diene die Datenerhebung einem legitimen Zweck, nämlich der Verhütung und Verfolgung von Straftaten von erheblicher Bedeutung. Zu beachten sei jedoch, dass gerade bei solchen Vorfeldmaßnahmen ein Restrisiko bezüglich unangemessener Maßnahmen verbleibe.[242] Daher müsse der Rang des geschützten Rechtsguts so hoch sein, dass ein angemessener Ausgleich zur Intensität des Eingriffs besteht. Dieses besondere Gewicht hat das Bundesverfassungsgericht hier nicht feststellen können. Das Tatbestandsmerkmal der „Straftaten von erheblicher Bedeutung“ sei kein „auf die Besonderheiten der Telekommunikationsüberwachung im Vorfeld zugeschnittenes gesetzgeberisches Konzept“ und damit nicht qualifiziert genug, um einen Ausgleich zum schwerwiegenden Eingriff in Art. 10 GG darstellen zu können.[243]

Bezüglich der Unverletzlichkeit des Kernbereichs privater Lebensgestaltung hat das Bundesverfassungsgericht ausgeführt, dass es an hinreichenden Vorkehrungen fehlt, die einen Eingriff in diesen Kernbereich durch die Maßnahme der Telekommunikationsüberwachung verhindern. Da es bei dieser Maßnahme nicht vorhersehbar sei, dass Teile des Kernbereichs privater Lebensgestaltung miter-

---

240 Vgl. BVerfGE 113, 348 (383).
241 Vgl. BVerfGE 113, 348 (384).
242 Vgl. BVerfGE 113, 348 (385).
243 BVerfGE 113, 348 (387 f.) mit weiteren Erläuterungen, warum der Tatbestand gesetzgeberisch in der damals gültigen Fassung so normiert wurde und warum auch aus den anderen Normen im Nds. SOG keine restriktivere Auslegung des Tatbestandsmerkmals der „Straftaten von erheblicher Bedeutung“ zu lesen ist.

fasst werden, müsse, um dieses Risiko überhaupt hinnehmen zu können, ein besonders hoher Rang des gefährdeten Rechtsguts gegeben sein und eine durch konkrete Anhaltspunkte gekennzeichnete Lage bestehen, die auf die Begehung einer Straftat schließen lasse. Mangels solcher Tatbestandsvoraussetzungen im Normtext sei jedoch auch bei dieser Maßnahme der Kernbereich nicht hinreichend geschützt.[244]

4. Heimliche Aufklärung des Internets und Quellen-Telekommunikationsüberwachung gemäß § 5 Abs. 2 Nr. 11 S. 1 VSG

a. Sachverhalt

Die erste Alternative des § 5 Abs. 2 Nr. 11 S. 1 des Verfassungsschutzgesetzes Nordrhein-Westfalen (VSG) regelt die Kenntnisnahme allgemein zugänglicher Kommunikationsinhalte durch die Verfassungsschutzbehörde, wie z.B. der Aufruf einer nicht zugangsgesicherten Webseite im Internet mittels eines üblichen Internetbrowsers. Hier soll es der Verfassungsschutzbehörde gestattet sein, unter einer Legende an Chats, Auktionen oder Tauschbörsen teilzunehmen oder verborgene Webseiten aufzufinden. Zudem ist es möglich, dass die Behörde auch ein ermitteltes Passwort einsetzt, um auf solche verborgenen Webseiten oder sogar E-Mail-Postfächer zugreifen zu können. Dies fällt unter den Begriff der Kenntnisnahme von Inhalten der Internetkommunikation auf „äußerliche Art“, also ohne die Notwendigkeit physischen Zugriffs.[245]

Unter die zweite Alternative des § 5 Abs. 2 Nr. 11 S. 1 VSG fällt neben der Online-Durchsuchung[246] die Quellen-Telekommunikationsüberwachung. Nach erfolgreicher Infiltration des Zielsystems ist es möglich, Kommunikation in Echtzeit abzuhören. Fraglich war hierbei, welches Grundrecht bei dieser Maßnahme einschlägig ist, da die Infiltration sowohl bei der Online-Durchsuchung als auch bei der Quellen-Telekommunikation denselben Vorgang darstellt.

---

244 Vgl. BVerfGE 113, 348 (392).

245 BVerfGE 120, 274 (276 f.).

246 Hierzu ausführlicher bei der Erläuterung zur Online-Durchsuchung.

b. Entscheidung des Gerichts

aa. Heimliches Aufklären des Internets gemäß § 5 Abs. 2 Nr. 11 S. 1 Alt. 1 VSG

Die Ermächtigung zum heimlichen Aufklären des Internets verstößt nach Ansicht des Gerichts in bestimmten Fällen gegen Art. 10 Abs. 1 Alt. 3 GG. Hiervon seien solche Maßnahmen erfasst, wie die Kenntnisnahme aufgerufener Webseiten durch die staatliche Behörde.

Das Gericht sieht den Schutzbereich des Art. 10 Abs. 1 Alt. 3 GG dann als eröffnet an, sofern der Staat die Fernkommunikation, die durch an das Internet angeschlossene informationstechnische System geführt wird, zur Kenntnis nehmen kann. Hier gehe es gerade um den Fall, bei dem einem Dritten die Kenntnisnahme der Kommunikation ermöglicht werde[247], sondern es sei nur dann ein Eingriff in Art. 10 Abs. 1 Alt. 3 GG zu erkennen, sofern eine staatliche Stelle eine Telekommunikationsbeziehung von außen überwache, also nicht selbst Kommunikationsadressat ist. Daher bedeute auch die Möglichkeit, dass die staatliche Stelle selbst eine Kommunikationsbeziehung aufnehme, keinen Eingriff in Art. 10 Abs. 1 Alt. 3 GG.[248]

Für einen Eingriff in Art. 10 Abs. 1 Alt. 3 GG müsse also die staatliche Stelle Zugangsschlüssel nutzen, die sie ohne oder gegen den Willen der Kommunikationsbeteiligten erhoben hat, wie dies beispielsweise bei der Nutzung eines Keyloggers zur Ermittlung eines Passworts der Fall ist, um Daten in einem E-Mail-Postfach oder einem geschlossenen Chat zu erheben.[249] Demnach greift die Behörde nach Ansicht des Gerichts dann nicht in Art. 10 Abs. 1 Alt. 3 GG ein, wenn sie einen freiwillig zur Verfügung gestellten Zugang nutzt oder einen offenen Chat oder eine ungesicherte Webseite lediglich beobachtet.

Im Ergebnis seien die Maßnahmen des § 5 Abs. 2 Nr. 11 S. 1 Alt. 1 VSG, die Eingriffe in den Schutzbereich des Art. 10 GG darstellen, nach Ansicht des Ge-

---

247 Vgl. hierzu bereits oben: Entscheidung zur Mithöreinrichtung an einem Telefonapparat und Verneinung des Schutzbereiches des Art. 10 Abs. 1 Alt. 3 GG in diesem Falle (BVerfGE 106, 28). Hier wird nämlich das Vertrauen in den Kommunikationspartner enttäuscht, nicht in den Kommunikationsvorgang selbst, so dass lediglich der Schutzbereich des Art. 2 Abs. 1 i.V.m. Art. 1 Abs. 1 GG in Betracht käme.

248 Vgl. BVerfGE 10, 274 (340 f.).

249 Vgl. BVerfGE 120, 274 (341).

richts verfassungsrechtlich nicht zu rechtfertigen. Die Norm werde weder dem Gebot der Normenklarheit und Normenbestimmtheit, noch dem Gebot der Verhältnismäßigkeit gerecht.[250]

Bei der Aufklärung des Internets wiegt der Eingriff nach Meinung des Gerichts schwer, denn die Informationen können sensibler Art sein und Einblicke in persönliche Angewohnheiten und Sachverhalte bieten, zumal bei Beobachtung von Kommunikation auch Erkenntnisse über den Kommunikationspartner, der eigentlich nicht direkt Betroffener ist, gewonnen werden können. Zudem streite auch hier die Heimlichkeit der Maßnahme für einen besonders schwerwiegenden Eingriff.[251] Nach Ansicht des Bundesverfassungsgerichts ist auch die Ermächtigungsgrundlage nicht hinreichend qualifiziert, mit der eine solche Eingriffsintensität einhergeht. Vielmehr ließen die Ermächtigungsgrundlagen, insb. § 7 Abs. 1 Nr. 1 i.V.m. Art. 3 Abs. 1 VSG, auch im weiten Umfang Vorfeldmaßnahmen zu, ohne das Gewicht der möglichen Rechtsgutverletzung, zu berücksichtigen. Bereits hierin bestehe die Verletzung des Verhältnismäßigkeitsgrundsatzes. Auch werden bei dieser Maßnahme, vergleichbar mit der Infiltrations-Maßnahme, keine Schutzmechanismen für den Kernbereich privater Lebensgestaltung getroffen, die jedoch bei einem Eingriff in Art. 10 Abs. 1 Alt. 3 GG erforderlich seien.[252]

Schließlich genüge § 5 Abs. 2 Nr. 11 S. 1 Alt. 1 VSG, soweit die Norm zu Eingriffen in Art. 10 Abs. 1 Alt. 3 GG ermächtige, auch nicht dem Zitiergebot des Art. 19 Abs. 1 S. 2 GG. Lediglich der Verweis auf das Gesetz zu Art. 10 GG genüge nicht um zu demonstrieren, dass ein Eingriff in Art. 10 Abs. 1 Alt. 3 GG vom Gesetzgeber gesehen wurde. Dem Zitiergebot sei erst dann hinreichend Rechnung getragen, wenn das Grundrecht im Gesetzestext ausdrücklich als eingeschränktes benannt werde. Auch sei durch die Norm, die mehrere Ermächtigungsgrundlagen beinhalte, gerade nicht deutlich, durch welche Maßnahme der Gesetzgeber den Eingriff in Art. 10 Abs. 1 Alt. 3 GG gesehen und akzeptiert habe.

---

250 Vgl. BVerfGE 120, 274 (342).

251 Vgl. BVerfGE 120, 274 (342).

252 Vgl. BVerfGE 120, 274 (343), mit Hinweis auf die Entscheidung des Bundesverfassungsgerichts zur vorsorgenden Telekommunikationsüberwachung: BVerfGE 113, 348 (390 ff.).

Im Ergebnis begründet nach Ansicht des Bundesverfassungsgerichts der Verstoß gegen Art. 10 Abs. 1 Alt. 3 und Art. 19 Abs. 1 S. 2 GG die Nichtigkeit der Vorschrift. Jedoch führe dies nicht zum grundsätzlichen Verbot der Maßnahme der Internetaufklärung. Hinsichtlich der Abgrenzung der Schutzbereich von Art. 10 Abs. 1 Alt. 3 und Art. 2 Abs. 1 i.V.m. Art. 1 Abs. 1 GG folgt nach Ansicht des Gerichts nicht, dass stets ein Verstoß gegen das allgemeine Persönlichkeitsrecht gemäß Art. 2 Abs. 1 GG i.V.m. Art. 1 Abs. 1 GG vorliegen muss, sofern ein Eingriff in Art. 10 Abs. 1 Alt. 3 GG aus dargelegten Gründen ausscheidet. Ein Verstoß gegen das Recht auf Gewährleistung der Vertraulichkeit und Integrität informationstechnischer Systeme[253] wie bei der Online-Durchsuchung liege nicht vor, wenn Daten, die für die Internetkommunikation vorgesehen seien, auf dem dafür vorhergesehenen offen zugänglichen Weg erhoben werden. Es handle sich hier nämlich gerade nicht um eine Infiltration, also um ein Eindringen in ein geschlossenes System[254], was Voraussetzung für die Einschlägigkeit des Rechts auf Gewährleistung der Vertraulichkeit und Integrität informationstechnischer Systeme ist. Der Betroffene habe sein System hierfür freiwillig geöffnet, so dass er nicht darauf vertrauen könne, dass die Informationen nicht auch von staatlicher Seite erfasst werden können.

Auch ist nach Meinung der entscheidenden Richter in der Regel ein Eingriff in die informationelle Selbstbestimmung gemäß Art. 2 Abs. 1 i.V.m. Art. 1 Abs. 1 GG zu verneinen, da bei frei im Internet verfügbaren Kommunikationsinhalten keine Beschränkung auf spezielle Nutzer erfolgt.[255] Ein Eingriff könne lediglich dann bejaht werden, wenn mehrere Daten aus verschiedenen Quellen – seien diese auch offen zugänglich – zusammengetragen und ausgewertet werden, so dass eine Profilbildung möglich sei und somit eine besondere Gefahrenlage für die Persönlichkeit bestehe. Hierfür bedürfe es dann einer besonderen Ermächtigungsgrundlage. Auch liege ein Eingriff in die informationelle Selbstbestimmung nicht vor, wenn die staatliche Stelle sich unter Zuhilfenahme einer Legende in eine Kommunikationsbeziehung begebe. Eine Ausnahme, also ein Eingriff, sei aber gegeben, wenn sie dadurch Informationen und Daten erhalte, die sie

253 Vgl. hierzu ausführlich unten 2. Kapitel, B. III. 4. b. aa.

254 Vgl. BVerfGE 120, 274 (344).

255 Wie dies beispielsweise bei offenen Webseiten, Mailinglisten oder Chats der Fall ist, vgl. BVerfGE 120, 274 (345).

sonst nicht erhalten würde.[256] Im Ergebnis bestehe jedoch kein Eingriff in die informationelle Selbstbestimmung, da das Vertrauen eines Kommunikationsteilnehmers in die Identität und Wahrhaftigkeit seiner Kommunikationspartner bei Chats nicht schutzwürdig sei, auch wenn die Kommunikation bereits länger andauere und somit eine Chat-Gemeinschaft bestehe. Daher könne er auch nicht darauf vertrauen, nicht mit einer staatlichen Stelle zu kommunizieren.[257]

bb. Quellen-Telekommunikationsüberwachung gemäß § 5 Abs. 2 Nr. 11 S. 1 Alt. 2 VSG

Das Bundesverfassungsgericht erklärte weiterhin, dass bei einer nach Infiltration des Systems durchgeführten Quellen-Telekommunikationsüberwachung Art. 10 Abs. 1 Alt. 3 GG eingreift. Bei der Quellen-Telekommunikationsüberwachung[258] werden diejenigen Telefongespräche überwacht, die nicht über klassische Telefonverbindungen wie Festnetz oder Mobilfunk, sondern über das Internet geführt werden.[259] Diese Überwachung setzt am Gerät selbst an, da aufgrund der Verschlüsselungstechnik der Voice over IP-Dienste ein Abhören „von außen" wie bei der gewöhnlichen Telekommunikationsüberwachung technisch unmöglich ist. Dies gelte jedoch nicht für die Daten, die erst nach Abschluss des Telekommunikationsvorgangs im Herrschaftsbereich eines Kommunikationsteilnehmers gespeichert seien und auf die sodann mittels technischer Möglichkeiten Zugriff genommen werde.[260]

---

256 BVerfGE 120, 274 (345).

257 Vgl. BVerfGE 120, 274 (346).

258 Vgl. BVerfGE 120, 274 (308).

259 Dies ist die sog. Voice-over-IP-Verbindung; eine solche Überwachung ist jedoch, sofern die Audio-Daten bereits vor dem Versand der Daten über das Internet verschlüsselt werden, wenig effektiv. Ein erfolgversprechender Zugriff ist daher nur am System selbst möglich, sofern die Daten noch nicht verschlüsselt oder bereits wieder entschlüsselt – je nachdem, ob es sich um das Absender- oder Empfängersystem handelt – wurden. Da man hier sodann die Daten „an der Quelle" abzugreifen versucht, um die Verschlüsselung leerlaufen zu lassen, leitet sich so der Name der „Quellen-Telekommunikationsüberwachung ab. (vgl. hierzu *U. Buermeyer / M. Bäcker*, Zur Rechtswidrigkeit der Quellen-Telekommunikationsüberwachung auf Grundlage des § 100 a StPO, HRRS 2009, S. 433 (434)) Vgl. zu den regulierungsrechtlichen Fragen: *J. Oster*, Voice over IP, CR 2007, S. 769 ff.

260 Vgl. BVerfGE 120, 274 (307 f.).

Mit der Infiltration ist nach Ansicht des entscheidenden Senats bereits der Schritt in das auszuspähende System hinein getätigt worden, so dass die Gefahr für den Betroffenen damit weiter geht, als dies bei einer bloßen Telekommunikationsüberwachung der Fall ist, da nebenbei auch Bestandsdaten oder Inhaltsdaten erfasst werden können. Sofern es also um die Maßnahme der (Quellen-)Telekommunikationsüberwachung gehe, und es auch bei dieser Maßnahme ohne anderweitige Ausspähnutzungen bleibt, stelle Art. 10 Abs. 1 Alt. 3 GG den anwendbaren Schutzmaßstab dar.

Der Eingriff in Art. 10 Abs. 1 Alt. 3 GG erweise sich auch aufgrund der Heimlichkeit und der Möglichkeit der Dauerhaftigkeit der Maßnahme als intensiv, zumal Sicherungsmechanismen wie die Verschlüsselung der Internettelefonie umgangen werden können.[261]

5. E-Mail Überwachung

Diese Entscheidung des Bundesverfassungsgerichts[262] hatte zum Inhalt, wann der Telekommunikationsvorgang der Übermittlung einer E-Mail als beendet angesehen wird, so dass auch der Schutzbereich des Art. 10 Abs. 1 Alt. 3 GG nicht mehr eröffnet ist. Dabei hatte sich das Gericht mit den technischen Gegebenheiten eines E-Mail-Versands zu beschäftigen, um eindeutige Abgrenzungskriterien zum Schutzbereich des Art. 2 Abs. 1 i.V.m. Art. 1 Abs. 1 GG zu finden.

a. Sachverhalt

Im Fall der Beurteilung der E-Mail-Überwachung hatte sich das Gericht insbesondere damit auseinanderzusetzen, auf welchen Zeitpunkt es im konkreten Fall ankommen kann, um die Einschlägigkeit von Art. 10 GG zu bejahen. Bei diesen Sachverhalten ist die Reichweite des Schutzes von Art. 10 GG mit der Übermittlungsphase identisch. Daraus folgt, dass der Schutzbereich des Art. 10 GG zeitlich dann eröffnet ist, wenn die einzelne Nachricht den Herrschaftsbereich des Absenders verlässt und dann endet, wenn sich die Nachricht im Verfügungsbereich des Empfängers befindet.[263] Dann handelt es sich um Bestandsdaten, die

---

261 Vgl. BVerfGE 120, 279 (323 f.).

262 BVerfG NJW 2009, S. 2431.

263 Vgl. *M. Germann*, Gefahrenabwehr und Strafverfolgung im Internet, S. 119.

sich auf den informationstechnischen Systemen wie dem Personalcomputer befinden, also gerade nicht um eine Überwachung der laufenden Telekommunikation.

Bei der E-Mail im Speziellen ist danach zu fragen, ab wann von einem abgeschlossenem Telekommunikationsvorgang gesprochen werden kann. Grundsätzlich erfolgt der Austausch von E-Mails über Mailboxen, unter Verwendung des POP – Post Office Protocol, d.h. es muss keine direkte Kommunikation zwischen Sender und Empfänger bestehen. Die versendete Mail wird sodann in der Mailbox des Empfängers gespeichert, bis dieser die Nachricht aus der Mailbox liest und/oder bearbeitet.[264]

Beim Versenden und Empfangen von E-Mails sind drei Phasen zu unterscheiden: Der Zeitpunkt der Übermittlung an den E-Mail-Provider, das Speichern auf dem Server des Providers und der Zeitpunkt des Empfangens, d.h. also des Übertragens auf den Rechner des Empfängers.[265] Es ist jedoch bei sog. Webmail-Angeboten auch möglich, dass Nachrichten langfristig lediglich über den Server des Providers gelesen und weiterbearbeitet werden, ohne dass ein Download auf das eigene System erfolgen muss oder die Nachrichten nach einer gewissen Zeit vom Server gelöscht werden.[266]

Fraglich ist also, wie diese technischen Unterschiede verfassungsrechtlich zu bewerten sind.

b. Entscheidung des Gerichts

Das Gericht musste sich in den Fällen der E-Mail-Überwachung mit den oben dargestellten technischen Gegebenheiten auseinandersetzen. Im Fokus stand dabei die Frage, in welcher Phase der Übermittlung auf die E-Mail zugegriffen wird, da das Gericht hiernach ein Abgrenzungskriterium schaffen wollte, um die Schutzbereiche von Art. 2 Abs. 1 i.V.m. Art. 1 Abs. 1 GG und Art 10 Abs. 1 GG voneinander abzugrenzen.

---

264 Siehe hierzu grundlegend: *G. Siegmund*, Technik der Netze, S. 370.

265 Technisch erläuternd: *F. Palm/ R. Roy,* NJW 1996, S. 1791 (1793).

266 *F. Meininghaus,* Der Zugriff auf E-Mails im strafrechtlichen Ermittlungsverfahren, S. 11.

Die erste und zweite Phase der Übermittlung – also das Übermitteln und das Speichern auf/an den Server des Providers – stellen unproblematisch (Tele-) Kommunikationsvorgänge dar, die unter den Schutzbereich des Art. 10 GG fallen.

Nach Ansicht des Bundesverfassungsgerichts endet der Schutz des Art. 10 Abs. 1 Alt. 3 GG in Form des Fernmeldegeheimnisses in dem Moment, in dem die Nachricht bei dem Empfänger angekommen und der Übertragungsvorgang beendet ist, also folglich in dem Moment, wenn der Empfänger in seinem Herrschaftsbereich Zugriff auf die Nachricht erhalten kann. In seiner Entscheidung[267] hat das Bundesverfassungsgericht dieses Ergebnis eindeutig festgestellt. Nach dem Leitsatz der Entscheidung sind also „die Sicherstellung und Beschlagnahme von E-Mails auf dem Mailserver des Providers am Grundrecht auf Gewährleistung des Fernmeldegeheimnisses aus Art. 10 Abs. 1 Alt. 3 GG zu messen.“ Dies bedeute, dass der Empfang im Sinne des Art. 10 Abs. 1 Alt. 3 GG dann vorliege, wenn die E-Mail auf dem Server des Mailproviders zur Verfügung stehe. Beendet sei die Fernmeldung im Sinne des Art. 10 Abs. 1 Alt. 3 GG folglich erst dann, wenn – im Falle des E-Mail-Verkehrs – die Nachricht vom Mailserver des Providers heruntergeladen wurde. Nach der einstweiligen Anordnung des Bundesverfassungsgerichts muss demnach ab dem Abschluss der laufenden Telekommunikation bei der Überwachung der aus der Kommunikation entstandenen Daten entweder Art. 13 oder Art. 2 Abs. 1 i.V.m. Art. 1 Abs. 1 GG eingreifen. Der Schutzbereich des Art. 10 GG sei zu diesem Zeitpunkt nicht mehr eröffnet. Dies wird mit dem Argument vertreten, dass „die spezifischen Gefahren der räumlich distanzierten Kommunikation im Herrschaftsbereich des Empfängers, der eigene Schutzvorkehrungen treffen kann, nicht mehr bestehen.“[268] Denn Art. 10 GG solle gerade den schutzbezogenen Ausgleich schaffen, der durch Defizite bei Übermittlungsarten wie der Telekommunikation bestehen.

Daher stellt das Gericht in seiner Entscheidung klar, dass Art. 10 Abs. 1 Alt. 3 GG in seinem Schutzbereich dann betroffen ist, wenn der Zugriff auf Daten einer abgeschlossenen Kommunikation nicht im alleinigen Herrschaftsbereich des Empfängers, sondern bei einem zur Übermittlung eingeschalteten Dritten wie einem Internetprovider vorgenommen wird. Durch diese Grundsatzentscheidung

267 BVerfGE 124, 43.

268 So schon in der vorangegangenen Entscheidung BVerfGE 115, 166 (184).

hat das Bundesverfassungsgericht nach längerer Unsicherheit klare Vorgaben für den Zeitpunkt der Schutzbereichseröffnung hinsichtlich Art. 10 Abs. 1 Alt. 3 GG im Gegensatz zu Art. 2 Abs. 1 i.V.m. Art. 1 Abs. 1 GG geschaffen.[269]

6. Vorratsdatenspeicherung

Im Falle der Beschlüsse[270] bzw. des Urteils[271] zur Vorratsdatenspeicherung geht es inhaltlich um die §§ 113a und b TKG, die auch in Umsetzung der Richtlinie 2006/24/EG vom 21. Dezember 2007[272] geändert worden sind. Hiernach verpflichtet sich der Betreiber öffentlich zugänglicher Telekommunikationsdienste für Endnutzer bestimmte Verkehrs[273]- und auch Standortdaten für einen Zeitraum von sechs Monaten zu speichern. Nach dieser Speicherungspflicht sind die gespeicherten Daten sodann unwiederbringlich zu löschen. Es dürfen folglich keine Inhalte der Kommunikation oder Daten über aufgerufene Internetseiten gemäß § 113a TKG gespeichert werden.

a. Sachverhalt

Gegenstand der rechtlichen Beurteilung der Vorratsdatenspeicherung war die Speicherung an sich und die Gegebenheiten, unter denen ein Abruf dieser gespeicherten Daten erfolgen darf.

Die Vorratsdatenspeicherung sollte gemäß § 113a TKG der Verfolgung von Straftaten (§ 113b S. 1 Nr. 1 TKG) und zur Abwehr erheblicher Gefahren für die öffentliche Sicherheit (§ 113b S. 1 Nr. 2 TKG) dienen. Zur Erfüllung der gesetzlichen Aufgaben der Verfassungsschutzbehörden des Bundes und der Länder,

---

269 Zur „feststellenden“ Entscheidung des Bundesverfassungsgerichts vom 16.06.2009 vgl. MMR 2009, S. 673 ff.; zur noch nicht vollständig geklärten Problematik der Schutzbereichseröffnung bei Mailabruf vom Server des Providers vgl. vorangegangene Entscheidung des Bundesverfassungsgerichts vom 29.06.2006, abgedruckt in: MMR 2007, S. 169 ff.

270 Vgl. BVerfG, 1 BvR 256/08 vom 11.03.2008 und 28.10.2008; 1BvR 236/08, 1 BvR 237/08 vom 15.10.2008.

271 Vgl. BVerfGE 125, 260.

272 BGBl. 2007 Teil 1, S. 3198.

273 Telekommunikations-Verkehrsdaten sind gemäß § 3 Nr. 30 TKG Daten, die bei der Erbringung eines Telekommunikationsdienstes erhoben, verarbeitet oder genutzt werden.

des Bundesnachrichtendienstes und des Militärischen Abschirmdienstes sollen die Daten an die zuständigen Stellen auf deren Verlangen hin übermittelt werden, soweit dies in den jeweiligen gesetzlichen Bestimmungen unter Bezugnahme auf § 113a TKG vorgesehen und die Übermittlung im Einzelfall angeordnet ist. Gemäß § 113b S. 1, 2. Hs. TKG war eine Datenverwertung für andere Zwecke grundsätzlich nicht gestattet.

b. Entscheidungen des Gerichts

aa. Grundsätzliche Verfassungsmäßigkeit einer Vorratsdatenspeicherung

Nach dem Bundesverfassungsgericht ist eine Vorratsdatenspeicherung mit dem Grundgesetz vereinbar, soweit die Speicherung strengen Sicherheitsmaßnahmen unterliegt.[274]

In seinem Urteil vom 2. 3. 2010 hat das Bundesverfassungsgericht zum einen festgestellt, dass eine Vorlagepflicht an den Europäischen Gerichtshof (EuGH) im Hinblick auf die zugrunde liegende Richtlinie nicht besteht und insofern allein auf die Umsetzung des deutschen Gesetzgebers einzugehen ist[275], und zum anderen eine anders geartete technische Vorgehensweise im Rahmen der Vorratsdatenspeicherung mit dem Grundrecht aus Art. 10 GG vereinbart werden kann. Hierbei hat das Bundesverfassungsgericht in seiner Argumentation deutlich die Speicherung vom darauffolgenden Abruf durch die Behörden getrennt.

Das Gericht hat in seinem Urteil dargelegt, dass unter bestimmten, näher auszudifferenzierenden Kriterien eine anlasslose Erhebung und Speicherung von Telekommunikationsverkehrsdaten mit dem Grundgesetz in Einklang stehen kann.

---

274 Vgl. zusammenfassendes Fazit *A. Gietl,* DuD 2010, S. 398 (403).

275 Hintergrund ist, dass die Vorratsdatenspeicherung auf einer Richtlinie beruht, die wiederum auf dem Kompetenztitel des Art. 95 EG a.F. gestützt wurde, nachdem ein Rahmenbeschluss am Einstimmigkeitserfordernis der Mitgliedstaaten scheiterte. Diesem Vorgehen folgte eine Klage Irlands vor dem EuGH, in der zum einen die fehlende Kompetenz für den Erlass der Richtlinie und zum anderen auch eine Verletzung der Gemeinschaftgrundrechte gerügt wurde. Der EuGH begnügte sich in seinem Urteil jedoch damit, lediglich die Kompetenz zum Erlass der Richtlinie zu überprüfen und dabei dessen Bestehen festzustellen. Hinsichtlich der Verletzung von Gemeinschaftsgrundrechten äußerte sich der EuGH sehenden Auges nicht. (vgl. *D. Westphal,* EuZW 2010, S. 494 (494 f.)).

In Betracht kommen hierbei höhere Anforderungen an die Datensicherheit, die im status quo nach Ansicht des Bundesverfassungsgerichts noch nicht ausreichend waren. Angeführt werden dabei die Trennung der zum Zwecke der Vorratsdatenspeicherung gespeicherten Daten von schlichten Abrechnungsdaten, eine asymmetrische Verschlüsselung, die Anwendung eines sog. Vier-Augen-Prinzips mit einer besonderen Authentifizierung für den Zugang zu den Daten und eine revisionssichere Protokollierung von Zugriff und Löschung.[276]

Somit wurde hinsichtlich der Vereinbarkeit der Richtlinie mit dem Grundrechtsschutz der BRD deutlich gemacht, dass es eine verfassungsmäßige Umsetzungsmöglichkeit des Regelungsgehalts der Richtlinie 2006/24/EG gebe, und es somit einer Überprüfung des europäischen Rechtsakts auf seine Vereinbarkeit mit dem zu wahrenden Grundrechtsstandard nicht bedürfe.[277] Die einzig notwendige Einschränkung bestehe darin, dass die Ausgestaltung der Umsetzung dieser Speicherungspflicht dem „besonderen Gewicht des [in der anlasslosen Speicherung] liegenden Eingriffs hinreichend Rechnung getragen wird".[278] Das Gericht weist dabei darauf hin, dass Art. 10 Abs. 1 Alt. 3 GG nicht jede vorsorgliche Erhebung und Speicherung von Daten von vornherein verbiete, sondern nur eine solche Erhebung und Speicherung mit Art. 10 Abs. 1 Alt. 3 GG unvereinbar ist, die auf Vorrat zu gänzlich unbestimmten und noch nicht bestimmbaren Zwecken vorgenommen wird.[279]

bb. Schwere des Eingriffs

Hinsichtlich des Eingriffs in Art. 10 GG hat das Gericht klargestellt, dass es sich bei einer anlasslosen Speicherung um einen besonders schweren Eingriff handelt. Bereits die Speicherungspflicht begründe einen Eingriff, nicht erst der Zugriff des Staates auf die Daten. Dies stellt eine neue Konzeption dar, die jedoch vor dem Hintergrund des Zwecks der Speicherung, nämlich der Zugriffsmög-

276 Vgl. Vorschlag der Sachverständigen, insb. dokumentiert in der vom Bundesverfassungsgericht in der Rechtssache betrauten Senat erbetenen Stellungnahme von Prof. Dr. Alexander Roßnagel, abrufbar unter: http://www.vorratsdatenspeicherung.de/images/StN_Uni-Kassel_2009-06-10.pdf (Stand: März 2012); BVerfGE 125, 260 (325 f.).

277 Vgl. BVerfGE 125, 260 (316), vgl. auch schon im ersten Beschluss (BVerfGE 121,1) durch deutlich gemacht.

278 BVerfGE 125, 260 (316).

279 Vgl. BVerfGE 65, 1 (46); 100, 313 (360).

lichkeit durch den Staat, nicht weiter verwunderlich ist. Denn es soll gerade deswegen gespeichert werden, um in der Zukunft Daten für eine Zugriffsmöglichkeit bereit zu halten.[280] Zudem gestalte sich die Gefährdungslage für den Grundrechtsträger durch eine Informationssammlung durch Private nicht geringer als bei einer solchen durch den Staat selbst.[281]

Durch die Streubreite von Informationen, die durch die längerfristige Speicherung von sämtlichen Telekommunikationsverkehrsdaten entstehe, könne ein sehr genaues Persönlichkeitsbild und Profil nachgezeichnet werden, denn „die Speicherung bezieht sich, [ohne Anknüpfung an ein zurechenbar vorwerfbares Verhalten], auf Alltagshandeln, das im täglichen Miteinander elementar und für die Teilnahme am sozialen Leben in der modernen Welt nicht mehr verzichtbar ist."[282] Hierbei lassen sich aus den gespeicherten Daten zwar keine unmittelbaren Inhalte der (Tele-)Kommunikation herauslesen, jedoch sei es bei umfassender und automatisierter Auswertung möglich, bis in die Intimsphäre reichende Schlüsse zu ziehen. So können beispielsweise Zugehörigkeiten zu gesellschaftlichen oder politischen Gruppen sowie persönliche Vorlieben, Neigungen und Schwächen herausgefiltert werden, so dass die Bildung inhaltsvoller Persönlichkeits- und Bewegungsprofile möglich werde.[283]

Das Risiko von Bürgern, wenn auch nur als „Randfigur", in den Fokus von Ermittlungen zu geraten, steigt nach Ansicht des Gerichts, selbst wenn derjenige sich nur „zur falschen Zeit am falschen Ort" (also in der „falschen Funkzelle") befindet und von einer bestimmten Person kontaktiert wurde.[284]

Auch die Missbrauchsgefahr, die eine derartige Speicherung mit sich bringe, stelle die hohe Eingriffsintensität dar. Da sensiblen Daten bei einer Vielzahl von privaten Anbietern gespeichert werden und damit einhergehend auch viele ver-

---

280 Anders der EuGH in seiner Vorlageentscheidung zur Vorratsdatenspeicherungs-Richtlinie. Hier hat der EuGH gerade künstlich zwischen Speicherung und Verwertung der Daten getrennt. Die Richtlinie würde lediglich die Speicherung, nicht jedoch den Zugriff durch die nationalen Behörden regeln. Diese künstliche Trennung ist jedoch vor dem Hintergrund des Zwecks der Speicherung mehr als fragwürdig. (vgl. EuGH Entscheidung zur Vorratsdatenspeicherungs-Richtlinie vom 07.05.2009, Rs. 553/07).

281 Vgl. *H. Wolff,* NVwZ 2010, S. 751 (752).

282 BVerfGE 125, 260 (318).

283 Vgl. BVerfGE 125, 260 (319).

284 Vgl, BVerfGE 125, 260 (319 f.).

schiedene Personen auf diese Telekommunikationsdaten Zugriff haben können, sei die Möglichkeit eines unerlaubten Zugriffs hoch. Hinzu komme, dass diese Speicherung ihrem Sinn und Zweck nach heimlich geschehe. Auch hieraus ergebe sich das besondere Gewicht, das diesen Eingriff zu einem gewichtig schweren mache.[285] Zusammenfassend hat das Gericht eine Totalerfassung des Bürgers verboten, da dies gleichsam einen Eingriff in die „verfassungsrechtliche Identität Deutschlands“ bedeutet, der nicht gestattet werden darf.[286]

cc. Vorgaben des Gerichts zur Datensicherheit

In den darauf folgenden Ausführungen hat das Bundesverfassungsgericht sich damit befasst, inwiefern die Behörden Daten erheben und abrufen dürfen. Die Regelungen zur Vorratsdatenspeicherung müssen demzufolge so ausgestaltet sein, dass diese nur nach bestimmten Kriterien erfolgen darf.[287]

Zunächst dürfe der Staat nicht selbst an der Speicherung beteiligt sein, also auch keine unmittelbare Zugriffsmöglichkeit erhalten, sondern die privaten Anbieter sollen diese Aufgabe im Rahmen der Sechs-Monats-Frist erfüllen. Somit sei auch technisch-strukturell (und nicht lediglich rechtlich) eine Trennung von Speicherung und Abruf gewährleistet, und die Missbrauchsmöglichkeit bzw. -gefahr könne hierdurch sowohl durch Private als auch durch den Staat selbst begrenzt werden. Das Bundesverfassungsgericht spricht daher in diesem Kontext von „Transparenz und Kontrolle der Datenverwendung“.[288]

Hinsichtlich der sechsmonatigen Dauer der Speicherung sei der spezifischen Gefahrenlage, die sich durch die Nutzung von Telekommunikationsmitteln ergebe, Rechnung zu tragen. Gerade durch den Umstand, dass hier nicht mehr persönliche, nach außen auch sichtbare Kommunikation betrieben werde, entziehen sich solche persönlichen Kontakte jeglichen Augenscheinbeweises. Aufgrund der Tatsache, dass die Daten regelmäßig gelöscht werden, sei ohne eine Speicherung

285 Vgl. zu den letztgenannten Gründen für einen schwergewichtigen Eingriff: BVerfGE 125, 260 (329).

286 Vgl. BVerfGE 125, 260 (323 f.); *C. Ohler,* JZ 2010, S. 611 (626).

287 Dies macht sodann die Vorratsdatenspeicherung zwar nicht zu einer „veranlassten“ statt einer „anlasslosen“ Speicherung der Telekommunikationsdaten; es soll jedoch sichergestellt werden, dass die Anforderungen an die Datensicherheit gewährleistet werden.

288 Vgl. BVerfGE 125, 260, (321).

dieser Daten eine Beweiserhebung gänzlich unmöglich.[289] Es könne also aus Sicht des Gesetzgebers nur ein „ganz oder gar nicht“ geben und im Rahmen des gesetzgeberischen Entscheidungsspielraums lediglich an der „Schraube“ gedreht werden, welche Dauer die Speicherung umfasse. Insgesamt solle jedoch solch eine Speicherung die Ausnahme bleiben und einer Ansammlung von Daten in diesem Maße zukünftig mit Zurückhaltung begegnet werden. Diese vom Senat als Ausnahme statuierte Verfassungsmäßigkeit der anlasslosen Datenspeicherung soll ferner den Spielraum für den nationalen Gesetzgeber wie den Gesetzgeber der Europäischen Union in diesem Bereich einengen.[290]

Die Datensicherheit hat das Gericht besonders in den Fokus der Entscheidungsgründe gerückt. Hierbei solle nach speziellen Verfahrensmechanismen diese Sicherheit auf einem – der Schwere des grundrechtlichen Eingriffs in Art. 10 Abs. 1 Alt. 3 GG Rechnung tragend – besonders hohen Niveau gewährleistet sein. Dies ist nach Einschätzung des Ersten Senats insbesondere deswegen von großer Bedeutung, da diese Aufgabe von den privaten Telekommunikationsanbietern übernommen werden muss. Die Privaten haben jedoch aufgrund der Privatnützigkeit kein allzu großes Interesse an der Datensicherheit. Durch die Speicherung durch Private fehle es demnach an der Amtspflicht, die hingegen bei der Speicherung durch staatliche Stellen bestehen würde und wodurch die Datensicherheit besser überwacht werden könne.[291]

Es solle daher, neben den festgelegten Sicherheitsstandards, auch ein Anreizsystem für die Privaten geschaffen werden, damit die Standards eingehalten werden. Als Beispiel werden hier vom Bundesverfassungsgericht die Einführung einer verschuldensunabhängigen Haftung oder eine Stärkung der Ausgleichsansprüche für immaterielle Schäden genannt.[292] All dies sei gerade notwendig, da Private eine Aufgabe übernehmen, die eigentlich zur Vorbereitung von Gefahrenabwehr und Strafverfolgung der staatlichen Sphäre zuzuordnen sei.

Mit der konkreten Ausgestaltung des Sicherheitsstandards hat sich der mit der Vorratsdatenspeicherung befasste Senat ferner insoweit befasst, als er vor-

289 Das Bundesverfassungsgericht spricht hier von mangelndem „gesellschaftlichen Gedächtnis“, um zufällige Erinnerungen konstruieren zu können. (Vgl. BVerfGE 125, 260, (322 f.)).

290 Vgl. BVerfGE 125, 260 (323).

291 Vgl. BVerfGE 125, 260 (323 f.).

292 Vgl. BVerfGE 125, 260 (325 f.).

schlägt, auf Rechtsfiguren wie den „Stand der Technik“ zurückzugreifen. Dieser aktuelle „Stand“ müsse dann auch regelmäßig durch erneuerte Sicherheitskonzepte überprüft werden und neben der Speicherungspflicht klar festgeschrieben sein. Insbesondere komme eine staatliche Aufsicht über diese Sicherheitsstandards in Betracht, die im Rahmen einer „transparenten Kontrolle“ und einem „ausgeglichenen Sanktionensystem“, sofern sich bei der Kontrolle Verstöße gegen Sicherheitsstandards ergeben sollten, handeln könne.[293]

dd. Verwendung der Daten gemäß § 113b TKG

Der Verfassungsmäßigkeit der Regelungen hinsichtlich der Verwendung der gespeicherten Daten gemäß § 113b TKG hat sich das Gericht im darauffolgenden Abschnitt gewidmet. Insbesondere hob es hervor, dass die Verfassungswidrigkeit dieser Regelungen nicht nur für die Maßnahme der Verwendung der Daten Bedeutung habe, sondern gerade auch auf die Verfassungsmäßigkeit der Speicherung selbst zurückwirke.[294] Das bedeutet nach Ansicht des Gerichts, dass eine Trennung hinsichtlich Speicherung und der darauf folgenden Verwendung der Daten denklogisch nicht möglich sei, da eine Speicherung lediglich dazu diene, gegebenenfalls (unter den Voraussetzungen der Vorschriften zur Verwendung durch die jeweiligen staatlichen Stellen) die Daten zu verwenden. Daraus folge auch, dass die Voraussetzungen für die Datenverwendung umso enger zu fassen seien, je schwerwiegender sich der Eingriff in Art. 10 Abs. 1 Alt. 3 GG durch die Speicherung darstelle. Dies bedeute wiederum, dass Anlass, Zweck und Umfang des jeweiligen Eingriffs sowie bestimmte Eingriffsschwellen festgelegt und in der jeweiligen Norm „bereichsspezifisch, präzise und klar“ geregelt werden müssen.[295] § 113b Nr. 2 und 3 TKG sehe keine hinreichende Begrenzung der Verwendungszwecke vor. Hier werden lediglich Aufgabenfelder umrissen, für die ein Abruf der Daten möglich sein soll. Eine detailliertere

293 BVerfGE 125, 260 (326 f.).

294 Vgl. BVerfGE 125, 260 (327).

295 Vgl. BVerfGE 125, 260 (327), mit Verweis auf die ähnlich gelagerten vom Gericht bereits entschiedenen Fälle wie u.a. die Telekommunikations-Überwachung (BVerfGE 100, 313 (359 f.)), Befugnisse des Zollkriminalamts zur Überwachung von (Post-) Sendungen und Telekommunikation (BVerfGE 110, 33 (53)), Durchsuchung von Anwaltsräumen und Beschlagnahme von anwaltlichen Daten (BVerfGE 113, 29 (51)), vorbeugende Telekommunikationsüberwachung (BVerfGE 113, 348 (375)) und Rasterfahndung (BVerfGE 115, 320)).

Darstellung der Schwere der Taten, die präventiv oder repressiv vorzubeugen oder zu verfolgen seien, erfolge nicht und werde der Gesetzgebung überlassen. Dies sei vor dem Hintergrund der gesetzgeberischen Verantwortung nicht verfassungsgemäß. Sofern die Speicherung angeordnet werde, müsse der Gesetzgeber auch hinreichend klar und präzise darlegen, welche Verwendungszwecke hier maßgeblich sein sollen.[296]

Bei der Verwendung der Daten fehlt nach Ansicht des Gerichts schließlich auch eine Regelung, die die Vertrauensbeziehung besonders schützt. So sei zumindest für einen engen Kreis von auf besonderer Vertraulichkeit angewiesenen Verbindungen ein solcher Schutz geboten.[297]

Insofern könne diese Speicherung also jedenfalls als ähnlich schwer wie die inhaltsbezogene Telekommunikationsüberwachung gewichtet werden. Daraus folgt nach Ansicht des entscheidenden Senats, dass auch hier im Rahmen der Verhältnismäßigkeit für die Verwendung der Daten nur solche Gründe in Betracht kommen, die hinsichtlich der Verwendung zu Strafverfolgungszwecken überragend wichtige Aufgaben des Rechtsgüterschutzes darstellen, also zur „Ahndung von Straftaten, die überragend wichtige Rechtsgüter bedrohen oder zur Abwehr von Gefahren für solche Rechtsgüter".[298] Dem Gesetzgeber verbleibe hinsichtlich der Festlegung solcher Taten jedoch ein Beurteilungsspielraum; dabei müsse die Qualifizierung einer Straftat sich auch im Strafmaß als schwer niederschlagen, das heißt also einen „objektivierten Ausdruck" finden.[299]

Bezüglich der Gefahrenabwehr sei die Datenverwendung auch in verhältnismäßiger Art und Weise zu begrenzen, so dass nur bezüglich der Verhinderung bestimmter Straftaten die Telekommunikationsdaten verwendet werden dürfen. Da jedoch auch schon Vorbereitungshandlungen hiervon umfasst seien, biete sich weniger die Festlegung eines Straftatkataloges an, sondern die Benennung der zu schützenden Rechtsgüter und die Intensität der Gefährdung dieser Rechtsgüter.[300] Konkret bedeute dies, dass die Maßnahme lediglich für die Abwehr von Gefahren für Leib, Leben oder Freiheit einer Person, für den Bestand oder die

296 Vgl. BVerfGE 125, 260 (355); vgl. oben die Ausführungen zu der Problematik hinsichtlich bestimmter „Notruf"-, bzw. „Hilfe"-nummern.

297 Vgl. BVerfGE 125, 260 (356).

298 Vgl. zur Eingriffsintensität durch die Verwendung der Daten BVerfGE 125, 260 (328).

299 Vgl. BVerfGE 125, 260 (328 f.).

300 Vgl. BVerfGE 125, 260 (329).

Sicherheit des Bundes oder eines Landes oder zur Abwehr einer gemeinen Gefahr zulässig sei.[301] Diesbezüglich solle also auf eine konkrete Gefahr abgestellt werden, es müssen also bestimmte Tatsachen vorliegen, die eine solche Prognose zulassen.[302]

Hinsichtlich der Verwendung der Daten durch die Nachrichtendienste kann nach Ansicht des Gerichts auf die Aussagen zur Verwendung zur Gefahrenabwehr verwiesen werden, da sich die Eingriffsintensität nicht nach der Art der Behörde verstärkt oder vermindert. Der „Einschüchterungseffekt" sei jeweils der gleiche, auch wenn es hinsichtlich der Aufgaben der Nachrichtendienste, die bereits im Vorfeld recherchieren und der Bundesregierung Bericht erstatten, im Ergebnis regelmäßig zu keiner Nutzung der gespeicherten Daten kommen werde.[303]

ee. Löschungspflicht

So wie die Ausgestaltung der Datenverwendung im engeren Sinne explizit erläutert wurde, befasst sich das Gericht sodann auch mit der Löschung, die nach dessen Ansicht sofort nach Übermittlung und Auswertung der Daten erfolgen muss. Ebenso sei mit den Daten zu verfahren, die aufgrund eines Zweckfortfalls nicht mehr erforderlich seien.[304] Dies gelte genauso für weitergegebene Daten, wobei diese Weitergabe nur dann zulässig sei, sofern ein unmittelbarer Abruf seinerseits verfassungsrechtlich geboten wäre.

301 Insofern wird auch hier, wie auch schon bei der Argumentation im Hinblick auf die Strafverfolgungszwecke, dem Gesetzgeber nicht mehr viel, bzw. gar keinen Spielraum belassen, inwiefern die Kritik des Bundesverfassungsgerichts umgesetzt werden könnte. Das Gericht macht in seinen Ausführungen ganz deutlich, auf welche Weise die Unvereinbarkeiten gelöst und umgesetzt werden sollen. Diesbezüglich kann in der Deutlichkeit der Lösungsvorschläge durch den Ersten Senat der Kritik und abweichende Meinung von *Schluckebier* und *Eichberger* in ihren Sondervoten zugestimmt werden, Sondervotum *Schluckebier,* BVerfGE 125, 260 (373 f.). *Schluckebier* spricht hier davon, dass in der Ausgestaltung des Urteils des Ersten Senats dem Gebot der „verfassungsrechtlicher Zurückhaltung" („judicial self-restraint") nicht hinreichend Rechnung getragen wurde; vgl. BVerfGE 125, 260, Sondervotum *Eichberger*, BVerfGE 125, 260 (381), mit der gleichen Begründung wie *Schluckebier*; hierzu auch Sondervotum *Haas*, BVerfGE 115, 320 (380).

302 Vgl. BVerfGE 125, 260 (330); mit Hinweis auf BVerfGE 120, (274).

303 Vgl. zusammenfassend BVerfGE 125, 260 (331 f.).

304 Vgl. BVerfGE 125, 260 (332).

Das Gericht mahnt dabei auch an, dass im Hinblick auf die Datenmenge im Einzelfall auch eine Abstufung des Umfangs der Datenerhebung und -verwendung verfassungsrechtlich notwendig sein kann, so dass es Sache des Gesetzgebers ist, solche Abstufungen – im Rahmen seines Gestaltungsspielraums – in Gesetzesform zu bringen. In Betracht kommt dabei das Statuieren eines Richtervorbehalts und insbesondere Vorkehrungen, die bestimmen, dass solche Telekommunikationsverbindungsdaten gar nicht erst übermittelt werden[305], die einem spezifischen Vertraulichkeitsschutz bedürfen[306].

ff. Rechtsschutzgewährleistung

Hinsichtlich der Gewährleistung einer transparenten Verwendung der Daten sowie eines effektiven Rechtsschutzes und entsprechend auch effektiver Sanktionen hat der Gesetzgeber nach Meinung des Senats nicht in verfassungsrechtlich gebotener Weise von seinem Gestaltungsspielraum Gebrauch gemacht. Bezüglich der Transparenz sind nach Ansicht des Bundesverfassungsgerichts Regelungen nötig gewesen, die dem Grundsatz der Offenheit der Erhebung und Nutzung von personenbezogenen Daten in verfassungsrechtlich ausreichender Art Rechnung tragen, da solche Transparenzregeln die elementare Grundvoraussetzung für einen wirksamen Datenschutz darstellen. Daher sei im Rahmen von Regel-Ausnahme-Vorschriften grundsätzlich eine Benachrichtigungspflicht an die „unmittelbare Zielperson"[307] notwendig, sofern dies mit dem Zweck der

305 Ob eine solche Vorkehrung technisch überhaupt möglich ist, wurde vom Bundesverfassungsgericht nicht weiter erörtert. Es scheint jedoch mehr als fraglich, ob es bei der Vielzahl solcher zumeist kostenfreien Nummern den Anbietern möglich und zumutbar ist, diese diversen Nummern zu identifizieren und sie beim Abrufersuchen der jeweiligen Behörde aus den übermittelten Daten auszuklammern. Zwar dürfen diese Nummern – sofern sie bei der Bundesnetzagentur anerkannt und gelistet sind – auch nicht auf dem Einzelverbindungsnachweis erscheinen, vgl. § 99 Abs. 2 TKG – dennoch werden Sie doch allein schon aus technischen Gründen im Rahmen der Verbindungsdaten beim Anbieter zumindest kurzfristig gespeichert.

306 Zu nennen wären hier Notrufnummern, die es mittlerweile sowohl regional als auch deutschlandweit für spezifische Notfälle, wie bei seelischer oder sozialen Notlagen, gibt zum Beispiel: im Falle von häuslicher Gewalt, persönlichen Problemen im familiären Umfeld, Mädchennotrufdienst, u.a.

307 Bezüglich der Personen, die nur mittelbar/zufällig im Rahmen der Auswertung der gespeicherten Telekommunikationsverkehrsdaten miterfasst wurden, bzw. betroffen sind, kann eine Benachrichtigung unterbleiben, da möglicherweise durch die Identitätsfest-

Maßnahme vereinbar sei. Andererseits solle jedoch eine nachträgliche Benachrichtigung erfolgen, sofern hierdurch der Ermittlungserfolg nicht gefährdet werde.[308]

Für die Gewährleistung eines effektiven Rechtsschutzes sei es weiterhin notwendig, dass das Abrufverlangen der Behörde bzw. die Übermittlung der Daten unter Richtervorbehalt stehen, so dass eine vorbeugende Kontrolle durch eine unabhängige Instanz erfolgt. Insbesondere gelte dies bei heimlichen Ermittlungsmaßnahmen, die für die Betroffenen nicht wahrnehmbar seien. Insofern bestehe für den Gesetzgeber, aufgrund der Schwere des Eingriffs kein Gestaltungsspielraum hinsichtlich des „Ob" des Richtervorbehalts.[309] Um den Richtern dabei ein unabhängiges Urteil hinsichtlich des Abrufersuchens zu ermöglichen, bestehe das Erfordernis einer „hinreichend substantiierten Begründung und Begrenzung der Abfrage der begehrten Daten".[310] Weiterhin gehöre zur Wirksamkeit der Kontrolle auch, dass den Behörden kein unmittelbarer Zugang zu den Daten ermöglicht werde, sondern die Anbieter selbst die jeweiligen Daten übermitteln, so dass weiter eine Distanz zwischen den Daten und dem Staat gewahrt bleibe.[311] Geboten sei weiterhin auch das Ermöglichen eines nachträglichen gerichtlichen Verfahrens zur Kontrolle der Verwendung der Daten, sofern es im Vorhinein – mangels Kenntnis, nicht möglich war, effektiven Rechtsschutz zu erlangen.[312]

Zuletzt müssen nach Ansicht des entscheidenden Senats wirksame Sanktionen durch den Gesetzgeber festgelegt werden, da nur so der Schutz des Art. 10 Abs. 1 Alt. 3 GG – und der diesem immanente Persönlichkeitsschutz des Art. 2 Abs. 1 i.V.m. Art. 1 Abs 1 GG – ausreichend gewährleistet werden kann.[313] Anderen-

stellung dieser miterfassten Personen sich der bisher noch nur leichte Eingriff deutlich vertiefen kann. Daher bedarf es insofern einer Abwägung, ob in diesem Falle eine Benachrichtigung geboten ist oder nicht. (vgl. BVerfGE 125, 260 (337); dazu auch ausführlich: BVerfGE 109, 279, 365).

308 Vgl. zusammenfassend BVerfGE 125, 260 (334 ff.).

309 Vgl. BVerfGE 125, 260 (337 f.).

310 BVerfGE 125, 260 (338) mit Rückgriff auf BVerfGE 103, 142 (160 f.).

311 Vgl. BVerfGE 125, 260 (338 f.).

312 Vgl. BVerfGE 125, 260 (339).

313 Die Formulierung des Bundesverfassungsgerichts „der in Art. 10 GG verankerte Persönlichkeitsschutz" stellt den engen Zusammenhang zwischen Art. 2 Abs. 1 i.V.m. Art. 1 Abs. 1 GG explizit dar, vgl. BVerfGE 121, 1 (21).

falls werde gerade der Persönlichkeitsschutz aufgrund seiner immateriellen Natur „verkümmern".[314] Dies bedeute, dass ein solches Vorgehen mit dem Schutzauftrag des Staates nicht zu vereinbaren sei, da jedem Einzelnen die Entfaltung seiner Persönlichkeit ermöglicht werden müsse. Im Hinblick auf die Schaffung eines solchen „Sanktionensystems" verfüge der Gesetzgeber jedoch über einen weiten Gestaltungsspielraum. In Betracht kommen etwa die Einbettung solcher Regelungen in das Strafprozessrecht und/oder das Haftungsrecht. Bei schwerwiegenden Eingriffen in das Persönlichkeitsrecht könne man sowohl – auf der Grundlage einer Abwägung – Verwertungsverbote als auch Haftungsregelungen für immaterielle Schäden vorsehen.[315]

gg. Mittelbare Verwendung der Daten gemäß § 113a Abs. 2 Nr. 5, Abs. 3, Abs. 4 TKG

Weniger strenge Vorgaben bestehen laut Bundesverfassungsgericht hingegen bei der mittelbaren Verwendung der vorsorglich gespeicherten Daten in Form von behördlichen Auskunftsansprüchen gegenüber Diensteanbietern hinsichtlich der Identität der Anschlussinhaber bestimmter IP-Adressen. Es gehe hierbei nur indirekt um die gespeicherten Verkehrsdaten selbst, denn erst nach Kenntnis der Behörde von der jeweiligen IP-Adresse stelle die jeweilige Behörde das Auskunftsersuchen hinsichtlich der Identität desjenigen, dem diese IP-Adresse zugewiesen war.[316]

Trotzdem greife die Behörde durch ihr Auskunftsersuchen auch in das Grundrecht von Art. 10 Abs. 1 Alt. 3 GG ein. Hier gehe nämlich die durch die dynamischen IP-Adressen, also durch Verschlüsselung der Identität des Anschlussinhabers, gewonnene Anonymität verloren. Nach Ansicht des Bundesverfassungsgerichts wirkt der Gesetzgeber so auf die Kommunikationsbedingungen ein und

314 Vgl. BVerfGE 125, 260 (339); ursprünglich in: BVerfG Beschluss vom 11. November 2009 – 1 BvR 2853/08, Rz. 21, in dem das Bundesverfassungsgericht bereits entschieden und wörtlich festgestellt hat, dass „der Schutzauftrag des allgemeinen Persönlichkeitsrechts einen Anspruch auf Ausgleich des immateriellen Schadens gebietet, weil anderenfalls ein Verkümmern des Rechtsschutzes der Persönlichkeit zu befürchten wäre".

315 Vgl. BVerfGE 125, 260 (339 f.).

316 Über die IP-Adresse kann jedoch lediglich der Inhaber eines bestimmten Anschlusses, über den die jeweilige IP-Adresse genutzt wurde, ermittelt werden.

begrenzt den Umfang der Anonymität, so dass bestimmte Anschlussinhaber ermittelt und Kommunikationsvorgänge individualisiert werden können.[317]

Dennoch kann nach Auffassung des Senats die Ermittlung einer IP-Adresse und darauf folgend die Ermittlung des Anschlussinhabers nicht mit der Ermittlung einer Telefonnummer gleichgestellt werden, da Telefonnummern auf Dauer vergeben werden, eine Unterdrückung der Rufnummer bei Telefonaten möglich ist und diese Nummer auch keine Aussagen darüber trifft, wie oft über diesen Anschluss telefoniert worden ist. All dies sei jedoch bei der Ermittlung von IP-Adressen anders. Hier könne nur über die Nutzung von Anonymisierungsdiensten eine Verschleierung der IP-Adressen vorgenommen werden, so dass die IP-Adresse für den Anbieter der jeweiligen Seite nicht erkennbar sei. Es werden immer Spuren auf der Internetseite hinterlassen, die vom Nutzer besucht werde. Sofern die Behörde durch den Internetseitenbetreiber Kenntnis über die besuchten IP-Adressen erhalte und dadurch auch die Anschlussinhaber ermitteln könne, so habe diese Information einen weitreichenderen Gehalt als die Kenntnis über eine Telefonnummer, da – so der Senat – „der Inhalt von Internetseiten anders als das beim Telefongespräch gesprochene Wort elektronisch fixiert und länger wieder aufrufbar ist.“[318] Aufgrund dessen lasse sich der Inhalt regelmäßig rekonstruieren, mit dem sich der jeweilige Anschlussinhaber, bzw. der Nutzer dieses Anschlusses beschäftigt habe.[319]

Somit kann nach Meinung des Bundesverfassungsgerichts der Inhalt von Kommunikation bzw. ein Profil des Seitenbesuchers konstruiert werden, was auch für die Strafverfolgung von großem Interesse ist. Denn durch die Vielfältigkeit der Nutzungsmöglichkeiten, die das Internet biete, sei dies auch zur Plattform für vielfältige Straftaten bzw. Vorbereitungshandlungen geworden. Daher dürfe dieser Bereich konsequenterweise kein rechtsfreier Raum sein, so dass die Normie-

---

317 Vgl. BVerfGE 125, 260 (341).

318 Vgl. BVerfGE 125, 260 (342).

319 Es bedarf also zunächst durch den Anbieter einer Homepage die Information hinsichtlich der besuchten IP-Adressen. Sodann kann die Behörde ihr Auskunftsersuchen hinsichtlich des Anschlussinhabers, der über diese IP-Adresse ins Internet gegangen ist, stellen und die Identität so in Erfahrung bringen. (vgl. auch *N. Forgó/T. Krügel,* Kommentar zu BVerfG, Urteil vom 2.3.2010 – Vorschriften zur Vorratsdatenspeicherung verfassungswidrig: Nach der Entscheidung ist vor der Entscheidung, in: K&R 2010, S. 217 (218), die noch deutlicher darauf abstellen, dass die IP-Adresse „in der Regel auch über den Inhalt des Kontaktes etwas aussage“.).

rung von Auskunftsersuchen hinsichtlich der Anschlussinhaber von IP-Adressen ein legitimes Interesse des Gesetzgebers darstelle.

Insofern – und aufgrund des weniger gewichtigen Eingriffs in Art. 10 GG im Vergleich zum Abruf der Verkehrsdaten – argumentiert das Gericht, dass es möglich ist, diese Auskünfte zu gestatten, sofern dies für die Verfolgung von Straftaten, für die Gefahrenabwehr und die Aufgabenwahrnehmung der Nachrichtendienste notwendig ist. Erforderlich und daher beachtenswert sei jedoch hierbei, dass nicht Auskünfte „ins Blaue hinein" eingeholt werden dürfen. Vielmehr müsse ein hinreichender Anfangsverdacht oder eine im „Tatsächlichen gestützten konkrete Gefahr" vorliegen. Bezüglich der Verfolgung oder Verhinderung von Ordnungswidrigkeiten sei dabei nicht uneingeschränkt eine Auskunft zu gestatten, sondern es bedarf auch im Einzelfall einer Rechtsgutbeeinträchtigung, der ein hervorgehobenes Gewicht beigemessen werde.[320]

In Bezug auf die Rechtsschutzmöglichkeit sind nach Meinung des Senats dementsprechend alle Auskunftsbegehren aktenkundig zu machen, ein Richtervorbehalt ist jedoch nicht notwendig. Um dem Transparenzgebot zu genügen, sei es ferner erforderlich, auch den Betroffenen, der von seiner Anonymität bei der Nutzung des Internets ausgeht, zu informieren, warum die Anonymität aufgehoben wurde. Etwas anderes könne nur dann gelten, wenn dadurch der Zweck der Auskunft vereitelt würde oder andere Interessen Dritter oder des Betroffenen selbst nicht entgegenstehen. Diese Ausnahme sei sodann auch aktenkundig zu machen, eine richterliche Bestätigung des Nicht-Informierens sei hingegen nicht erforderlich.[321]

hh. Verfassungsrechtliche Zusammenfassung

Die §§ 113a, 113b TKG und § 100g StPO entsprechen nach Ansicht des Bundesverfassungsgerichts nicht den Anforderungen an eine verfassungsgemäße Ausgestaltung einer solchen anlasslosen vorsorglichen Datenspeicherung. Die Regelungen zur Datensicherheit, zur Transparenz und zum Rechtsschutz seien nicht mit der Verfassung vereinbar.

320 Vgl. BVerfGE 125, 260 (343 f.).
321 Vgl. BVerfGE 125, 260 (343 f.).

Grundsätzlich ist es jedoch möglich, wie das Bundesverfassungsgericht ausgeführt hat, die Richtlinie in verfassungsgemäßer Weise umzusetzen. Die sechsmonatige Speicherungsfrist stelle hierbei zwar bereits ein schwerwiegender Eingriff in Art. 10 GG dar und damit sei auch das Höchstmaß der Speicherungsdauer erreicht. Diese Dauer sei jedoch noch mit dem Verhältnismäßigkeitsgrundsatz vereinbar. Zudem sei nicht ersichtlich, dass es dem Gesetzgeber darum ginge, unendlich viele Daten- und Persönlichkeitsprofile der Bürger zu erstellen. Vielmehr solle durch die Geltung des Datenschutzrechts mit dem Grundsatz der Datensparsamkeit und den durch den Gesetzgeber normierten Löschungspflichten das Anlegen einer solchen Massendatenbank wohl vermieden werden. Daher sei § 113a TKG nicht als Massen-Datenvorsorge zu verstehen, sondern bleibe eine begrenzte Ausnahme, die „den Herausforderungen der modernen Telekommunikation für die Strafverfolgung und Gefahrenabwehr Rechnung zu tragen versucht.“[322]

Hinsichtlich des Abrufs der gespeicherten Daten betont das Bundesverfassungsgericht, dass in § 113b TKG und § 100g StPO auch ein Verstoß gegen Verfassungsrecht zu erkennen ist, da der Gesetzgeber hier ähnliche Voraussetzungen geschaffen hat, wie dies im Rahmen der Verkehrsdatenspeicherung nach § 96 TKG der Fall ist. Dies trage jedoch dem besonders schweren Eingriff der anlasslosen vorsorglichen Verkehrsdatenspeicherung nicht in ausreichendem Maße Rechnung.

Hierbei fehle es insbesondere an der Schwere des Einzelfalls, der hier neben der Begehung einer schweren Straftat, festgestellt werden müsse. Nach der bisherigen Regelung war es nämlich möglich, die Daten in Bezug auf alle Straftatbestände nutzbar zu machen, so dass der Ausnahmecharakter der Vorschrift verloren ging.

Zusammenfassend genügen nach Ansicht des Bundesverfassungsgericht weder die gesetzlichen Vorgaben für die Datensicherheit noch die Vorschriften zur Verwendung der Daten gemäß § 113b S. 1 Nr. 1 TKG i.V.m. § 100g StPO, § 113b S. 1 Nr. 2 und 3 TKG und § 113b S. 1 Hs. 2 TKG den verfassungsrechtlichen Anforderungen. Es fehlt daher nach Meinung des Senats auch bei der Speicherungspflicht gemäß § 113a TKG selbst an einer verfassungsrechtlich tragfä-

322 Vgl. BVerfGE 125, 260 (347).

higen Rechtfertigung. Durch dieses Urteil wurde schließlich deutlich, dass es sich bei der Auskunft nach § 113 TKG nach Ansicht des Bundesverfassungsgerichts um einen Eingriff in das Fernmeldegeheimnis handelt.[323] Die angegriffenen Vorschriften sind demnach – folgt man dem Bundesverfassungsgericht – insgesamt mit Art. 10 Abs. 1 Alt. 3 GG nicht vereinbar.[324]

7. Zwischenergebnis

Das Gericht rückte hinsichtlich der unter den Schutzbereich des Art. 10 Abs. 1 Alt. 3 GG subsumierten Fälle mehrere Aspekte gleichermaßen in den Fokus. So wurde jeweils die Schwere des Eingriffs hervorgehoben. Dies korrespondiert mit der Aussage des Gerichts im Volkszählungsurteil, dass es kein belangloses persönliches Datum mehr geben kann. Weiterhin werden die Aspekte wie der Einschüchterungseffekt, die Weiterverwendung der Daten und die Rechtsschutzgewährleistung in gleichem Maße wie die Frage nach dem Kernbereichsschutz aufgegriffen. Bemerkenswert ist in der Rechtsprechungslinie der Entscheidungen des Bundesverfassungsgerichts jedoch, dass insbesondere im Hinblick auf die Vorratsdatenspeicherung eine entscheidende Neuerung eingetreten ist. Bisher war es nicht zulässig, Daten auf Vorrat von staatlicher Seite zu speichern oder speichern zu lassen. Von dieser Grundsatzentscheidung des Bundesverfassungsgerichts wurde nun durch die Umsetzung der europäischen Richtlinie zur Vorratsdatenspeicherung unter Billigung des Gerichts Abstand genommen.

II. Die Rechtsprechung zu Art. 13 GG – Lauschangriff

In einer weiteren Leitentscheidung des Bundesverfassungsgerichts musste das Gericht über die Vereinbarkeit der akustischen Wohnraumüberwachung mit dem Grundgesetz entscheiden. Maßstab war hier Art. 13 GG und der Menschenwürdegehalt des Art. 1 Abs. 1 GG in Bezug auf den absolut geschützten Kernbereich privater Lebensgestaltung, der sich auch im Schutzumfang des Art. 13 GG

---

323 So bereits LG Offenburg, Beschl. V. 17,04.2008, 3 Qs 83/07, CR 2008, 592; OLG Zweibrücken v. 26.9.2008, 4 W 62/08, MIR.

324 Vgl. BVerfGE 125, 260 (358).

wiederfindet.[325] Die Verfassungsbeschwerden richteten sich unmittelbar gegen Art. 13 Abs. 3 bis 6 GG sowie gegen Vorschriften der StPO, mit denen eine akustische Wohnraumüberwachung ermöglicht wird.

1. Sachverhalt

Seit Beginn der 1990er Jahre legen die Behörden regelmäßig die Notwendigkeit akustischer Wohnraumüberwachung zu Strafverfolgungszwecken dar.[326] Argumentiert wird hierbei, dass durch die neuen Erscheinungsformen der Kriminalität, insbesondere der Organisierten Kriminalität, eine solche Ermächtigung für die Strafverfolgungsbehörden unerlässlich sei. Hier könnten die originären Ermittlungsmethoden keine effektiven Ergebnisse mehr erzielen.[327] Daher wurde Art. 13 GG geändert und die Absätze 3 bis 6 im Jahre 1998 neu eingefügt.[328] Hiernach sieht Art. 13 Abs. 3 GG nunmehr die Befugnis zur akustischen Wohnraumüberwachung vor.[329] Auf Grundlage dieses Art. 13 Abs. 3 GG ist sodann das Gesetz zur Verbesserung der Bekämpfung der Organisierten Kriminalität von 1998 in Kraft getreten, das wiederum in § 100c Abs. 1 Nr. 3 StPO umgesetzt wurde, wonach nun das in einer Wohnung gesprochene nichtöffentliche Wort eines Beschuldigten mit technischen Mitteln abgehört und aufgezeichnet werden darf, wenn bestimmte Tatsachen den Verdacht begründen, dass er eine der in der Vorschrift bezeichneten Straftaten (vornehmlich solche, die für die Organisierte Kriminalität typisch sind) begangen hat.[330] Die Überwachung darf dabei gemäß § 100d Abs. 2 StPO nur durch eine Staatsschutzkammer des Landgerichts, bei Gefahr im Verzug auch durch ihren Vorsitzenden Richter angeord-

325 Vgl. BVerfGE 109, 279.

326 Vgl. BVerfGE 109, 279 (381).

327 Vgl. zur Entstehungsgeschichte BVerfGE 109, 279 (281 f.).

328 Die Änderung des Art. 13 GG wurde mit der erforderlichen Zweidrittelmehrheit im Bundestag und im Bundesrat durch das Gesetz zur Änderung des Grundgesetzes (Artikel 13) vom 26. März 1998 (BGBl. I S. 610) vorgenommen.

329 Vgl. BVerfGE 109, 279 (282).

330 Vgl. zum Wortlaut BVerfGE 109, 279 (283); Auf der Grundlage des geänderten Art. 13 Abs. 3 GG ist das Gesetz zur Verbesserung der Bekämpfung der Organisierten Kriminalität vom 4. Mai 1998 (BGBl. I S. 845) ergangen.

net werden. Ferner ist sie gemäß § 100d Abs. 4 S. 1 StPO auf maximal vier Wochen zu befristen.[331]

Die Beschwerdeführer rügen hierbei sowohl das Gesetz zur Verbesserung der Bekämpfung der Organisierten Kriminalität als auch das Gesetz zur Änderung des Art. 13 GG und Art. 13 Abs. 3 bis 6 GG selbst. Weiterhin werden auch § 100c Abs. 1 Nr. 3 und Abs. 2, § 100d Abs. 2 bis 5, § 100e, f und § 101 Abs. 1, Abs. 4 StPO gerügt.[332] Diese Normen würden die Beschwerdeführer in den folgenden Grundrechte verletzen: Art. 1 Abs. 1, Abs. 3; Art. 2 Abs. 1, Art. 13 Abs. 1 i.V.m. 19 Abs. 2, 79 Abs. 3; Art. 19 Abs. 4; Art. 103 Abs. 1 GG.

2. Entscheidung des Gerichts

Nach Ansicht des Gerichts waren die Verfassungsbeschwerden teilweise begründet. Art. 13 Abs. 3 GG erfülle zwar die Anforderungen des Art. 79 Abs. 3 GG. Jedoch stünden die angegriffenen Vorschriften der StPO nicht gänzlich im Einklang mit dem Grundgesetz.[333]

a. Art. 13 Abs. 3 GG

Der durch die Verfassungsänderung eingefügte Art. 13 Abs. 3 GG sei mit Art. 79 Abs. 3 GG vereinbar. Art. 13 Abs. 3 GG erlaube eine Beschränkung des Grundrechts aus Art. 13 Abs. 1 GG, das dem Einzelnen einen elementaren Lebensraum zuschreibt, in dem er das Recht habe, in Ruhe gelassen zu werden.[334] Dieses Recht der räumlichen Privatsphäre schütze insbesondere vor der Kennt-

331 Bezüglich weiterer besonderer Anforderungen hinsichtlich der Vernichtung der Daten und des Umgangs mit Gesprächen, bei denen Personen mit Zeugnisverweigerungsrecht miterfasst sind, vgl. § 100 d Abs. 3 StPO; hinsichtlich des Umgangs mit Zufallsfunden § 100 d Abs. 5 S. 2 StPO; hinsichtlich der Berichtenspflicht § 100 e Abs. 1 StPO; hinsichtlich der Verwendung der gewonnenen Daten § 100 f StPO.

332 Die Beschwerden bezüglich § 100 d Abs. 4 S. 3, Abs. 5 S. 2 und § 100 f StPO wurden jedoch als unzulässig erklärt, da die Jahresfrist für die Verfassungsbeschwerde hinsichtlich dieser Normen bereits abgelaufen war. Weiterhin erklärte das Gericht, dass das Rügen des gesamten Gesetzes zur Verbesserung der Bekämpfung der Organisierten Kriminalität nicht ausreiche; notwendig sei das Benennen der exakten Normen, die mit den Grundrechten unvereinbar seien. (Vgl. BVerfGE 109, 279 (305)).

333 Vgl. BVerfGE 109, 279 (309).

334 So bereits BVerfGE 27, 1 (6); 32, 54 (75); 42, 212 (219); 51, 97 (110).

nisnahme von Vorgängen, die in diesem Raum geschehen. Dies umfasse sowohl das Eindringen und Verweilen in der Wohnung[335] als auch die Installation und Nutzung von Abhörgeräten.[336] Bei Inkrafttreten des Grundgesetzes sollte Art. 13 Abs. 1 GG das Recht vor unerwünschter physischer Anwesenheit schützen.[337] Heutige technische Möglichkeiten erlauben es jedoch auch, Vorgänge innerhalb der Wohnung verfolgen zu können, ohne physisch anwesend zu sein. Daher seien solche Eingriffe „von außen" im Lichte des Art. 13 Abs. 1 GG nicht zu rechtfertigen, so dass es einer Erweiterung der Schranken bedürfe.[338] Dabei habe der Gesetzgeber sowohl formell als auch materiell verfassungsgemäß gehandelt. Nach Ansicht des Bundesverfassungsgericht ist Art. 79 Abs. 3 GG nicht verletzt, da weder die in Art. 1 noch in Art. 20 GG niedergelegten Grundsätze verletzt wurden.[339] Der Menschenwürdegehalt werde nicht generell durch die akustische Wohnraumüberwachung angetastet. Vielmehr könne je nach Art und Weise der Überwachung eine Verletzung der Menschenwürde vorliegen. Jedoch wirke Art. 13 Abs. 3 GG dem entgegen, da hierdurch der menschliche Kernbereich geschützt werden solle.[340] Was der menschliche Kernbereich umfasse, müsse im Einzelfall beurteilt werden. Zumindest dürfe der Bürger nicht zum bloßen Objekt der Staatsgewalt gemacht werden, z. B. durch Missachtung des Wertes des Einzelnen.[341] Die Heimlichkeit der Maßnahme an sich führt jedoch nach Meinung des Senats gerade nicht zu einer Verletzung des Menschenwürdegehalts. Allerdings sei gerade bei diesen Maßnahmen ein Kernbereich privater Lebensgestaltung unbedingt zu wahren.[342] Hierbei unterstreicht das Gericht, dass selbst überwiegende Interessen der Allgemeinheit einen Eingriff in diesen absolut geschützten Kernbereich nicht rechtfertigen können.[343]

In Art. 13 Abs. 1 GG ist nach Ansicht des Bundesverfassungsgerichts der Schutz der Menschenwürde konkretisiert. Die Wohnung als „letztes Refugium" stelle

335 Vgl. BVerfGE 76, 83 (89 f.).
336 Vgl. BVerfGE 65, 1 (40).
337 Vgl. BVerfGE 109 279 (309).
338 Vgl. BVerfGE 109, 279 (309).
339 Vgl. BVerfGE 109, 279 (310).
340 Vgl. BVerfGE 109, 279 (311).
341 So bereits BVerfGE 20, 1 (25 f., 39 ff.); 96, 375 (228); 96, 375 (399); 109, 279 (313).
342 Vgl. BVerfGE 109, 279 (313) mit Hinweis auf BVerfGE 6, 32 (41); 27, 1 (6); 32, 373 (378 f.); 34, 238 (245); 80, 367 (373).
343 Vgl. BVerfGE 109, 279 (313).

dabei einen geeigneten Freiraum dar, um innere Vorgänge wie Empfindungen, Gefühle, Überlegungen, Ansichten und Erlebnisse höchstpersönlicher Art äußern zu dürfen. Dabei dürfe der Schutz auch nicht durch Abwägung mit den Strafverfolgungsinteressen minimiert werden.[344] Für eine Überschreitung der Grenzen des absolut geschützten Kernbereichs gebe es jedoch im Rahmen des Art. 13 Abs. 3 GG keine Anhaltspunkte. Die gesetzliche Ausgestaltung dürfe auch hier den Kernbereich nicht verletzen, so dass auch die in Art.1 Abs. 1 GG implizierten Eingriffsgrenzen gewahrt bleiben.[345] Erforderlich seien daher solche Regelungen, die sicherstellen, dass es durch die Überwachungsmaßnahme zu keiner Verletzung der Menschenwürde komme. Sofern dennoch eine unerwartete Erhebung kernbereichsrelevanter Daten geschehe, müssen die Erhebung sofort abgebrochen und die erhobenen Daten gelöscht werden. Auch bei Live-Abhörmaßnahmen müsse dieses Mithören sofort unterbrochen werden.[346] Daher betont das Bundesverfassungsgericht in seiner Entscheidung, dass auch getätigte Kommunikation unter den Schutzbereich des Art. 13 Abs. 1 und 3 GG fällt.[347] Es komme für die Einordnung zur Kernbereichssphäre auf den Inhalt der Kommunikation an, sodass solche Kommunikation, die die Vermutung zulasse, dass es sich um höchstpersönliche Inhalte handle, bereits von vornherein nicht überwacht werden dürfe. Dabei würden jedoch Geschäftsräume, die regelmäßig nur der Sozialsphäre zuzuordnen sind, grundsätzlich nicht den Menschenwürdegehalt des Grundrechts betreffen, da diesen Räumen die Vertrautheit und Geborgenheit der Privaträume fehlen. Auf solche Räume jedoch, denen sowohl Arbeits- als auch Privatcharakter zufielen, treffe diese Vermutungsregel nicht zu, genauso wie bei solchen Arbeitsräumen, die der Ausübung von Berufen dienen, die ein Vertrauensverhältnis voraussetzen.[348]

Für die Feststellung einer höchstpersönlichen Kommunikation ist nach Ansicht des Bundesverfassungsgerichts weiterhin zu berücksichtigen, welche Personen an dem Gespräch teilnehmen. Die Anwesenheit von Personen des höchstpersön-

344 Vgl. BVerfGE 109, 279 (314).
345 Vgl. BVerfGE 109, 279 (317 f.).
346 Vgl. BVerfGE 109, 279 (318 f.; 324).
347 Ausgenommen seien jedoch – und dies in Anlehnung an die Tagebuchentscheidung BVerfGE 80, 367 – Gespräche, die Angaben über begangene Straftaten enthielten. (Vgl. BVerfGE 109, 279 (319)).
348 Vgl. BVerfGE 109, 279 (320 f.).

lichen Vertrauens entfalte hierbei Indizwirkung für Gespräche von höchstpersönlichem Charakter.[349] Ferner habe sich auch ein Abhören von Privatwohnungen auf Gesprächssituationen zu beschränken, die wahrscheinlich strafverfahrensrelevante Inhalte umfassen. Eine zeitliche und räumliche Rundumüberwachung sei daher ausgeschlossen, zumal dabei die Wahrscheinlichkeit der Erfassung kernbereichsrelevanter Daten sehr hoch sei.[350]

Sofern diese dem Schutzbereich immanenten Vorgaben durch den einfachen Gesetzgeber beachtet worden seien, könne nicht bereits im Art. 13 Abs. 3 GG eine Verletzung des absoluten Kernbereichs privater Lebensgestaltung gesehen werden. Auch seien Verfassungsänderungen nicht an der Wesensgehaltsgarantie des Art. 19 Abs. 2 GG zu messen, da diese Garantie nur den einfachen, nicht jedoch den verfassungsändernden Gesetzgeber binde.[351] Art. 13 Abs. 3 GG verletze ferner auch nicht die Grundsätze der Rechtsstaatlichkeit, weder im Hinblick auf den Verhältnismäßigkeitsgrundsatz, noch auf den Grundsatz des fairen Verfahrens.[352]

b. § 100c Abs. 1 Nr. 3, Abs. 2 und 3 StPO, § 100d Abs. 3 StPO

Die Ermächtigungsgrundlage zur akustischen Wohnraumüberwachung nach § 100c Abs. 1 Nr. 3, Abs. 2 und 3 StPO sowie die Regelungen der Beweiserhebungs- und Beweisverwertungsverbote in § 100d Abs. 3 StPO tragen nach Auffassung des Bundesverfassungsgerichts den Anforderungen nach Art. 13 Abs. 1 und 3 GG sowie Art. 2 Abs. 1 i.V.m. Art. 1 Abs. 1 GG nicht hinreichend Rechnung. Die Regelungen seien daher nur teilweise mit dem Grundgesetz vereinbar. Die Unvereinbarkeit betreffe den Schutz des unantastbaren Kernbereichs, die Ausgestaltung des Straftatenkatalogs und den Verhältnismäßigkeitsgrundsatz.[353]

Hinsichtlich der Abgrenzung der in Frage kommenden Grundrechte erklärte das Bundesverfassungsgericht, dass Art. 2 Abs. 1 i.V.m. Art. 1 Abs. 1 GG nur dann

349 Vgl. BVerfGE 109, 279 (320 f.). Dabei kommt es in örtlicher Hinsicht jedoch nicht auf einen bestimmten Raum in der Wohnung an, da sich der Betroffene regelmäßig in allen Räumen gleichermaßen unbeobachtet fühle.

350 Vgl. BVerfGE 109, 279 (323).

351 Vgl. BVerfGE 109, 279 (311).

352 Hierzu im Detail: BVerfGE 109, 279 (324).

353 Vgl. BVerfGE 109, 279 (325).

zur Anwendung kommt, wenn ein Eingriff in Art. 13 Abs. 1 GG zu verneinen ist, da der Schutzbereich des Art. 13 Abs. 1 GG eine spezielle Gewährleistung des Schutzes vor staatlicher akustischer Überwachung der räumlichen Privatsphäre beinhaltet, so dass diesbezüglich Art. 2 Abs. 1 i.V.m. Art. 1 Abs. 1 GG verdrängt wird. Dabei werde nicht nur die Überwachung selbst, sondern auch die Vorbereitungshandlung und der Informations- und Datenverarbeitungsprozess vom Schutzbereich des Art. 13 Abs. 1 GG erfasst.[354] Auch sei es für die Einschlägigkeit des Art. 13 Abs. 1 GG unerheblich, ob der Eingriff durch technische Mittel erfolge, die in den geschützten Räumen angebracht oder von außerhalb der Wohnung eingesetzt werden, wie dies beispielsweise bei Richtmikrofonen der Fall sei. Maßgeblich sei alleine, dass Vorgänge innerhalb der Wohnung erfasst werden, die der gewöhnlichen Wahrnehmung von außen regelmäßig nicht zugänglich seien.[355] Art. 2 Abs. 1 i.V.m. Art. 1 Abs. 1 GG sei ferner dann betroffen, wenn die akustische Wohnraumüberwachung solche Personen betreffe, die sich zufällig in der Wohnung aufhalten ohne jedoch Bewohner zu sein.[356]

Nach Ansicht des Bundesverfassungsgerichts fehlt es bei der Ermächtigungsgrundlage zur Durchführung der akustischen Wohnraumüberwachung an einem effektiven Schutz des Kernbereichs privater Lebensgestaltung als Ausprägung des Menschenwürdegehalts des Art. 13 Abs. 1 i.V.m. Art. 1 Abs. 1 GG. Es müssen hinreichende Vorkehrungen getroffen werden, damit Eingriffe unterbleiben und die Menschenwürde dadurch gewahrt werde. Sofern eine Maßnahme unerwartet einen Eingriff in den Kernbereich ermögliche, oder ein solcher bereits eingetreten sei, müsse die Wohnraumüberwachung sofort abgebrochen werden und die Daten müssen gelöscht werden. Diese Anforderungen erfülle § 100d Abs. 3 StPO jedoch nicht, da solche Überwachungs- und Erhebungsverbote nicht statuiert seien.[357] Auch Art. 13 Abs. 3 GG erlaube lediglich solche Maßnahmen, die nicht in den Kernbereich eingreifen.[358] Bei einem konkreten Verdacht auf kernbereichsrelevante Gesprächsinhalte seien daher die Anforderun-

354 Vgl. BVerfGE 109, 279 (326) mit Hinweis auf BVerfGE 100, 313 (359).

355 Vgl. BVerfGE 109, 279 (327).

356 Zum persönlichen Schutzbereich BVerfGE 109, 279 (326).

357 Vgl. BVerfGE 109, 279 (328).

358 Vgl. bereits oben zu den Ausführungen hinsichtlich der Verfassungsmäßigkeit von Art. 13 Abs. 3 GG.

gen an die Rechtmäßigkeit der Überwachungsmaßnahme umso höher. Zwar liege § 100d Abs. 3 StPO die allgemeine Erwägung zugrunde, dass die Überwachung dann ausscheide, wenn ein (auszuforschender) Sachverhalt diesem Kernbereich zuzuordnen sei. Jedoch werde der Umfang der Zuordnung nicht weiter konkretisiert.[359]

Nach Meinung des entscheidenden Senats ist hinsichtlich der Gespräche zwischen Beschuldigten und Berufsgeheimnisträgern durch § 100d Abs. 3 StPO dem Erhebungsverbot hinreichend Rechnung getragen worden. Jedoch fehle es an einem Ausschluss der Überwachungsmaßnahme, sofern sich der Beschuldigte alleine mit engsten Familienangehörigen oder anderen engen Vertrauten in der Wohnung aufhalte und es dabei keine Hinweise auf eine Tatbeteiligung gebe.[360] Ein Überwachungsverbot bestehe nach der Vorschrift nur dann, wenn sämtliche Erkenntnisse einem Verwertungsverbot unterliegen, wie dies z.B. bei den Aussagen von Familienangehörigen, gemäß § 52 StPO der Fall sei.[361] Dies sei im Ergebnis jedoch nie der Fall, da im Verlaufe eines Gesprächs immer mehrere Inhalte – auch überschneidend – angesprochen werden. Auch eine restriktivere, verfassungsfreundliche Auslegung des § 100d Abs. 3 StPO gelinge hier nicht.[362] Des Weiteren fehlt nach Maßgabe des Gerichts der Regelungsgehalt der Notwendigkeit des Abbruchs der Überwachungsmaßnahme, sofern mit einer Kernbereichsverletzung zu rechnen oder eine solche eingetreten ist. Auch fehlen bei hierdurch erhobenen Daten Regelungen dahingehend, dass diese Daten nicht verwertet und direkt gelöscht werden müssen. Dies sei deswegen erforderlich, da ein (unvermeidbarer) Eingriff in den Kernbereich nur hingenommen werden könne, wenn solche verfahrensmäßigen Vorkehrungen getroffen werden. Es bedürfe daher eines umfassenden Verwertungsverbots, sofern unter Überschreitung der Ermächtigung eine Überwachung durchgeführt werde, obwohl die Wahrscheinlichkeit bestehe, dass absolut geschützte Gespräche erfasst werden.[363] Diese Informationen dürfen sodann nicht im Strafverfahren verwertet werden. Dies gelte sowohl für die Verwertung als Beweismittel als auch für die

359 Vgl. BVerfGE 109, 279 (329).
360 Vgl. BVerfGE 109, 279 (329).
361 Vgl. BVerfGE 109, 279 (330).
362 Vgl. BVerfGE 109, 279 (330).
363 Vgl. BVerfGE 109, 279 (331).

Verwertung von Spurenansätzen für weitere Ermittlungen.[364] Weiterhin besteht nach Ansicht des Bundesverfassungsgerichts ein Verwertungsverbot dann, wenn zwar kein Erhebungsverbot besteht, sich jedoch während des Abhörens eine Situation ergibt, die zum Abhören höchstpersönlicher Gespräche führt. Da sichere Prognosen im Vorhinein bei Gesprächen regelmäßig nicht zum Ergebnis eines Erhebungsverbots führen, sei deshalb dieses Verwertungsverbot notwendig.[365]

Die Löschung der so erhobenen Daten (sowohl auf Originalbändern als auch auf ggf. entstandenen (Sicherungs-)Kopien[366]) müsse dann unverzüglich geschehen, da jede weitere Aufbewahrung dieser Daten zum Risiko einer „Vertiefung der Persönlichkeitsrechtsverletzung“ führe.[367]

Auch bedarf es nach Ansicht des Gerichts einer ergänzenden verfahrensrechtlichen Sicherung hinsichtlich der den möglichen Eingriff in den Kernbereich bewertenden Behörde. Nicht die Ermittlungsbehörde selbst dürfe darüber entscheiden, ob und wie die Verwertbarkeit der gewonnenen Erkenntnisse erfolgen dürfe, um zu sichern, dass die Maßnahme keinen Eingriff in den absolut geschützten Kernbereich begründe. Vielmehr bedürfe es einer unabhängigen, auch die Interessen der Betroffenen berücksichtigenden Stelle.[368] Der Gesetzgeber habe jedoch nur für Personen eine solche Regelung getroffen, denen ein Zeugnisverweigerungsrecht zustehe. Weiterhin fehlt es nach Meinung des Bundesverfassungsgerichts auch an einer eindeutigen Regelung, wer diese Entscheidung beantragen muss und dass dabei das Gericht zwingend einzuschalten ist.[369]

Soweit durch die akustische Wohnraumüberwachung keine Verletzung des absolut geschützten Kernbereichs erfolge, müsse sie jedoch auch im Übrigen verhältnismäßig sein. Die Norm wird nach Ansicht des Bundesverfassungsgerichts jedoch auch dieser Anforderung nicht vollumfänglich gerecht.[370] Zwar werde mit dem Zweck der Aufklärung schwerer Straftaten, insbesondere auch in Bezug auf die Organisierte Kriminalität, ein legitimer Zweck verfolgt. Inwieweit jedoch gerade in Bezug auf die Organisierte Kriminalität dieses Ziel erreicht wer-

364 Vgl. BVerfGE 109, 279 (331).
365 Vgl. BVerfGE 109, 279 (332).
366 Vgl. BVerfGE 109, 279 (333).
367 BVerfGE 109, 279 (332, 334 f.).
368 Vgl. BVerfGE109, 279 (334).
369 Vgl. BVerfGE 109, 279 (334).
370 Vgl. BVerfGE 109, 279 (335).

den könne, müsse zunächst offen bleiben, da auch eine exakte Definition der Organisierten Kriminalität schwer falle.[371] So bestehen Ungewissheiten über das Ausmaß und die Erscheinungsform der Organisierten Kriminalität.[372]

Die Anforderungen an die Geeignetheit und die Erforderlichkeit der Norm seien dennoch erfüllt. Die bestehende Ungewissheit hinsichtlich der Organisierten Kriminalität sei für die Anforderung an die Geeignetheit der Norm nicht erheblich, da dem Gesetzgeber eine Einschätzungsprärogative zustehe. Durch die Erforderlichkeit von Berichtspflichten gemäß Art. 13 Abs. 6 GG i.V.m. § 100e StPO werde eine regelmäßige Überprüfung der Geeignetheit sichergestellt.[373] Ferner stehe ein gleich wirksames, die Grundrechte weniger beeinträchtigendes Mittel nicht zur Verfügung und die Wahrung des Grundsatzes der Erforderlichkeit sei durch den Gesetzgeber auch hinreichend normiert worden. Herkömmliche Ermittlungsmethoden, wie auch die Telefonüberwachung, würden bei Organisierter Kriminalität, wie sie bei sich nach außen abschottender Bandenkriminalität bestehe, nicht ausreichen. Ferner seien der Aufklärungszweck und die Frage nach einer Alternative der Ermittlungsmethode vom Einzelfall abhängig. So werde es jedoch gerade in den Kreisen der Organisierten Kriminalität kein milderes Mittel geben. Die Anwendung der Maßnahme als „ultima ratio“ sei bereits durch Art. 13 Abs. 3 GG gewahrt. Diese Subsidiaritätsregelung sei ferner in § 100c Abs. 1 Nr. 3 StPO auch aufgenommen worden.[374] So solle die Überwachungsmaßnahme „nur da zum Einsatz gelangen, wo andere Ermittlungsmaßnahmen versagen“.[375]

Nach Ansicht des entscheidenden Senats fehlt es jedoch an der Klarheit der Regelung, da die Anwendung der Überwachungsmaßnahme nicht auf besonders schwere Straftaten begrenzt ist. Der Straftatenkatalog des § 100c Abs. 1 Nr. 3 StPO genüge daher nicht den Anforderungen, die Art. 13 Abs. 3 GG aufstelle.

371 Vgl. BVerfGE 109, 279 (335 f., 338 f.). Dies rühre daher, dass die Organisierte Kriminalität nicht einen eingrenzbaren Straftatbestand oder die Summe mehrerer Straftatbestände beinhalte, sondern eine komplexe Erscheinungsform darstelle, vgl. BVerfGE 109, 279 (339).

372 Vgl. BVerfGE 109, 279 (339).

373 Vgl. BVerfGE 109, 279 (340).

374 Vgl. BVerfGE 109, 279 (341 f.). Hier erlaubt Art. 13 Abs. 3 GG eine akustische Wohnraumüberwachung nur, sofern die Erforschung des Sachverhalts auf andere Weise unverhältnismäßig erschwert oder aussichtlos würde.

375 BVerfGE 109, 279 (343).

Es müsse der Verdacht für einzeln bestimmte, besonders schwere Straftaten bestehen. Anhand des in § 100c Abs. 1 Nr. 3 StPO bestimmten Straftatenkatalogs werde nicht ersichtlich, nach welchen Kriterien diese Straftaten ausgewählt worden seien, zumal die Straftaten sehr unterschiedliche Unrechtsgehalte umfassen. Auch werde die besondere Schwere der Tat nicht immer durch den jeweiligen Strafrahmen indiziert, da sowohl Geldstrafen als auch Freiheitsstrafen ab drei Monaten bis hin zu lebenslänglicher Dauer den Strafrahmen bilden.[376] Für die Schwere des tatbestandlichen Unrechts müssen hier der Rang des verletzten Rechtsguts und andere tatbestandlich umschriebene Begehungsmerkmale und Tatfolgen maßgeblich sein und auch der Begriff der besonders schweren Straftat könne nicht mit dem strafprozessualen Begriff einer Straftat von erheblicher Bedeutung gleichgesetzt werden.[377] Es müsse sich jedoch nicht ausschließlich um Straftaten handeln, die als Verbrechen i.S.d. § 12 Abs. 1 StGB geahndet werden. Ferner sei auch keine Beschränkung des Straftatenkatalogs auf solche Tatbestände notwendig, die typischerweise im Zusammenhang mit der Organisierten Kriminalität stehen.[378] Nach Ansicht des Bundesverfassungsgerichts bedarf es aber einer Straftat, die sowohl abstrakt als auch im konkreten Fall so schwer wiegt, dass ein Eingriff in das Wohnungsgrundrecht verfassungsgemäß gerechtfertigt werden kann. Anhaltspunkte seien hier die Folgen der Tat für die betroffenen Rechtsgüter, die z.B. bei Mord oder Totschlag bereits durch das verletzte Rechtsgut indiziert seien. Bei anderen Taten bedürfe die Kategorisierung als besonders schwere Straftat jedoch eingehender Feststellung.[379] Daher sei der Straftatenkatalog, der lediglich solche Straftatbestände erfasse, die dem mittleren Kriminalitätsbereich zuzuordnen seien, als verfassungswidrig anzusehen. Dies betreffe beispielsweise den Verweis des § 100c Abs. 1 Nr. 3 a StPO auf Vorbereitungshandlungen zur Verschleppung (§ 234a Abs. 3 StGB), Geldwäsche, Verschleierung unrechtmäßig erlangter Vermögenswerte (§ 261 Abs. 1, 2 StGB) oder Bestechlichkeit (§ 332 Abs. 1 i.V.m. Abs. 3 StGB). Auch der

376 Vgl. BVerfGE 109, 279 (344).

377 Vgl. BVerfGE 109, 279 (344).

378 Vgl. BVerfGE 109, 279 (345).

379 Vgl. BVerfGE 109, 279 (346 f.). Hier nennt das Gericht beispielsweise die Begehung zu Mehreren oder auch die Tat des Friedensverrats, des Hochverrats oder bestimmte andere Delikte der Gefährdung des demokratischen Rechtsstaats.

Verweis aus § 100 Abs. 1 Nr. 3b, c, d, e StPO enthalte nicht ausschließlich Straftaten von besonderer Schwere.[380]

Soweit bei den aufgeführten Straftaten bezüglich des Grund- oder Qualifikationstatbestandes eine Höchststrafe von über fünf Jahren vorgesehen sei, entspricht dies jedoch den vom Bundesverfassungsgericht aufgestellten verfassungsrechtlichen Vorgaben an die Kategorisierung als besonders schwere Straftat. Dabei sei es auch unerheblich, ob ein minder schwerer Fall hierbei auch eine niedrigere Höchststrafe als fünf Jahre Freiheitsentzug festläge, sofern der Grundtatbestand die mindestens fünfjährige Höchststrafe erfülle.[381]

Mithin trage die gesetzliche Ermächtigung im Übrigen den Anforderungen des Art. 13 Abs. 3 GG und dem Grundsatzes der Verhältnismäßigkeit im engeren Sinne – zumindest bei restriktiver Auslegung – hinreichend Rechnung.[382] Der Verdachtsgrad des § 100c Abs. 1 Nr. 3 StPO wiederhole den Wortlaut des Art. 13 Abs. 3 GG „begründen bestimmte Tatsachen den Verdacht“, es müsse sich also um eine konkretisierte Verdachtslage handeln, also müssen „konkrete und in gewissem Umfang verdichtete Umstände als Tatsachenbasis für den Verdacht vorhanden sein“, die bereits anderweitig ermittelt sein müssen.[383]

Ferner betont das Gericht, dass § 100c Abs. 1 Nr. 3 StPO insoweit mit Art. 13 Abs. 3 GG vereinbar ist, als die Maßnahme im Rahmen der Sachverhaltsermittlung auch zur Ermittlung des Aufenthaltsorts des Täters genutzt werden kann, zumal auch potentielle Mittäter hierdurch ermittelt werden können.[384] Des Weiteren sei auch bei einer restriktiven Auslegung des § 100c Abs.1 Nr. 3, Abs. 2 S. 4 und 5 und Abs. 3 StPO dieser hinsichtlich des Miterfassens von unverdächtigen Dritten verfassungsgemäß. So werden Dritte nur in einem angemessenen Verhältnis von der akustischen Wohnraumüberwachung betroffen, zumal eine Überwachung dann ausscheide, sofern die Kommunikation den Kernbereich privater Lebensgestaltung betreffe.[385]

---

380 Diese aufgeführten Tatbestände sind nur beispielhaft aus dem Urteil herausgegriffen. Ausführlich vgl. BVerfGE 109, 279 (348 f.).

381 Vgl. BVerfGE 109, 279 (349).

382 Vgl. BVerfGE 109, 279 (350).

383 BVerfGE 109, 279 (350 f.) mit Hinweis auf BVerfGE 100, 313 (395).

384 Vgl. BVerfGE 109, 279 (352).

385 Vgl. BVerfGE 109, 279 (352).

Hinsichtlich der Beurteilung der Angemessenheit einer Maßnahme sei auch die Eingriffsintensität mitentscheidend. Aufgrund der möglichen Drittbetroffenheit bei dieser Ermittlungsmethode ist die Maßnahme nach Meinung des Senats als schwerwiegend einzustufen. Dies betreffe zum einen die Gesprächspartner des Beschuldigten und zum anderen auch die Wohnungsinhaber, sofern sie nicht personengleich mit dem Beschuldigten seien. Die akustische Wohnraumüberwachung schaffe somit das Risiko für Dritte, Gegenstand staatlicher Ermittlungen zu sein.[386] Dieses Risiko zeige sich auch in der statistischen Auswertung in den Berichten der Bundesregierung. In diesem Bericht wurde ein Anteil von 50 Prozent für Nichtbeschuldigte festgestellt, die von der akustischen Wohnraumüberwachung miterfasst wurden.[387]

Daneben zeigt sich die hohe Eingriffsintensität – wie vom Bundesverfassungsgericht eingehend dargestellt – insbesondere an Inhalt und Umfang der abgehörten Kommunikation. Dabei könne sich die Anwendung von solchen Ermittlungsmaßnahmen nicht nur auf die einzelne Kommunikationsbeziehung, sondern auch auf die Kommunikation der Gesellschaft insgesamt auswirken, da eine grundsätzliche Angst vor Abhörmaßnahmen und somit eine Befangenheit der Kommunikationsteilnehmer zu befürchten sei. Dieser Einschüchterungseffekt werde zwar insofern abgemildert, als § 100c Abs.1 Nr. 3 StPO Begrenzungen der Maßnahmen vornehme, dennoch bleibe ein „Restrisiko" für Unbeteiligte. Nach § 100c Abs. 1 Nr. 3 StPO dürfen nur Gespräche, bei denen der Beschuldigte mitwirkt, abgehört werden. Dies komme dem Schutz unverdächtiger Dritte zugute.[388] Auch begrenze § 100c Abs. 2 S. 5 StPO die Möglichkeit, die Wohnung eines Unverdächtigen abzuhören in angemessener Weise, da dies nur gestattet sei, „wenn auf Grund bestimmter Tatsachen anzunehmen ist, dass der Beschuldigte sich in dieser aufhält, die Maßnahme in Wohnungen des Beschuldigten allein nicht zur Erforschung des Sachverhalts führen wird und dies auf andere Weise unverhältnismäßig erschwert oder aussichtslos wäre." Es bedürfe demnach eines konkretisierten Verdachts, dass sich der Beschuldigte in dieser Wohnung aufhalte, was wiederum durch andere Maßnahmen, wie z.B. Observation, sicherzustellen sei.[389] Allein die Anwesenheit des Beschuldigten in der akustisch

386 Vgl. BVerfGE 109, 279 (353) mit Hinweis auf BVerfGE 107, 299 (321).
387 Vgl. BVerfGE 109, 279 (354).
388 Vgl. BVerfGE 109, 279 (355).
389 Vgl. BVerfGE 109, 279 (356).

überwachten Wohnung reiche jedoch noch nicht aus, um die Angemessenheit bejahen zu können. Vielmehr müsse auch eine hinreichende Wahrscheinlichkeit bestehen, dass verfahrensrelevante Daten gewonnen werden können, d.h. es bedürfe verfahrensrelevanter Gespräche unter Teilnahme des Beschuldigten.[390]

c. § 100d Abs. 2 und 4 S. 1 und 2 StPO

Auch die gesetzliche Ausgestaltung des Richtervorbehalts verletzt die Beschwerdeführer nach Ansicht des Bundesverfassungsgerichts nicht in ihren Grundrechten. Art. 13 Abs. 3 und 4 GG sehe einen Richtervorbehalt für die akustische Wohnraumüberwachung vor, um eine vorbeugende Kontrolle durch eine unabhängige und neutrale Instanz zu gewährleisten und so den Schutz Art. 13 Abs. 1 GG hinreichend zu wahren.[391] Auch die Eilkompetenz des Vorsitzenden der Staatsschutzkammer gemäß § 100d Abs. 2 S. 2 und 3 StPO sei mit Art. 13 Abs. 3 GG vereinbar. Es werde hier nicht auf den grundrechtssichernden Richtervorbehalt verzichtet, sondern nur die Kammerentscheidung im Eilfall durch die Entscheidung des Einzelrichters ersetzt.[392]

d. Rechtsschutzgewährleistung, § 101 StPO

Die Regelungen über die Pflicht zur Benachrichtigung der Beteiligten stehen dagegen nach Auffassung des Senats mit Art. 19 Abs. 4 und Art. 103 Abs. 1 GG nur teilweise in Einklang. So sei § 101 Abs. 1 S. 1 StPO mit Art. 13 Abs. 1 und Art. 19 Abs. 4 sowie Art. 2 Abs. 1 i.V.m. Art. 1 Abs. 1 GG insoweit unvereinbar, als die Benachrichtigung des Betroffenen davon abhängig gemacht werde, dass diese ohne Gefährdung der öffentlichen Sicherheit oder der weiteren Verwendung eines bereits eingesetzten nicht offen ermittelnden Beamten erfolgen könne.[393] Durch eine einmalige Entscheidung, dass eine Benachrichtigung für sechs Monate verschoben werden könne, werde die Benachrichtigungspflicht auch verfahrensrechtlich nicht gesichert, da insbesondere die Gefährdung des Einsatzes eines verdeckten Ermittlers kein gleichgewichtiges Anliegen sei.[394] Es

390 Vgl. BVerfGE 109, 279 (356 f.).
391 Vgl. BVerfGE 109, 279 (358).
392 Vgl. BVerfGE 109, 279 (362).
393 Vgl. BVerfGE 109, 279 (363).
394 Vgl. BVerfGE 109, 279 (367).

fehle hierbei also an einer regelmäßigen gerichtlichen Kontrolle über die Zurückstellung. Diesem Erfordernis sei aufgrund der Einmaligkeit der Entscheidung des Gerichts jedoch verfahrensrechtlich nicht Genüge getan.[395] Im Hinblick auf einen effektiven Rechtsschutz (Art. 19 Abs. 4 GG) bedürfe es eines Anspruchs auf Kenntnis solcher Maßnahmen[396], da ohne Kenntnis die Betroffenen weder die Unrechtmäßigkeit der Informationsgewinnung, noch etwaige Rechte auf Löschung der Aufzeichnungen geltend machen können. Weiter entfalle auf Grund der Heimlichkeit der Maßnahme auch eine vorherige Anhörung. Zwar gebe das GG im Einzelnen nicht vor, wie die Kenntnisgewährung auszugestalten sei. Wegen Art. 13 GG sei aber dann Kenntnis zu gewähren, wenn die Datenerhebung heimlich erfolge, Auskunftsansprüche aber nicht eingeräumt worden seien oder anderweitig den Rechten des Betroffenen nicht ausreichend Rechnung getragen worden sei.[397] Da jedoch die Mitteilungspflicht denselben Schranken wie das Grundrecht selbst unterliege, sei es möglich, die Kenntnisgewährung unter besonderen Umständen entsprechend einzugrenzen, auch im Hinblick auf die Gewährleistung des Art. 19 Abs. 4 GG.[398] So müsse sich beispielsweise die Zurückstellung der Mitteilung auf das Erforderliche beschränken. Dies sei jedoch aus Gründen der Gefahr für die öffentliche Sicherheit oder wegen der Gefahr für einen Einsatz eines nicht offen ermittelnden Beamten nicht gegeben. Zum einen sei es nicht zum Schutz aller betroffenen Rechtsgüter, die unter den Begriff der öffentlichen Sicherheit fallen, erforderlich, eine Mitteilungspflicht zurückzustellen, so dass es einer präziseren Eingrenzung durch den Gesetzgeber bedürfe.[399] Weiterhin sei die Möglichkeit des Einsatzes eines verdeckten Ermittlers kein gleichgewichtiges Anliegen wie das der Gefährdung von Leib und Leben von Personen (insb. von Ermittlungsbeamten und ihren Angehörigen), sondern lediglich eine ermittlungstaktische Erwägung.[400] Dies könne jedoch gerade im Hinblick auf das hohe Schutzgut der Rechtsschutzmöglichkeit des Betroffenen nicht ausreichen.

395 Vgl. BVerfGE 109, 279 (368).
396 So auch BVerfGE 100, 313 (361).
397 Vgl. BVerfGE 109, 279 (363 f.), wiederum mit Verweis auf BVerfGE 100, 313 (361).
398 Vgl. BVerfGE 109, 279 (364).
399 Vgl. BVerfGE 109, 279 (366).
400 Vgl. BVerfGE 109, 279 (367).

Hinsichtlich des Begriffs der Beteiligten, denen ein Mitteilungsanspruch zustehe, ist dieser nach Ansicht des Gerichts auch unter Berücksichtigung des Zwecks der Benachrichtigungspflicht zu bestimmen. Danach seien all diejenigen von der Maßnahme zu unterrichten, in deren Grundrechte durch die Maßnahme eingegriffen werde und denen daher die Rechtsschutzmöglichkeiten und Anhörungsrechte zugestanden werden müssen. Dies umfasse daher nicht nur den Beschuldigten, sondern auch die Inhaber und Bewohner einer Wohnung, in der Abhörmaßnahmen durchgeführt worden seien, ferner auch solche Personen, die sich als Gast oder sonst zufällig im überwachten Raum aufgehalten haben und so in ihren Rechten aus Art. 2 Abs. 1 i.V.m. Art. 1 Abs. 1 GG betroffen sein können.[401] Grundsätzlich besteht aber nach Meinung des entscheidenden Senats ein Abwägungserfordernis, inwieweit Nachforschungen anzustreben sind, um die Identität von Betroffenen zu ermitteln, zumal wenn es eine Überwachung betrifft, die keine Ergebnisse gebracht hat. So könne eine solche Maßnahme die Eingriffsintensität sogar vertiefen, sofern durch die Maßnahme zur Ermittlung der Identität der Persönlichkeitsschutz erneut betroffen sei, da dadurch gesprochenes Wort und Identität erstmals in Zusammenhang gebracht werden können.[402] Daher sei in diesen Fällen von einer Benachrichtigung nach Abwägung abzusehen.

Auch die in § 101 Abs. 1 S. 3, 2. Hs. StPO vorgesehene Zuständigkeitsregelungen erachtet das Gericht als unvereinbar mit dem Grundgesetz. Aufgrund der Tatsache, dass nach der Erhebung der öffentlichen Klage das Prozessgericht und nicht mehr die Staatsschutzkammer über die Zurückstellung der Benachrichtigung entscheide, werde das rechtliche Gehör gemäß Art. 103 Abs. 1 GG verletzt. Das Gericht stellt hier auf die Tatsache ab, dass ggf. das Gericht von den Zurückstellungsgründen und so auch vom Inhalt der abgehörten Gespräche Kenntnis hat, dies jedoch dem Betroffenen nicht bekannt ist. Dadurch werde die Rechtsschutzposition des Angeklagten verschlechtert. Zwar dürfen diese Kenntnisse sodann im Verfahren nicht verwertet werden, jedoch werde sich das Gericht bei der Urteilsfindung der Kenntnis – zumindest mittelbar – nicht absolut verschließen können.[403] Daher sei in der Zuständigkeitsverlagerung von der

401 Vgl. BVerfGE 109, 279 (365).
402 Vgl. BVerfGE 109, 279 (365).
403 Vgl. BVerfGE 109, 279 (370 f.).

Staatsschutzkammer zum Prozessgericht eine Verletzung des Art. 103 Abs. 1 GG zu erblicken.[404]

Abgesehen von den oben ausgeführten verfassungsrechtlichen Defiziten ist jedoch der nachträgliche Rechtsschutz der Betroffenen nach Ansicht des Bundesverfassungsgerichts hinreichend gesichert.[405]

e. Weitergabe der Daten, § 100d Abs. 5 S. 2 und § 100f Abs. 1 StPO

Mangels einer normierter Pflicht zur Kennzeichnung der weitergegebenen Informationen ist ferner § 100d Abs. 5 S. 2 und § 100f Abs. 1 StPO nach Meinung des Senats mit Art. 13 Abs.1 und Art. 2 Abs. 1 i.V.m. Art. 1 Abs. 1 GG unvereinbar. Grundsätzlich begegne eine Zweckänderung der Erhebung der Daten keinen verfassungsrechtlichen Bedenken. Sollen die Daten demnach für einen andere Zweck verwandt werden, so stelle dies einen eigenständigen Grundrechtseingriff dar, der sich an Art. 13 und Art. 2 Abs. 1 i.V.m. Art. 1 Abs. 1 GG messen lassen müsse.[406] Die Ermächtigungsgrundlage für die Zweckänderung bedürfe daher der formellen und materiellen Verfassungsmäßigkeit. Die Zweckänderung müsse also durch Allgemeinbelange gerechtfertigt sein, die die grundrechtlich geschützten Interessen überwiegen. Der Verwendungszweck müsse ferner auf die Aufgaben und Befugnisse der „neuen" Behörde bezogen und hinreichend normenklar geregelt sein. Auch dürfen „der ursprüngliche und der neue Verwendungszweck nicht miteinander unvereinbar sein".[407] Diesen Anforderungen seien die Regelungen gerecht geworden. Es fehle jedoch an einer verfassungsmäßigen Vereinbarkeit insoweit, als dass keine Pflicht zur Kennzeichnung der aus der akustischen Wohnraumüberwachung stammenden Daten normiert worden sei. Es müsse erkennbar sein, woher die weitergegebenen Daten stammen, da sich nur so die Zweckbindung gewährleisten lasse.[408] Dies sei aus dem Grunde erforderlich, dass aufgrund der Eingriffsintensität nicht jeder Zweck

---

404 Vgl. BVerfGE 109, 279 (371).

405 Vgl. BVerfGE 109, 279 (371 f.), was die gerichtliche Überprüfbarkeit des Beschuldigten und der Wohnungsinhaber und die Beschwerde von sonstigen betroffenen Personen im Nachhinein betrifft.

406 Vgl. BVerfGE 109, 279 (375).

407 BVerfGE 109, 279 (376).

408 Vgl. BVerfGE 109, 279 (379) unter Hinweis auf BVerfGE 100, 313 (360 f.).

ausreichen könne, den Eingriff zu rechtfertigen, was die in § 100f Abs. 1 StPO normierten Verwendungsbeschränkungen zeigen.[409]

f. Löschungspflicht, § 100d Abs. 4 S. 3 und 100b Abs. 6 StPO

Auch die Vorschriften über die Datenvernichtung wurden vom Bundesverfassungsgericht als verfassungswidrig beanstandet, da sie gegen Art. 19 Abs. 4 GG verstoßen. Hier zeigt das Gericht die grundsätzliche Problematik der Datenlöschung auf: zum einen liegt es im Interesse des Betroffenen, dass persönliche Daten nicht länger als notwendig gespeichert werden. Andererseits müssen die Daten jedoch so lange vorhanden sein, wie der Betroffene effektiven Rechtsschutz gegen die Datenerhebung und -verwendung ergreifen kann. Diesem Interessenkonflikt könne dadurch Genüge getan werden, dass die Daten vorerst nicht gelöscht, jedoch für den staatlichen Zugriff gesperrt werden. Eine Vernichtung komme erst dann in Betracht, wenn die Daten für die gerichtliche Nachprüfung nicht mehr benötigt werden. An einer solchen Regelung fehle es jedoch im Rahmen der Normen zur akustischen Wohnraumüberwachung.[410]

III. Die Rechtsprechung zu Art. 2 Abs. 1 i.V.m. Art. 1 Abs. 1 GG

1. Mithören an einem Telefonapparat

Die Entscheidung des Bundesverfassungsgerichts vom 9. Oktober 2002 befasste sich erneut mit der Abgrenzung der Schutzbereiche des Art. 10 und des Art. 2 Abs. 1 i.V.m. Art. 1 Abs. 1 GG. Hier stand in Streit, welches dieser Grundrechte eingreift, wenn über die Lautsprechereinrichtung eines Telefonapparates der Inhalt der Telekommunikation einem Dritten bekannt wird und die so erlangten Informationen daraufhin zivilrechtlich verwertet werden sollen.

409 Vgl. BVerfGE 109, 279 (380).
410 Vgl. BVerfGE 109, 279 (380 f.).

a. Sachverhalt

In dem vom Bundesverfassungsgericht zu entscheidenden Fall ging es um die Frage eines zivilrechtlichen Beweisverwertungsverbots hinsichtlich einer Mängelgewährleistung im Rahmen eines Kaufvertrags. Die Vertragsparteien hatten nach Erhebung der Mängelrügen mehrmals telefoniert. Dabei machte der Kläger im Verfahren unter anderem geltend, dass der Vertrag unter den Parteien in einem Telefonat einvernehmlich aufgehoben worden sei. Als Beweis hierfür führte er seine Mutter an, die das Telefonat mitgehört habe.

Die Berufungsinstanz gab daraufhin unter Berücksichtigung der Zeugenaussage der Mutter der Klage statt. Dabei sollten die gewährten Leistungen nebst Zinsen Zug um Zug zurückgewährt werden. Nach der Ansicht des Gerichts bedurfte es zur Verwertbarkeit der Aussage der Mutter einer Güterabwägung. Es müsse danach unterschieden werden, ob die mitgehörten Inhalte vertraulichen Charakter haben. Dies sei hier nicht der Fall, da lediglich Gespräche über Mängelgewährleistungsrechte geführt worden seien. Ferner habe die gegnerische Partei von einem Mithören der Mutter ausgehen müssen, da diese zunächst am Telefon erreicht worden sei.

Mit der Verfassungsbeschwerde rügte der Beklagte des Hauptsacheverfahrens daher die Verletzung des allgemeinen Persönlichkeitsrechts gemäß Art. 2 Abs. 1 i.V.m. Art. 1 Abs. 1 GG.

b. Entscheidung des Gerichts

Im Ergebnis hat das Bundesverfassungsgericht entschieden, dass das Urteil der Berufungsinstanz den Beschwerdeführer in seinem allgemeinen Persönlichkeitsrecht verletzt. Jedoch liege keine Verletzung des Art. 10 Abs. 1 Alt. 3 GG vor. Begründet wurde dies damit, da mangels Eingriff in den Kommunikationsvorgang selbst auch kein Eingriff in den Schutzbereich des Fernmeldegeheimnisses gegeben sein könne.[411] Zwar beinhalte Art. 10 GG auch einen Gewährleistungsgehalt. Aufgrund der Privatisierung des Telekommunikationsmarktes gemäß Art. 87f GG müssen daher auch für private Dritte Vorschriften gelten, die einen nicht zu rechtfertigenden Eingriff in Art. 10 Abs. 1 Alt. 3 GG verhindern. Dies sei aber durch § 85 TKG (jetzt: § 88 TKG) geschehen, der besondere Pflichten

411 Vgl. BVerfGE 106, 28 (35 f.).

hinsichtlich der Wahrung des Fernmeldegeheimnisses für private Telekommunikationsanbieter statuiere.

Der Gewährleistungsgehalt des Art. 10 Abs. 1 Alt. 3 GG habe zudem einen formalen Anknüpfungspunkt. Geschützt sei demnach die Vertraulichkeit der Nutzung des zur Nachrichtenübermittlung eingesetzten technischen Mediums, nicht aber das Vertrauen der Gesprächspartner untereinander, keinen Dritten am Gespräch teilhaben zu lassen.[412] Der Schutzbereich sei gerade auch dann nicht betroffen, wenn einer der Gesprächsteilnehmer einen Dritten über den Inhalt eines Gesprächs informiere.[413] Dabei kann zwar, wie das Bundesverfassungsgericht ausführt, ein technischer Zugriff am Endgerät grundsätzlich auch noch den Übermittlungsvorgang betreffen und somit vom Schutzbereich des Art. 10 GG umfasst sein, z.B. durch das Anbringen eines Abhörgeräts. Sofern jedoch lediglich einem Dritten die Möglichkeit des „Mithörens" am Apparat gegeben werde, so realisiere sich nicht die spezifische Gefahr der Übermittlungstechnik, sondern die Gefahr des Vertrauensbruchs durch den Gesprächspartner.[414]

Nachdem es einen Eingriff in Art. 10 Abs. 1 GG abgelehnt hat, geht das Bundesverfassungsgericht davon aus, dass durch die Verwertung der so erlangten Informationen im Zivilprozess das Recht am gesprochenen Wort[415] als Teil des allgemeinen Persönlichkeitsrechts eingegriffen worden ist. Dieses gewährleiste die Selbstbestimmung über die eigene Darstellung der Person in der Kommunikation mit anderen – also wem welche Information über sich selbst preisgegeben werde.[416] Abzugrenzen sei das Recht am gesprochenen Wort jedoch vom Schutz der Privatsphäre.[417] Zwar könne sich das Gespräch in räumlicher wie thematischer Hinsicht im Privaten halten, jedoch sei der Schutz des Rechts am gesprochenen Wort nicht auf Inhalte und Örtlichkeiten begrenzt, sondern beziehe sich allein auf die Selbstbestimmung hinsichtlich des Gesagten. Da es sich vielmals gerade nicht ausmachen lasse, in welche Richtung ein Gespräch verlaufe, sei der

412 Vgl. BVerfGE 106, 28 (37).
413 Vgl. BVerfGE 85, 386 (399).
414 Vgl. BVerfGE 106, 28 (38).
415 Vgl. BVerfGE 34, 238 (246 f.); 54, 148 (154).
416 Vgl. dazu auch BVerfGE 54, 148 (155).
417 Vgl. BVerfGE 106, 28 (41).

Schutz der Privatsphäre somit für diese Sachverhalte der (Tele-)Kommunikation zu eng gefasst.[418]

Anders sei der Sachverhalt lediglich dann zu beurteilen, wenn der Gesprächspartner in das Mithören eingewilligt habe. Nach Ansicht des Gerichts konnte im vorliegenden Fall keine Einwilligung festgestellt werden. Auch im Hinblick darauf, dass durch die Lautsprecherfunktion am Telefon ein Mithören möglich sei, könne keine stillschweigende Billigung des Gesprächspartners angenommen werden. Ferner ist es nach Ansicht des Bundesverfassungsgerichts auch nicht zulässig, eine solche Billigung daraus abzuleiten, dass aufgrund des vorherigen telefonischen Kontakts mit dem Dritten mit einem Mithören zu rechnen gewesen sei.[419]

Der Eingriff sei weiterhin auch nicht gerechtfertigt. Die Schranke der verfassungsmäßigen Ordnung, zu der auch die zivilprozessualen Vorschriften über die Vernehmung (§ 373 ff. ZPO) und die richterliche Beweiswürdigung (§ 286 ZPO) zählen, müsse in verhältnismäßiger Weise angewandt worden sein. Hierfür bedürfe es einer Abwägung zwischen dem allgemeinen Persönlichkeitsrecht und den (für die Verwertung sprechenden) rechtlich geschützten Interessen.[420] Im Ergebnis sei daher zwar der wirksamen Rechtspflege aufgrund der Verankerung im Rechtsstaatsprinzip gemäß Art. 20 Abs. 3 GG ein besonderer Wert beizumessen. Jedoch sei im Einzelfall auf die Schwere der zu beweisenden Tat, sowohl im Zivil- als auch besonders im Strafprozess, abzustellen. So sei allein das allgemeine Interesse an einer funktionstüchtigen Straf- und Zivilrechtspflege nicht ausreichend um einen Eingriff zu rechtfertigen.[421]

---

418 Vgl. BVerfGE 106, 28 (41 f.)

419 Vgl. BVerfGE 106, 28 (45 f.); daher hat auch das Bundesverfassungsgericht bereits in einer Kammerentscheidung vom 19.12.1991 (NJW 1992, S. 815 ff.) festgestellt, dass auch aufgrund der Kenntnis von Mithörmöglichkeiten bei einem Diensttelefon der Anwendungsbereich des Art. 2 Abs. 1 i.V.m. Art. 1 Abs. 1 GG nicht ausgeschlossen sei. Fraglich ist jedoch hier, ob nicht auch der Anwendungsbereich des Art. 10 GG in Betracht käme, da hier in den Kommunikationsvorgang ohne Wissen eines Teilnehmers eingegriffen wurde. Diese Frage blieb jedoch von der Kammer unbeachtet.

420 Vgl. BVerfGE 106, 28 (49).

421 So das Gericht in BVerfGE 106, 28 (49) mit Hinweis auf BVerfGE 34, 238 (248 ff.); 80, 367 (380) hinsichtlich der Aufklärung schwerer Straftaten. Bezüglich der Zivilprozesse muss über das schlichte Beweisinteresse hinaus eine besondere Bedeutung für die

2. IMSI-Catcher

In der Kammerentscheidung[422] zum IMSI-Catcher beschäftigte sich das Bundesverfassungsgericht mit der Verfassungsmäßigkeit dieser technischen Möglichkeit, den Standort eines Mobiltelefons ermitteln zu können.

Der sog. IMSI-Catcher[423] gewann in der Vergangenheit aufgrund der Neuerungen der Telekommunikation für die Effektivität der Strafverfolgung an Bedeutung. Hintergrund ist, dass Mobiltelefone notwendigerweise keinem festen Standort mehr zugewiesen sind, wie dies bei den Festnetzanschlüssen der Fall ist, sondern dass vom Aufenthaltsort eines Mobiltelefons nicht auf die Anschlusskennung geschlossen werden kann. Auch wenn der Name des Nutzers bekannt ist, lässt sich die erforderliche Kennung des Gerätes nicht zwangsläufig richtig ermitteln, da es mittlerweile – zumindest im Bereich der Kriminalität – üblich ist, Mobilfunkverträge nicht unter eigenem Namen abzuschließen.[424]

a. Sachverhalt

Die Verfassungsbeschwerde hatte die Verfassungsmäßigkeit des damaligen § 100i StPO, der die Ermittlung der Geräte-[425] und Kartennummern sowie den aktuellen Standort von Mobiltelefonen unter Zuhilfenahme eines technischen Gerätes, dem sog. IMSI-Catcher normierte, zum Gegenstand.[426] Für die Arbeit mit diesem „Informations-Catcher" ist eine ungefähre Kenntnis notwendig, an welchem Ort sich das Mobiltelefon der observierten Person befindet.[427] Sofern eine Zielperson jedoch mehrere Mobiltelefone nutzt, so ist mithilfe dieses Geräts

---

Rechtsverwirklichung einer Partei bestehen (z.B. Notwehrsituation oder notwehrähnliche Lage, BVerfGE 106, 28 (50)).

422 BVerfG NJW 2007, S. 351.

423 „International Mobile Subscriber Identity", gemeint ist damit die Kartennummer der SIM-Karte. (SIM steht hierbei für Subscriber Identity Module).

424 Vgl. *D. Fox,* IMSI-Catcher, DuD 2002, S. 212.

425 „International Mobile Equipment Identity".

426 Durch Veränderung der Betriebssoftware wäre es auch möglich, dass abgehende Gespräche mitgehört werden – eine solche Variante des IMSI-Catchers wird jedoch momentan in Deutschland nicht genutzt, vgl. *D. Fox,* IMSI-Catcher, DuD 2002, S. 212 (214).

427 Vgl. *B. Gercke*, Rechtliche Probleme durch den Einsatz des IMSI-Catchers, MMR 2003, S. 453 (454); *D. Fox,* DuD 2002, IMSI-Catcher, S. 212 (214).

auch die Abfrage mittels der IMEI möglich, also die Ermittlung der Gerätenummer eines bestimmten Endgeräts.[428] Die Kenntnis der daraus gewonnenen Bestandsdaten ist sodann für die Anordnung einer Telekommunikationsüberwachung nach § 100a StPO erforderlich. Der IMSI-Catcher ist daher dann von Bedeutung, wenn bekannt ist, wo Mobilfunktelekommunikation betrieben wird, nähere Erkenntnisse über die Identität des Teilnehmers oder das verwendete Telefon nicht vorliegen und/oder der Benutzer verschiedene SIM-Karten benutzt.[429]

Zur Erfassung der jeweiligen Daten, also entweder durch die Gerätenummer oder die Kartennummer, machen sich die Behörden den technischen Umstand zunutze, dass sich alle Mobiltelefone, die im empfangsbereiten Zustand mitgeführt werden, in kurzen Abständen bei der jeweiligen Zellen-Basisstation des Mobilfunknetzes anmelden. Da das gesamte Mobilfunknetz entsprechend einem Raster in einzelne Zellen aufgeteilt ist, in deren jeweilige Zelle sich dann das Mobiltelefon „einloggt", kann der Mobilfunkbetreiber den Standort genau lokalisieren. Die Erfassung der IMSI und IMEI erfolgt in diesen Zellen dadurch, dass innerhalb einer solchen eine Basisstation des Mobilfunknetzes „simuliert" wird, d.h. sämtliche eingeschaltete Mobilfunkgeräte, die sich in dessen Einzugsgebiet befinden, senden ihre Signale an diese von der ermittelnden Behörde fingierte Basisstation.[430] Durch weitere Nachmessungen[431] können dann, sofern sich mehrere Mobiltelefone in dieser Station eingeloggt haben, die unerwünscht miterfassten Geräte herausgefiltert werden. Während dieser Zeit bleiben jedoch auch die unerwünscht-erfassten Geräte mit ihren Daten gespeichert und sind nach Beendigung der Maßnahme gemäß § 100i Abs. 3 StPO zu löschen.[432]

---

428 Vgl. *D. Fox*, IMSI-Catcher, DuD 2002, S. 212 (213); *C. von Denkowski,* Kriminalistik 2002, S. 117 (117,118).

429 Vgl. *B. Pöppelmann/ K. Jehmlich,* AfP 2003, S. 218 (225).

430 Vgl. zur technischen Vorgehensweise ausführlich: *C. von Denkowski,* Kriminalistik 2002, S. 117 (118).

431 Vgl. hierzu ausführlich und mit weiteren Nachweisen und Beispielen zu den Nachmessungen den Beschluss des Bundesverfassungsgerichts vom 22.08.2006, 2 BvR 1345/03, Rz. 14 – IMSI-Catcher.

432 Vgl. zum technischen Vorgehen S. *Pütz*, DuD 1998, S. 462; Unpraktikabel ist dieses Verfahren jedoch, sofern es sich um ausländische Mobiltelefone handelt: zwar kann auch hier die IMSI-Nummer bestimmt werden, jedoch wird für eine später zu erfolgende Abhörmaßnahme die Anschlusskennung nötig, so dass für deren Bestimmung wiede-

Das spätere Abhören der Telefonate fällt jedoch nicht unter die Ermächtigungsgrundlage des § 100i StPO, sondern unter § 100a StPO.

b. Entscheidung des Gerichts

Nach Ansicht des Gerichts war die Verwendung des IMSI-Catchers durch die Behörden nach der damaligen Rechtslage nicht zulässig.[433]

Aus Sicht des Bundesverfassungsgerichts erweisen sich die Verfassungsbeschwerden dennoch als unbegründet. Eine Verletzung des Art. 10 Abs. 1 Alt. 3 GG sei durch die Bestimmung des § 100i Abs. 1 StPO nicht zu begründen, da der Schutzbereich dieses Grundrechts nicht eröffnet sei. Das Bundesverfassungsgericht führt hierzu an, dass die Datenerhebung nach § 100i StPO nicht im Zusammenhang mit einem Kommunikationsvorgang steht und auch keinen Kommunikationsinhalt betrifft. Es werde im Falle einer Maßnahme nach § 100i Abs. 1 Nr. 2 StPO aus den bereits bekannten Betriebsdaten heraus lediglich der genaue Standort des Mobiltelefons bestimmt.[434] Bei der Feststellung einer Geräte- oder Kartennummer im Sinne des § 100i Abs. 1 Nr. 1 StPO durch den Einsatz des IMSI-Catchers sei dieser Vorgang hingegen unabhängig von einem tatsächlich stattfindenden oder zumindest versuchten Kommunikationsvorgang zwischen Menschen.[435] Beim Einsatz des IMSI-Catchers kommunizieren also gerade keine Menschen, sondern lediglich technische Geräte, es fehle daher an einem „menschlich veranlassten Informationsaustausch, der sich auf Kommunikationsinhalte bezieht“.[436]

---

rum die Mitwirkung des ausländischen Netzbetreibers erforderlich ist, vgl. *D. Fox,* IMSI-Catcher, DuD 2002, 212 (214).

433 Vgl. *D. Fox,* IMSI-Catcher, DuD 2002, 212; Beschluss des Bundesverfassungsgerichts vom 22.08.2006, 2 BvR 1345/03, Rz.18; Vorschrift neugefasst durch das Gesetz zur Neuregelung der Telekommunikationsüberwachung und anderer verdeckter Ermittlungsmaßnahmen sowie zur Umsetzung der Richtlinie 2006/24/EG vom 21.12.2007 (BGBl. 2007 I S. 3198).

434 Vgl. Beschluss des Bundesverfassungsgerichts vom 22.08.2006, 2 BvR 1345/03 Rz. 56.

435 Vgl. *R. Günther*, NStZ 2005, S. 485 (491) zur Verfassungsmäßigkeit von strafprozessualen Erhebungen von Telekommunikationsdaten; *D. Demko*, NStZ 2004, S. 57 (61) zur Erstellung von Bewegungsbildern mittels Ortung von Mobiltelefonen; *U. Eisenberg/T. Siegelnstein*, NStZ 2005, 62 (66) im Hinblick auf die heimliche Ortung per „stiller SMS“.

436 Beschluss des Bundesverfassungsgerichts vom 22.08.2006, 2 BvR 1345/03, Rz. 57.

Im Ergebnis bewertet das Gericht die Nutzung des IMSI-Catchers als einen Eingriff in Art. 2 Abs.1 i.V.m. Art. 1 Abs. 1 GG, da es sich hier um personenbezogene Daten handelt und diese im Rahmen der freien Entfaltung der Persönlichkeit betroffen sind.[437] Dieser Eingriff sei jedoch gerechtfertigt und insbesondere verhältnismäßig, denn es liege keine übermäßige Betroffenheit der Beschwerdeführer vor. Es würden nämlich zum einen keine inhaltlichen Daten, sondern lediglich Standortdaten erhoben, und zum anderen werde es aufgrund der modernen Kommunikationstechniken immer schwieriger, die Strafverfolgung effektiv zu ermöglichen, so dass durch die technische Möglichkeit eine Observation nötig sei und möglich sein müsse.[438] Hinzu komme, dass die technischen Kommunikationsdaten automatisch und anonym abgeglichen und sodann unverzüglich und unwiderruflich gelöscht werden.[439]

3. Rasterfahndung

Das Bundesverfassungsgericht hat in seinem Urteil zur präventiven polizeilichen Rasterfahndung entschieden, dass diese mit dem Grundrecht auf informationelle Selbstbestimmung gemäß Art. 2 Abs. 1 i.V.m. Art. 1 Abs. 1 GG nur insoweit vereinbar ist, als eine konkrete Gefahr für hochrangige Rechtsgüter wie den Bestand oder die Sicherheit des Bundes oder eines Landes oder für Leib, Leben oder Freiheit einer Person vorliegt. Im Vorfeld der Gefahrenabwehr hingegen scheide eine solche Rasterfahndung aus.[440]

a. Sachverhalt

Die Rasterfahndung ist eine besondere polizeiliche Fahndungsmethode unter Nutzung der elektronischen Datenverarbeitung. Dabei lässt sich die Polizeibehörde von anderen öffentlichen oder privaten Stellen personenbezogene Daten

---

437 a.A. wird vertreten von: *C. von Denkowski*, Kriminalistik 2002, S. 117 (119), der schon mit dem Einloggen in der simulierten Funkzelle Art. 10 Abs. 1 Alt. 3 GG für eröffnet hält; (Hinsichtlich der bundesverfassungsgerichtlichen Argumentation s. Beschluss des Bundesverfassungsgerichts vom 22.08.2006, 2 BvR 1345/03 Rz. 59).

438 Vgl. Beschluss des Bundesverfassungsgerichts vom 22.08.2006, 2 BvR 1345/03, Rz. 75.

439 Vgl. Beschluss des Bundesverfassungsgerichts vom 22.08.2006, 2 BvR 1345/03, Rz. 76.

440 Vgl. den ersten Leitsatz des Gerichts BVerfGE 115, 320.

übermitteln, um diese mit anderen Daten in einem automatisierten Vorgang abzugleichen. Dieser Abgleich soll dazu dienen, Personen nach bestimmten übereinstimmenden Merkmalen, die vorher festgelegt wurden und für die Ermittlungen bedeutsam sind, zu ermitteln.

Bereits in den 70er Jahren des 20. Jahrhunderts wurde die Rasterfahndung als Maßnahme zur Abwehr gegen den Terrorismus eingeführt. So wurde eine Wohnung der Rote Armee Fraktion entdeckt und ein Mitglied konnte festgenommen werden.[441] Auch im Bereich der Ländergesetzgebung ist die Rasterfahndung als präventives Fahndungsinstrument vorgesehen. Bereits vor den terroristischen Anschlägen vom 11. 9. 2001 enthielten die meisten Polizeigesetze der Bundesländer Regelungen zur Rasterfahndung. Ursprünglich knüpften die Regelungen an eine gegenwärtige Gefahr für den Bestand oder die Sicherheit des Bundes oder eines Landes sowie für Leib, Leben oder Freiheit einer Person an, um die Rasterfahndung zu rechtfertigen. In einigen Bundesländern wurden diese Voraussetzungen jedoch hinsichtlich der Anforderungen an die Gefahrenschwelle und an das gefährdete Schutzgut herabgesetzt – beispielsweise durch den Verzicht auf die Gegenwärtigkeit der Gefahr oder die Anforderung des Vorhandenseins der Gefahr selbst.[442]

Nach den Anschlägen des 11. 9. 2001 führten dann die Landespolizeibehörden unter Mitwirkung des BKA eine bundesweit koordinierte Rasterfahndung durch, um sog. „Schläfer“ in Deutschland aufzuspüren. So wurden Rasterkriterien entwickelt, wie „männlich“, „Alter 18 bis 40 Jahre“, „Student oder ehemaliger Student“, „islamische Religionszugehörigkeit“, „Geburtsland“ oder „Nationalität bestimmter, im Einzelnen benannter Länder mit überwiegend islamischer Bevölkerung“, nach denen die Daten auf Landesebene ermittelt und übermittelt werden sollten.[443] Dabei handelte es sich um insgesamt 31.988 Datensätze der Länder, die mit anderen Datensätzen der Bundesbehörden, wie z.B. solchen über Fluglizenzen, abgeglichen wurden. Zwischenzeitlich entstanden so „Abgleichsdaten“ von 200.000 bis 300.000 Personen. Das Ergebnis des Abgleichs wurde beim BKA bis 2003 in einer eigenen Verbunddatei gespeichert. Bei dieser Ras-

---

441 Vgl. BVerfGE 115, 320 (321).
442 Vgl. BVerfGE 115, 320 (322).
443 Vgl. BVerfGE 115, 320 (323).

terfahndungsmaßnahme konnten jedoch keine „Schläfer“ aufgedeckt oder gar angeklagt werden.[444]

Gegenstand der Verfassungsbeschwerde war die Rasterfahndungsmaßnahme des Bundeslandes Nordrhein-Westfalen auf der Grundlage des § 31 Abs. 1 PolG NW 1990.

b. Entscheidung des Gerichts

Das Gericht entschied in diesem Fall, dass die angegriffenen vorinstanzlichen Entscheidungen den Beschwerdeführer – einen damals 28-jähriger Marokkaner islamischen Glaubens – in seinem Grundrecht auf informationelle Selbstbestimmung aus Art. 2 Abs. 1 i.V.m. Art. 1 Abs. 1 GG verletzen. Zwar sei die Ermächtigungsgrundlage selbst formell und materiell verfassungsgemäß, jedoch geben die vorinstanzlichen Entscheidungen der Ermächtigungsgrundlage einen Inhalt, den selbst der Gesetzgeber nicht verfassungsgemäß normieren dürfe.[445]

Die beobachtende Tätigkeit der Polizei kann nach Ansicht des Gerichts unstreitig den grundrechtlichen Schutzbereich berühren. Dies gelte gerade dann, wenn personenbezogene Daten zur elektronischen Datenverarbeitung erhoben und gespeichert werden. Diese Daten seien nämlich nicht nur dauerhaft abrufbar, sie können daneben auch mit anderen Datensammlungen – wie dies bei der Rasterfahndung der Fall ist – abgeglichen werden, so dass durch vielfältige Nutzungs- und Verknüpfungsmöglichkeiten noch detailliertere Profile entstehen.[446] Die Kombination der in § 31 PolG NW 1990 benannten Daten (Name, Anschrift, Tag und Ort der Geburt) mit anderen Daten wie der Staats- und Religionsangehörigkeit oder der Studienfachrichtung lässt nach Ansicht des entscheidenden Senats dezidierte Profilbildungen zu, wovor das Grundrecht auf informationelle Selbstbestimmung schützt.[447] Die Regelung des § 31 PolG NW 1990 ermächtige daher zum Eingriff in das Grundrecht auf informationelle Selbstbestimmung gemäß Art. 2 Abs. 1 i.V.m. Art. 1 Abs. 1 GG. Die Übermittlungsanordnung stelle einen Eingriff dar, da sie die Grundlage für die Erfassung und Speicherung der Daten, sowie ihren Abgleich mit weiteren Daten schaffe. An der Eingriffs-

444 Vgl. BVerfGE 115, 320 (324).
445 Vgl. BVerfGE 115, 320 (341).
446 Vgl. BVerfGE 115, 320 (342), mit Hinweis auf BVerfGE 65, 1 (42).
447 Vgl. BVerfGE 115, 320 (342 f.).

qualität fehle es hingegen, sofern Daten ungezielt und allein technisch bedingt miterfasst, aber nach der Erfassung anonym und ohne Kenntnis des Inhalts der Daten direkt gelöscht werden.[448] So ist nach Ansicht des Gerichts ein Grundrechtseingriff bei den ca. 11.000 Personen zu bejahen, die nach den Kriterien aus den Datensätzen herausgefiltert wurden. Diese Daten wurden desweiteren in die bundesweite Datei „Schläfer" eingestellt, um diese so mit weiteren Daten abzugleichen. Hieraus folge, dass das Ermittlungsinteresse nicht nur am Endergebnis anknüpfe, sondern auch alle dazwischenliegenden Datensammlungen vom gleichen Interesse gedeckt seien.[449]

Die Regelung des § 31 PolG NW 1990 stelle dementsprechend zwar einen Eingriff in Art. 2 Abs. 1 i.V.m. Art. 1 Abs. 1 GG dar, sei jedoch gerechtfertigt, da insbesondere der Grundsatz der Verhältnismäßigkeit gewahrt sei.[450] Aufgrund der Tatsache, dass der Gesetzgeber in § 31 PolG NW 1990 die Zulässigkeit der Rasterfahndung an das Vorliegen einer konkreten Gefahr für den Schutz hochrangiger Verfassungsgüter geknüpft habe, sei auch die Verhältnismäßigkeit im engeren Sinne gewahrt.[451] Durch die Vorschrift sollen der Bestand und die Sicherheit des Bundes und eines Landes sowie Leib, Leben und Freiheit einer Person gemäß § 31 PolG NW 1990 geschützt werden, d.h. neben der Abwehrfunktion sei gerade die Schutzpflicht des Staates betroffen. Dieser komme im vorliegenden Fall hohes Gewicht zu – sowohl im Hinblick auf das Individualrechtsgut Leben als auch auf das Rechtsgut der Freiheit der Person.[452] Das Gericht betont in seiner Entscheidung, dass eine erhöhte Eingriffsintensität wegen der bereits erörterten Möglichkeit der Persönlichkeitsprofilbildung durch den Abgleich verschiedener Datenbanken mit persönlichen (ggf. in der Zusammenschau sensiblen) Daten besteht. Insbesondere die Daten im Hinblick auf Art. 3 Abs. 3 oder Art. 140 i.V.m. Art. 136 Abs. 3 WRV ermöglichen Einblicke in die Persönlichkeit, die nicht als nur unerheblich zu werten seien. Die Rasterfahndung beinhalte zwar nur solche Daten wie Name, Anschrift, Tag und Ort der Geburt, jedoch sei es nunmehr auch möglich, alle für den Einzelfall benötigten Daten gemäß § 31 Abs. 2 S. 1, 1. Hs. PolG NW 1990 zu erheben und dann ggf. abzugleichen. So

448 Vgl. BVerfGE 115, 320 (343), auch mit Hinweis auf BVerfGE 100, 313 (366 f., 380).
449 Vgl. BVerfGE 115, 320 (344).
450 Vgl. BVerfGE 115, 320 (345).
451 Vgl. BVerfGE 115, 320 (346).
452 Vgl. BVerfGE 115, 320 (347).

können aufgrund der auf verschiedene Weise erhobenen und mit anderen Datenbänken abgeglichenen Datensätze die Daten aus der Rasterfahndung eine deutlich höhere Persönlichkeitsrelevanz besitzen.[453] Ferner bestehe auch die Gefahr, dass das Verbot Daten auf Vorrat zu sammeln, verletzt werde, da eine große Menge an Daten auch zum Abruf bereitgehalten werden müsse, um die Rasterfahndung überhaupt zu ermöglichen.[454]

Problematisch sei aufgrund der Masse an Daten und der spezifischen Abfragen weiterhin, dass vielfach Personen betroffen sein können, die zwar in das Raster fallen, aber nicht aus weitergehenden Gründen terroristischer Taten verdächtig seien. Dies stelle vor dem Hintergrund einer stigmatisierenden Wirkung für den Einzelnen auch einen intensiven Eingriff dar.[455]

Desweiteren wiege der Eingriff auch deshalb schwerer, weil die Maßnahme heimlich erfolge. Zwar werde das Rechtsschutzbedürfnis des Betroffenen verfahrensrechtlich durch die richterliche Anordnung gewahrt, jedoch sei eine spätere Veröffentlichung der Maßnahme nicht gesetzlich vorgeschrieben.[456] Die individuelle Benachrichtigung erfolge nur dann, wenn gegen die Person weitere Maßnahmen durchgeführt werden und dies auch nur dann, sofern keine Gefahr für den Zweck der Maßnahme bestehe.[457]

Das Bundesverfassungsgericht führt weiter aus, dass die Daten aus der Rasterfahndung auch nicht durchgängig anonym sind; die Anonymität besteht nur für diejenigen Betroffenen, die nicht nach dem Datenabgleich „übrig“ bleiben. So können notwendigerweise diejenigen, auf die die Kriterien zutreffen, zum Zwecke weiterer Ermittlungsmaßnahmen nicht mehr anonym bleiben.[458]

Die Streubreite der Maßnahme stelle ferner ein weiteres Indiz für die hohe Eingriffsintensität dar. So werden gerade bei der Rasterfahndung zahlreiche Personen in die Maßnahme mit einbezogen, die ggf. in keiner Beziehung zu einem konkreten Fehlverhalten stehen. Dies führe zu Einschüchterungseffekten, so dass auch das Gemeinwohl beeinträchtigt werden könne, da die Handlungs- und

453 Vgl. BVerfGE 115, 320 (349).
454 Vgl. BVerfGE 115, 320 (350), mit Hinweis auf BVerfGE 65, 1 (47).
455 Vgl. BVerfGE 115, 320 (352).
456 Vgl. BVerfGE 115, 320 (354).
457 Vgl. BVerfGE 115, 320 (353).
458 Vgl. BVerfGE 115, 320 (354).

Mitwirkungsfähigkeit der Bürger durch die Kenntnis der Maßnahmen eingeschränkt werden können.[459] Die Rasterfahndung stelle sich daher als Eingriffsbefugnis gegen Nichtstörer dar, sei also ein „Verdachts"- oder „Verdächtigengewinnungseingriff".[460] Da hier „Schläfer", also solche Personen, die sich ganz unauffällig verhalten, aufgefunden werden sollen, fehle es an konkreten Anhaltspunkten, an denen die Behörden anknüpfen können. Daher müsse im Vorfeld eines konkreten Störerverdachts ermittelt werden.[461] Im Bereich der Terrorismusbekämpfung müsse man also mit den erforderlichen rechtsstaatlichen Mitteln arbeiten, so dass ein angemessener Ausgleich zwischen Freiheit und Sicherheit geschaffen werden müsse.[462] So findet nach Ansicht der entscheidenden Richter auch hier die Schutzpflicht des Staates ihre Grenzen: Der Staat ist auf diejenigen Mittel beschränkt, deren Einsatz mit der Verfassung in Einklang steht, d.h. ein Eingriff in die absolut geschützte Menschenwürdegarantie verbietet sich selbstverständlich. Jedoch seien auch auf die Schutzpflicht gestützte Maßnahmen nur dann verfassungsgemäß, wenn sie auch verhältnismäßig im engeren Sinne seien.[463] Daher argumentiert das Gericht, dass der Gesetzgeber diese Maßnahme auch nur bei Vorliegen einer konkreten Gefahr durchführen darf, da bei einem solch intensiven Eingriff gewährleistet sein muss, dass die Annahmen und Schlussfolgerungen für die Begehung einer Tat auch konkret bestehen.[464] Dies sei jedoch bei der Rasterfahndung selbst (noch) nicht der Fall, da es gerade an der geforderten Nähebeziehung zwischen dem gefährdeten Rechtsgut und betroffenen Person fehle. Daher habe der Gesetzgeber in der Ermächtigungsgrundlage des § 31 Abs. 1 PolG NW 1990 das Vorliegen einer gegenwärtigen Gefahr gefordert, was den verfassungsrechtlichen Anforderungen genüge.[465] Jedoch sei zu bedenken, dass das Kriterium der Gegenwärtigkeit oftmals ein verspätetes Einschreiten mit sich bringe, da der Aufwand der Rasterfahndung sehr hoch sei. Insofern sei es verfassungsrechtlich ausreichend, wenn man das Kriterium einer konkreten Gefahr (auch Dauergefahr) heranziehe, da die betroffenen

459 Vgl. BVerfGE 115, 320 (355).

460 Vgl. BVerfGE 115, 320 (355) mit Hinweis auf *C. Gusy,* Rasterfahndung nach Polizeirecht?, KritV 2002, S. 474 (483).

461 Vgl. BVerfGE 115, 320 (356).

462 Vgl. BVerfGE 115, 320 (358).

463 Vgl. BVerfGE 115, 320 (359).

464 Vgl. BVerfGE 115, 320 (360 f.).

465 Vgl. BVerfGE 115, 320 (363).

Rechtsgüter solche von Verfassungsrang seien.[466] Eine allgemeine Bedrohungslage, wie sie seit dem 11. 9. 2001 besteht, reiche jedoch nicht aus; es müssen vielmehr konkrete Anhaltspunkte für Anschläge in Deutschland bestehen, um die Gefahr als konkret einstufen zu können.[467] Im Übrigen genüge § 31 PolG NW 1990 auch dem Grundsatz der Normenklarheit und Normenbestimmtheit.[468]

Damit wurde die Ermächtigungsgrundlage der Rasterfahndung im Ergebnis verfassungsrechtlich nicht beanstandet. Jedoch sei § 31 PolG NW 1990 durch die Fachgerichte nicht verfassungsgemäß ausgelegt worden. Die Auslegung habe im vorliegenden Fall die Ermächtigungsgrundlage zu einer Vorfeldbefugnis gemacht, da sie den Begriff der gegenwärtigen Gefahr zu weitgehend ausgelegt habe. Durch diesen Auslegungsfehler verletzen laut Bundesverfassungsgericht die vorinstanzlichen Entscheidungen den Betroffenen in seinen Grundrechten. Die Fachgerichte haben den Begriff der Gegenwärtigkeit der Gefahr weder einheitlich noch verfassungsgemäß ausgelegt. Dabei wurde außer Acht gelassen, dass die Verfassungsmäßigkeit der Anordnung an das Vorliegen einer zumindest konkreten Gefahr gebunden sei. So müssen der Grad der Wahrscheinlichkeit einer Rechtsgutverletzung auf der einen Seite und auch die Schwere und Erfolgsaussichten des Eingriffs auf der anderen Seite Berücksichtigung finden. Ein Eingriff in das Grundrecht auf informationelle Selbstbestimmung einer verdachtslosen Person dürfe daher nur dann erfolgen, wenn konkrete Tatsachen die Gefahr begründen, dass auf der Grundlage der Ermittlungen sodann zur Abwehr der Gefahr beigetragen werden könne.[469]

Die jeweils in den Fachgerichten dargestellten Argumentationen zur Konkretheit der Gefahr seien zu diffus gewesen. So fehle es gerade an hinreichend konkreten Tatsachen hinsichtlich der Gefährdungslage in Deutschland.[470]

4. Online-Durchsuchung

In der Bundesverfassungsgerichtsentscheidung zur Online-Durchsuchung hatte das Gericht einen wichtigen, zukunftsweisenden Sachverhalt zu bearbeiten. Auf

466 Vgl. BVerfGE 115, 320 (364).
467 Vgl. BVerfGE 115, 320 (365).
468 Vgl. BVerfGE 115, 320 (365 f.)
469 Vgl. BVerfGE 115, 320 (368).
470 Vgl. BVerfGE 115, 320 (369).

materiell-rechtlicher Seite ist eine neue Ausprägung des allgemeinen Persönlichkeitsrechts geschaffen worden.

a. Sachverhalt der Infiltration

Nach dem BGH-Urteil vom Januar 2007[471], das eine Online-Durchsuchung als rechtswidrig ansah, sofern keine Ermächtigungsgrundlage für dieses Aufklärungsinstrument besteht, beabsichtigen mehrere Bundesländer solche Ermächtigungsgrundlagen in ihren Gesetzen zu schaffen. Gegenstand der Verfassungsbeschwerde waren Vorschriften des Verfassungsschutzgesetzes Nordrhein-Westfalen (VSG). Dieses war das erste Landesgesetz, das eine unmittelbare Ermächtigungsgrundlage für die Online-Durchsuchung normierte.[472] Durch das Verfahren vor dem Bundesverfassungsgericht hatten folglich die Richter zum ersten Mal einen Sachverhalt zu beurteilen, der das „Cyberspace" unmittelbar betrifft. Daher überrascht es auch nicht, dass in diesem Verfahren so viele technische Sachverständige hinzugezogen wurden, wie noch in keinem anderen Fall zuvor.[473]

In § 5 Abs. 2 Nr. 11 S. 1 Alt. 2 VSG war die Online-Durchsuchung, also eine Regelung zum heimlichen Zugriff auf informationstechnische Systeme, geregelt. Eine Online-Durchsuchung läuft technisch derart ab, dass ein sogenannter „Bundes-Trojaner" auf einem informationstechnischen System wie beispielsweise einem privaten Computer (PC) installiert wird, so dass mit Hilfe dieser „Schadsoftware" die Festplatte ausgelesen und Kommunikationsvorgänge überwacht werden können.[474]

Auf welche Art und Weise genau Zugriff auf den Rechner der Zielperson erlangt wird, ist bis heute unklar, es gibt jedoch mehrere Möglichkeiten, wie dies ge-

---

471 BGH NJW 2007, S. 930 ff; JZ 2007, 769.

472 Gesetz zur Änderung des Gesetzes über den Verfassungsschutz in Nordrhein-Westfalen vom 20. Dezember 2006 (GV.NW S. 620).

473 Vgl. *T. Böckenförde*, JZ 2008, S. 925; *D. Fox,* Online-Durchsuchung, DuD 2007, S. 827 (830).

474 Vgl. auch *M. Gercke,* CR 2007, S. 245 (247), der gerade auch auf die Möglichkeit des Zugriffs auf die von der Software gespeicherten Inhalte von Gesprächen hinweist.

schehen kann.[475] Es kann grob zwischen Eingriffen von „innen“, also durch den Einsatz eines Trojaners, und solchen von „außen“ mittels unerlaubter Passwortnutzung oder Ermittlung durch Ausprobieren von Buchstabenkombinationen unterschieden werden.[476]

Gegenstand der Verfassungsbeschwerde waren Vorschriften des Verfassungsschutzgesetzes Nordrhein-Westfalen, die sowohl die Befugnisse zu verschiedenen Datenerhebungen als auch den Umgang mit den erhobenen Daten regeln.[477] Im Mittelpunkt der Verfassungsbeschwerden stand § 5 Abs. 2 Nr. 11 VSG. Diese Vorschrift ermächtigt die Verfassungsschutzbehörde zum einen zum heimlichen Beobachten und sonstigen Aufklären des Internets, nach Alt. 1 (dazu bereits oben) und zum anderen zum heimlichen Zugriff auf informationstechnische Systeme nach Alt. 2.[478] Bei einem heimlichen Zugriff auf ein informationstechnisches System ist eine technische Infiltration notwendig, d.h. es müssen etwa Sicherheitslücken des Zielsystems ausgenutzt oder der Zugriff muss über die Installation eines Spähprogramms[479] ermöglicht werden. Sollten bisher bestimmte Daten, die auf Rechnern gespeichert wurden, als Beweismittel herangezogen werden, so war es nötig, ganze Computer, zumindest aber deren Festplatten sicherzustellen und von Kriminaltechnikern untersuchen zu lassen. Diese analoge Form der Beschlagnahme entfällt durch die Online-Durchsuchung insoweit als Computer, die über einen Internetanschluss verfügen, ausgeforscht werden kön-

---

475 Vgl. zu den verschiedenen technischen Zugriffsmöglichkeiten ausführlich: *T. Böckenförde*, Ermittlung im Netz, S. 212 f.; *U. Buermeyer*, Online-Durchsuchung – Technischer Hintergrund, HRRS 2007, S. 154; *G. Hornung,* Ermächtigungsgrundlage für die „Online-Durchsuchung“?, DuD 2007, S. 575 (575 f.); *P. Schaar / S. Landwehr*, K&R 2007, S. 202; *B. Hirsch*, NJOZ 2008, S. 1907 (1908).

476 Vgl. *S. Schlegel*, GA 2007, S. 648 (651), der auch noch auf eine andere technische Möglichkeit hinweist, die in einem Gespräch mit dem BKA-Präsidenten *Ziercke* benannt wurde: Nach Ausforschung des Betroffenen würde ein Betreten der Wohnung erfolgen, dort eine Kopie der Festplatten und sodann ein speziell für dieses System abgestimmtes Programm erstellt werden, sog. „Remote Forensic Software“, die dann bei einem weiteren Betreten der Wohnung aufgespielt wird, so dass der Zugriff erleichtert dann von außen möglich ist. (vgl. http://www.focus.de/digital/computer/chip-exklusiv/online-durchsuchung_aid_68603.html; Stand: März 2012).

477 Die Vorschriften wurden durch das Gesetz zur Änderung des Gesetzes über den Verfassungsschutz in Nordrhein-Westfalen vom 20.12.2006 zum größten Teil eingefügt oder geändert. (NWGVBl., S. 620).

478 Vgl. BVerfGE 120, 274 (276).

479 Dies wäre dann der sogenannte „Bundestrojaner“.

nen. Ferner ist es, wie oben bereits festgestellt, nicht nur möglich, Inhalts- bzw. wie das Bundesverfassungsgericht es nennt sog. Bestandsdaten[480] zu unter- bzw. durchsuchen, sondern es wird durch den eingesetzten Trojaner gleichzeitig auch eine „Just-in-Time"-Überwachung möglich.

Das in § 5 Abs. 2 Nr. 11 S. 1 Alt. 2 VSG geregelte Vorgehen des heimlichen Zugriffs auf informationstechnische Systeme mittels Infiltration wird unter dem Schlagwort „Online-Durchsuchung/Online-Überwachung" intensiv diskutiert.[481] Die Bundesbehörden haben bisher vereinzelt solche Maßnahmen ohne besondere gesetzliche Grundlage durchgeführt, jedoch wurden die Durchführungen einstweilen eingestellt, nachdem der BGH entschied, dass auf Grundlage der StPO diese Maßnahmen nicht von einer Rechtsgrundlage, insb. nicht von § 102 StPO, gedeckt seien.[482] Die im konkreten Verfahren vorliegende Landesnorm Nordrhein-Westfalens enthielt die erste und bis dahin einzige ausdrückliche Ermächtigung einer deutschen Behörde zur Maßnahme der Online-Durchsuchung.[483]

Ziel der Online-Durchsuchungen ist es, den Ermittlungsschwierigkeiten Rechnung zu tragen, die sich aus dem Umstand ergeben, dass Straftäter zur Kommunikation sowie zur Planung und Durchführung von Straftaten informationstechnische Mittel und insbesondere das Internet nutzen. Auch werden nach Ansicht

480 Der Begriff der Bestandsdaten ist technisch nicht ganz eindeutig; richtiger ist es, von Inhaltsdaten zu sprechen, da Bestandsdaten den Eindruck vermitteln, dass sie feststehen, also unveränderbar sind. Dies ist jedoch gerade bei Daten auf Computern oder Laptops nicht der Fall. Hier geht es um den Inhalt, oder technisch in der englischen Herkunftssprache gesprochen den „Content", auf den zugegriffen wird. Dieser ist und soll jedoch gerade aktuell sein – dies ist auch die Absicht, die die Fahnder mit der Online-Durchsuchung bezwecken. Hingewiesen werden kann hier auch auf die einfachgesetzliche Definition des § 3 Nr. 3 TKG.

481 Vgl. zum Meinungsstand in der Literatur: *U. Buermeyer*, Online-Durchsuchung – Verfassungsrechtliche Grenzen, HRRS 2007, S. 329 ff.; *M. Hofmann*, NStZ 2005, S. 121 ff.; *G. Hornung*, Ermächtigungsgrundlage für die „Online-Durchsuchung"?, DuD 2007, S. 575; *J. Rux*, JZ 2007, S. 285 ff.; *M. Warntjen*, Jura 2007, S. 581 ff.; *M. Hansen/A. Pfitzmann/A. Roßnagel*, DRiZ 2007, S. 225 ff.; *M. Kutscha*, NJW 2007, S. 1169 ff.; *P. Schaar/S. Landwehr*, K&R 2007, S. 202 ff.

482 Vgl. Leitsätze der Entscheidung BGHSt 51, 211.

483 Mehrere Bundesländer, u.a. Bayern (§ 34d Bay. PAG und Art. 6e Bay. VSG) und nun auch Rheinland-Pfalz (§ 31c POG RLP) haben die Online-Durchsuchung nun auch in ihre Landesgesetze zur Gefahrenabwehr, also Polizei- und Ordnungsgesetze, diese Einzelmaßnahme aufgenommen.

der Präsidenten des BKA und des Bundesamts für Verfassungsschutz diese Systeme genutzt, um „weltumspannende Kontakte zur Vorbereitung terroristischer Gewalttaten aufzubauen und zu pflegen“.[484] Klassische Ermittlungsmethoden, wie beispielsweise die Beschlagnahme von informationstechnischen Systemen oder Speichermedien, greifen leider in diesen Konstellationen oft zu kurz, da die betroffenen Inhalte meist verschlüsselt oder versteckt werden.

Jedoch kann der heimliche Zugriff auch mit erheblichen Schwierigkeiten verbunden sein, sofern der Nutzer des Zielsystems technische Sicherheitsvorkehrungen getroffen hat und sein System regelmäßig aktualisiert. Eine Infiltration kann nach Meinung der angehörten Sachverständigen jedenfalls auf einigen Zugriffswegen derzeit erfolgreich durch den Nutzer verhindert, oder zumindest so erschwert werden, dass die Maßnahme der Infiltration erheblichen Zeitaufwand für die jeweiligen Beamten bedeutet. Diese Grenzen der Erkenntnisgewinnung sind bezüglich der Überprüfung der Geeignetheit der Online-Durchsuchung von bedeutendem Gewicht.[485]

Gelingt jedoch die Infiltration, so bietet sie mehrere Vorteile. Zum einen ist aufgrund der Heimlichkeit des Zugriffs der Betroffene nicht für die Zukunft vorgewarnt, wie dies bei der offen durchgeführten Wohnungsdurchsuchung der Fall ist. Es können Verschlüsselungen durch die Online-Durchsuchung aufgehoben werden, da die Behörde in der gleichen Weise Zugang zum System erhält, wie auch der Nutzer selbst. Auch flüchtige Informationen wie Passwörter und andere Daten können durch diese länger andauernde Überwachung der Nutzung des Rechners erhoben werden und ließen sich mittels klassischer Ermittlungsmethoden kaum gewinnen.[486]

Bei der Infiltrationsmaßnahme ist zwischen solchen Methoden zu unterscheiden, die eine Unterstützung durch den Nutzer erfordern, und solchen, die ohne Hilfe des Nutzers auskommen. Hierbei ist es zumeist so, dass der Nutzer Handlungen, die zu einem Zugriff Dritter führen können, unbewusst vornimmt. Folglich kann

---

484 Vgl. BVerfGE 120, 274 (278).

485 Vgl. zu den Grenzen der Erkenntnisgewinnung: *U. Buermeyer,* Online-Durchsuchung – Technischer Hintergrund, HRRS 2007, S. 154 (158 f.).

486 Vgl. BVerfGE 120, 274 (279).

ihm und auch der Schutzsoftware kein Vorwurf gemacht werden, da selbst Anti-Viren-Software dann nicht mehr eingreifen kann.[487]

Nach der erfolgreichen Infiltration erfolgt der eigentliche Vorgang der Online-Durchsuchung. Die Ermittler können über die Software, die über ein „Trojanisches Pferd"[488] in den Rechner geschleust wird, auf das Zielsystem zugreifen und die Daten auslesen bzw. verändern. Auch können Tastatureingaben (z.B. Passwörter) abgefangen und übertragen werden und, sofern zu dem Zeitpunkt des Abfangens eine Internetverbindung gerade nicht besteht, ist es auch möglich, diese Daten zwischen zu speichern und dann bei der nächsten Verbindungsmöglichkeit dem Ermittler zukommen zu lassen. Ferner kann mittels einer integrierten Software auch Echtzeit-Kommunikation[489] abgehört werden.[490]

Im Ergebnis bildet also die Online-Durchsuchung mit Hilfe eines Trojanischen Pferdes eine Reihe von Möglichkeiten, sowohl auf Bestands- als auch auf Echtzeit-Daten zuzugreifen. Zwar kann es bei diesem System auch zu Fehlern oder Fehlmeldungen kommen. Jedoch ist dies die wohl verlässlichste technische Methode, um ohne physischen Zugriff den Zielrechner ausspionieren zu können.

b. Entscheidung des Gerichts zu § 5 Abs. 2 Nr. 11 S. 1 Alt. 2 VSG

Das Bundesverfassungsgericht sah in seiner Entscheidung das allgemeine Persönlichkeitsrecht gemäß Art. 2 Abs. 1. i.V.m. Art. 1 Abs. 1 GG in der besonderen Ausprägung als Grundrecht auf Gewährleistung der Vertraulichkeit und Integrität informationstechnischer Systeme verletzt.[491] Hinsichtlich der Abgrenzung zu anderen Schutzbereichen erläuterte es, dass dieses Recht subsidiär dann einschlägig ist, wenn Schutz nicht durch andere Grundrechte wie Art. 10 oder

487 Vgl. ausführlich zum technischen Hintergrund und zu den verschiedenen technischen Möglichkeiten der Infiltration *U. Buermeyer,* Online-Durchsuchung – Technischer Hintergrund, HRRS 2007, S. 154 ff.

488 Der Begriff des „Trojanischen Pferdes" soll die Geschichte der griechischen Mythologie aufgreifen. Ein hölzernes Pferd (als Geschenk der Griechen getarnt), in dessen Bauch Soldaten versteckt waren, wurde in die Stadt Troja geführt. Die griechischen Soldaten öffneten sodann nachts das Stadttor, so dass die Griechen Troja belagern und den Trojanischen Krieg gewinnen konnten. (vgl. Odyssee, Homer; 8. Gesang, Vers 493 ff.)

489 Hierbei kämen Textnachrichten, Internet-Telefonie oder Internet-Videotelefonie in Betracht.

490 Vgl. *M. Hansen/A. Pfitzmann/A. Roßnagel*, DRiZ 2007, S. 225 (228).

491 Vgl. BVerfGE 120, 274 (302).

Art. 13 GG oder durch das Recht auf informationelle Selbstbestimmung gemäß Art. 2 Abs. 1 i.V.m. Art. 1 Abs. 1 GG gewährleistet wird. § 5 Abs. 2 Nr. 11 S. 1 Alt. 2 VSG genüge weder dem Gebot der Normenklarheit noch den Anforderungen an den Verhältnismäßigkeitsgrundsatz. Ferner seien auch keine ausreichenden Vorkehrungen zum Schutz des Kernbereichs privater Lebensgestaltung getroffen worden, so dass die Norm insgesamt nichtig sei.

Das Gericht weist dabei auf die Entfaltung des Einzelnen durch die Nutzung von Informationstechnik hin. Vor dem Hintergrund der allgegenwärtigen Nutzung von Computern und anderen technischen Systemen (wie Smartphones, iPads, usw.) eröffnen sich zwar für den Nutzer immer weitergehende Nutzungsmöglichkeiten. Daneben entstehen jedoch auch immer neue Gefährdungen der Persönlichkeit, da die Nutzung für die Lebensführung vieler Bürger nicht mehr wegzudenken sei.[492] Gerade die unterschiedlichsten Zwecke, zu denen Personalcomputer genutzt werden können, wie Archivierung persönlicher und geschäftlicher Angelegenheiten, digitale Bibliothek oder auch als Unterhaltungsgerät, zeigen, dass viele Bereiche des Lebens von diesen Geräten mitbestimmt und -gestaltet werden. Daher habe die Bedeutung dieser Systeme für die Persönlichkeitsentfaltung deutlich zugenommen. Insbesondere das Internet als komplexer Verbund von Rechnernetzen eröffne dem Nutzer vielfältigste Möglichkeiten.[493]

Nach Ansicht des Bundesverfassungsgerichts bringt dieser Umstand jedoch auch gesteigerte Gefahren mit sich. Denn durch die Nutzung des Systems werden auch ohne Wissen viele Datensätze wie beispielsweise beim Zugang zum Internet automatisch gespeichert.[494] Daher können auch viele dieser Daten mit Persönlichkeitsbezug im Arbeitsspeicher und auf den Speichermedien gefunden werden, womit sodann ein recht genaues Profil des Nutzers erstellt werden könne.[495] Insbesondere bei Vorgängen, bei denen das Internet genutzt werde, führe diese vielfältige Vernetzung mit vielen Rechnern zu einer noch größeren Anzahl

492 Vgl. BVerfGE 120, 274 (303).

493 Vgl. BVerfGE 120, 274 (303).

494 So geschieht dies beispielsweise bei der Nutzung des Internets hinsichtlich der Zuweisung einer IP-Adresse, die zumindest grob Auskunft über den Ort bzw. Region und den Anbieter des Internetanschlusses geben kann (zur Koordinierung der IP-Adressen: *U. Fink/M. Cole/T. Keber*, Europäisches und Internationales Medienrecht, Rn. 459).

495 Diese Gefährdungslage bei der Möglichkeit von Profilbildung durch Kenntnis von Daten hat das Bundesverfassungsgericht schon im Volkszählungsurteil gesehen, vgl. BVerfGE 65, 1 (42); vgl. BVerfGE 120, 274 (305).

von entstehenden und gespeicherten Daten, die sowohl Bezug zu Kommunikationsinhalten als auch zu Netzkommunikation beinhalten. Hierdurch sei es möglich, weitergehende Erkenntnisse über die Persönlichkeit des Nutzers zu gewinnen. Hinzu komme durch die Vernetzung des Systems die Gefahr der Kenntnisnahme Dritter. Das Bundesverfassungsgericht argumentiert daher, dass ein Ausnutzen des Systems zum Ausspähen oder Manipulieren der darauf befindlichen Daten leichter möglich ist, da der Einzelne solche Zugriffe oftmals gar nicht bemerkt, jedenfalls oftmals nur schwer abwehren kann. Ein Selbstschutz sei demnach von hoher Komplexität, was erhebliche Schwierigkeiten aufwerfe und so auch den Nutzer (ggf. auch finanziell) überfordern könne. Sei die Infiltration einmal gelungen, sei auch eine Verschlüsselung oder eine ähnliche Sicherungsmaßnahme wirkungslos und es könne auch für die Zukunft nicht sicher vorhergesehen werden, inwiefern Sicherungsmöglichkeiten wirksam bestehen, um solche „Angriffe auf das System" abwehren zu können.[496] Aus diesen Gründen folgt nach Ansicht des Bundesverfassungsgerichts ein grundrechtlich erhebliches Schutzbedürfnis, wonach der Staat die Erwartungen aus Sicht des Nutzers an die Vertraulichkeit und Integrität seines informationstechnischen Systems zu achten hat. Diesem Schutzbedürfnis werde nicht hinreichend durch den Schutz des allgemeinen Persönlichkeitsrechts Rechnung getragen, so dass die neue Ausgestaltung des Grundrechts für die Sachverhalte mit Bezug zu solchen informationstechnischen Systemen notwendig sei.[497]

aa. Grundrechtssystematik

Hinsichtlich der Schutzbereiche von Art. 13 und Art. 10 Abs. 1 Alt. 3 GG stellte das Gericht klar, dass diese nicht eröffnet sind. Lediglich laufende Telekommunikation sei von Art. 10 Abs. 1 Alt. 3 GG geschützt. Im Falle der Online-Durchsuchung überwache jedoch eine staatliche Stelle das System als solches, so dass selbst bei der Infiltration mittels Telekommunikationsverbindung Art. 10

496 Vgl. BVerfGE 120, 274 (306).

497 Vgl. BVerfGE 120, 274 (306). Inwiefern es sich um eine Ausgestaltung des allgemeinen Persönlichkeitsrechts oder um ein neues Grundrecht handelt wurde vom Gericht nicht deutlich gemacht. Daher wird in der weiteren Bearbeitung von der Ausgestaltung des allgemeinen Persönlichkeitsrechts gesprochen – in Anlehnung an die darauf folgende Erörterung dieser Frage.

Abs. 1 Alt. 3 GG mangels Kommunikationsbeziehung ausscheide.[498] Art. 13 Abs. 1 GG gewähre hier keinen ausreichenden Schutz, da das Schutzgut des Art. 13 GG die räumliche Sphäre sei, in dem Privatleben stattfinde.[499] Sofern die Infiltration einer physischen Manipulation bedürfe, wofür ein Eindringen in die Wohnung notwendig ist, sei jedoch Art. 13 Abs. 1 GG eröffnet. Für die Maßnahme „von außen" gelte dies jedoch nicht.[500]

Auch wenn man nach Ansicht des Gerichts annimmt, dass das allgemeine Persönlichkeitsrecht und auch das Recht auf informationelle Selbstbestimmung gemäß Art. 2 Abs. 1 i.V.m. Art. 1 Abs. 1 GG einschlägig ist, bestehen in diesem speziellen Sachverhalt der Infiltration eines informationstechnischen Systems Schutzlücken. Daher ist es aus Sicht des Bundesverfassungsgerichts notwendig und geboten, eine neue Ausprägung des allgemeinen Persönlichkeitsrechts aus Art. 2 Abs. 1 i.V.m. Art. 1 Abs. 1 GG abzuleiten.

Aufgrund der Tatsache, dass eine enorme Masse von Daten durch die Infiltration zur Kenntnis genommen werden können und dass diese Daten nicht nur der Privatsphäre zugeordnet werden, sondern aus vielerlei Zusammenhängen stammen können, sei es den Behörden möglich, ein absolut umfassendes Profil des Nutzers zu erstellen.[501] Die das Recht auf informationelle Selbstbestimmung gefährdenden Maßnahmen seien dadurch gekennzeichnet, dass der Staat und auch Private vielfältigste Möglichkeiten haben, Daten zu erheben, zu verarbeiten und für die jeweiligen Zwecke zu nutzen, insbesondere im Rahmen von elektronischer Datenverarbeitung. Daraus folgen Eingriffe in Geheimhaltungsinteressen und in die Verhaltensfreiheit der Nutzer[502], woraus das besondere Schutzbedürfnis abgeleitet werden könne.[503] Aus der Tatsache heraus, dass der Nutzer informationstechnischer Systeme mittlerweile auf dieses im alltäglichen Umgang ange-

498 Vgl. BVerfGE 120, 274 (306 ff.).

499 Vgl. zu den Sachverhalten Art. 13 Abs. 1 GG betreffend: BVerfGE 89, 1 (12); 103, 142 (150 f.), zur Anwendbarkeit auf Geschäfts- und Betriebsräume vgl. BVerfGE 32, 54 (69 ff.); 44, 353 (371); 76, 83 (88); 96, 44 (51).

500 Vgl. BVerfGE 120, 274 (310).

501 Vgl. BVerfGE 120, 274 (311).

502 Vgl. BVerfGE 65, 1 (42); 113, 29 (45 f.); 115, 320 (342); 118, 168 (184 f.).

503 Vgl. BVerfGE 120, 274 (312).

wiesen sei[504], und dabei auch diesen Systemen auch höchstpersönliche Daten anvertraue, ergebe sich ein weitaus größeres Schutzbedürfnis, als dies durch das Recht auf informationelle Selbstbestimmung gewährleistet werde.[505]

Die aus diesen Gründen neu entwickelte Ausformung des Rechts der Gewährleistung der Vertraulichkeit und Integrität informationstechnischer Systeme fußt nach Maßgabe des Bundesverfassungsgerichts genau wie das Recht auf informationelle Selbstbestimmung auf dem allgemeinen Persönlichkeitsrecht nach Art. 2 Abs. 1 i.V.m. Art. 1 Abs. 1 GG. Der persönliche und private Lebensbereich solle vor staatlichem Zugriff auf eben diese informationstechnischen Systeme geschützt werden, insbesondere wenn nicht nur punktuell ein Datum, sondern der gesamte Datenbestand verarbeitet werde. Dies stelle das Abgrenzungskriterium zum Recht auf informationelle Selbstbestimmung dar, bei dem nicht ganze Datensätze/-bestände, sondern lediglich einzelne Daten geschützt werden.[506] Hingegen sei das Recht auf Vertraulichkeit und Integrität informationstechnischer Systeme dann anwendbar, „wenn die Eingriffsermächtigung Systeme erfasst, die allein oder in ihren technischen Vernetzungen personenbezogene Daten des Betroffenen in einem Umfang und in einer Vielfalt enthalten können, dass ein Zugriff auf das System es ermöglicht, einen Einblick in wesentliche Teile der Lebensgestaltung einer Person zu gewinnen oder gar ein aussagekräftiges Bild der Persönlichkeit zu erhalten."[507]

Vom Schutzbereich dieser neuen Ausprägung des allgemeinen Persönlichkeitsrechts umfasst sei demnach zunächst das Interesse des Nutzers, dass die Daten, die dieser auf „seinem" System erzeugt, verarbeitet und gespeichert habe, ver-

504 Anders die Stellungnahme der Sächsischen Staatskanzlei, die davon ausgeht, dass der Kernbereich privater Lebensgestaltung hier nicht betroffen sei, da der Bürger zur höchstpersönlichen Kommunikation gerade nicht auf einen Computer angewiesen sei. (vgl. BVerfGE 120, 274 (296). Ob es hierauf jedoch ankommen kann und dieses Argument greift, kann insofern dahingestellt bleiben, da das Bundesverfassungsgericht genau das Gegenteil in seinem Urteil zu Grunde legt (vgl. BVerfGE 120, 274 (313). Es kann zumindest nicht auf die Möglichkeit der Kommunikation ankommen, denn so ließe sich nahezu jedes Kommunikationsmittel ausschließen, da jeder Bürger jeweils ein anderes Medium bis hin zur lediglich persönlichen Unterredung für die höchstpersönliche Kommunikation nutzen könnte, so dass diese Medien generell nicht schützenswert seien.

505 Vgl. BVerfGE 120, 274 (313).

506 Vgl. BVerfGE 120, 274 (313 f.)

507 BVerfGE 120, 274 (314).

traulich bleiben. Ein Eingriff sei mit dem Bundesverfassungsgericht folglich dann anzunehmen, sofern die Integrität des geschützten Systems heimlich angetastet wird, indem dieses System infiltriert, also durch Dritte nutzbar gemacht wird, denn damit sei die Hürde für Ausspähmaßnahmen genommen.[508] Sowohl die im Arbeitsspeicher befindlichen Daten als auch die temporär oder dauerhaft auf dem Speichermedium abgelegten Daten seien daher vom Schutzbereich umfasst. Auch Mittel wie Hardware-Keylogger oder die Messung der elektromagnetischen Abstrahlung von Bildschirm oder Tastatur begründen bereits den Eingriff, da sie die Infiltration ermöglichen.[509] Jedoch besteht nach Intention des Bundesverfassungsgerichts der Vertraulichkeits- und Integritätsschutz nur dann, wenn das System auch als eigenes genutzt bzw. nur für einen bestimmten, vom ursprünglichen Nutzer gewollten, Personenkreis nutzbar gemacht wird. Auch die Nutzbarmachung eines Systems für eigene Zwecke, das sich in der Verfügungsgewalt eines Dritten befindet, sei daher vom Schutz des Rechts auf Vertraulichkeit und Integrität informationstechnischer Systeme mit umfasst.[510]

Nach der Argumentation des Bundesverfassungsgerichts verstößt die angegriffene Norm des § 5 Abs. 2 Nr. 11 S. 1 Alt. 2 VSG gegen das Gebot der Normenklarheit und der Normenbestimmtheit, da sich aus dem Wortlaut der Norm die tatbestandlichen Voraussetzungen für die Maßnahme nicht hinreichend bestimmt entnehmen lassen.[511]

bb. Verhältnismäßigkeitserwägungen

Weiterhin wahre die angegriffene Norm auch nicht den Grundsatz der Verhältnismäßigkeit. Zwar diene die Maßnahme dem Zweck, dass die Verfassungsschutzbehörde ihre Aufgaben nach § 3 Abs. 1 VSG erfüllen kann, indem bereits im Vorfeld konkreter Gefahren die Sicherung der freiheitlichen demokratischen Grundordnung ermöglicht und somit der Bestand von Bund und Ländern geschützt wird. Im Vordergrund stehe aber hier insbesondere die Terrorismusbekämpfung aufgrund neuer, gerade durch die Internetkommunikation verstärkter

508 Vgl. BVerfGE 120, 274 (314).
509 Vgl. BVerfGE 120, 274 (315).
510 Vgl. BVerfGE 120, 274 (315).
511 Vgl. ausführlicher zu diesem Mangel der Norm BVerfGE 120, 274 (316 ff.).

Gefahren.[512] Der Anwendungsbereich sei jedoch nicht auf diese Gefahr beschränkt, vielmehr bedürfe die Norm einer Rechtfertigung im gesamten Anwendungsbereich.

Im Rahmen seiner Entscheidung hat das Bundesverfassungsgericht eine dezidierte Verhältnismäßigkeitsprüfung vorgenommen, die zunächst die Frage betrifft, ob ein legitimes Ziel verfolgt wird.

Der Staat muss nach Ansicht des Gerichts seiner Schutzpflicht, die sowohl in Art. 2 Abs. 2 S. 1 als auch in Art. 1 Abs. 1 S. 2 GG ihren Grund findet[513], nachkommen, indem er Gefahren durch terroristische oder anderweitige Bedrohungen entgegentritt. Da diese Gefahren maßgeblich durch die neuartigen Technologien die Kommunikation betreffend gefördert werden, seien in Bezug auf diese auch die geeigneten Maßnahmen zu treffen.[514] Daher verfolge diese Norm ein legitimes Ziel.

Hinsichtlich der Geeignetheit merkt das Bundesverfassungsgericht an, dass diese nicht deswegen entfällt, weil möglicherweise die technischen Selbstschutzmöglichkeiten so wirkungsvoll sein können, dass eine Infiltration erschwert bzw. sogar verhindert wird.[515] Eine zumindest aussichtsreiche Prognose reiche hier aus.[516] Ferner sei auch die Geeignetheit nicht deshalb zu verneinen, weil die Erkenntnisse nur begrenzten Beweiswert haben. Dies könne aber gegeben sein, wenn eine Infiltration auch vom Zielnutzer selbst, sofern er die Infiltration erkannt hat, zu seinen Gunsten genutzt werde. Dann bestehe das Problem, dass ausgewähltes Datenmaterial auf dem System für die Behörden bereitgehalten werden könne, um sie in die Irre zu führen, oder auch um den Rechner der be-

512 Vgl. hierzu den Gesetzentwurf der Landesregierung des Landes Nordrhein-Westfalen vom 03.07.2006; LTDrucks 14/2211, S. 1).

513 Unter Hinweis auf BVerfGE 115, 118 (152).

514 Vgl. BVerfGE 120, 274 (319 f.).

515 Vgl. BVerfGE 120, 274 (320), mit Hinweis auf die Sachverständigenmeinungen, u.a. von *U. Buermeyer,* Online-Durchsuchung – Technischer Hintergrund, HRRS 2007, S. 154 (165 f.).

516 Vgl. BVerfGE 120, 274 (320); Lediglich die Möglichkeit, dass ein Zielsystem so geschützt ist, dass der Zugriff absolut fehlgeht, kann die verfassungsrechtliche Verhältnismäßigkeit der Maßnahme noch nicht an der Geeignetheit scheitern lassen. Die Maßnahme muss im Rahmen der Geeignetheit auch lediglich so geeignet sein, dass der legitime Zweck in irgendeiner Form gefördert wird. Eine absolute Zweckerreichung wird hierbei nicht gefordert. (vgl. *B. Pieroth/B. Schlink*, Grundrechte, Rn. 293).

hördlichen Ermittler selbst auf die gleiche Art und Weise zu infiltrieren.[517] Nach Ansicht des Gerichts führt dies aber deswegen nicht zur Ungeeignetheit der normierten Maßnahme, weil die Gewinnung dieser Information nicht der unmittelbaren revisionsfesten Beweiserhebung dient. Es gehe hier gerade um die Kenntnisnahme durch die Verfassungsschutzbehörden und somit des präventiven Verfassungsschutzes. Weiterhin komme den Daten in jedem Falle ein bestimmter Informationswert zu, der aus sich heraus bereits für die Behörden zumindest von Nutzen sei.[518]

Auch dem Kriterium der Erforderlichkeit sei Rechnung getragen worden. Der Gesetzgeber dürfe im Rahmen seiner Einschätzungsprärogative annehmen, dass kein gleichwirksamer, jedoch weniger belastender Weg möglich sei, um die auf den Zielsystemen befindlichen Daten zu erheben.[519] Zwar wäre eine offene Durchsuchung ein milderes Mittel[520], jedoch liege der Grund, weswegen eine solche Durchsuchung nicht die gleiche Eignung besäße, auf der Hand. Es sollen nämlich gerade die auf den Speichermedien eines Zielsystems abgelegten Daten umfassend – also auch solche, die verschlüsselt sind – gesichtet und deren Nutzung oder Veränderung über einen längeren Zeitraum beobachtet werden.

Hingegen ist das Kriterium der Verhältnismäßigkeit im engeren Sinne nach Ansicht des Senats nicht gewahrt.[521] Die in § 5 Abs. 1 Nr. 11 S. 1 Alt. 2 VSG normierten Maßnahmen bewirken solch intensive Grundrechtseingriffe, dass im Verhältnis zwischen öffentlichem Ermittlungsinteresse und Eingriffsanlass ein Ungleichgewicht bestehe. Es bedürfe daher weiterer verfahrensrechtlicher Maßnahmen, um die grundrechtlich geschützten Interessen ausreichend zu schüt-

517 Vgl. zu den Bedenken *M. Hansen/A. Pfitzmann/A. Roßnagel*, DRiZ 2007, S. 225 (228), die darauf abstellen, dass diese Gefahren technisch nicht auszuschließen sind und somit die erhaltenen Daten zunächst einmal auf ihre Echtheit, bzw. ihren Wahrheitsgehalt untersucht werden müssten, bevor überhaupt Schlüsse aus diesen Informationen gezogen werden dürften.

518 Vgl. BVerfGE 120, 274 (321).

519 Vgl. BVerfGE 120, 274 (321).

520 Hier verweist das Gericht in seinem Urteil auf die Ausführungen hierzu durch *G. Hornung*, Ermächtigungsgrundlage für die „Online-Durchsuchung"?, DuD 2007, S. 575 (580).

521 Dieses Kriterium bildet nach ständiger Rechtsprechung die Überprüfung sog. Zweck-Mittel-Relation, vgl. BVerfGE 90, 145 (173); 109 (279 (349 ff.); 113, 348 (382), vgl. hierzu auch ausführlich Stern, StR III/2 S. 782 ff.

zen.[522] Gerade das Risiko, dass sich durch solch umfassende Datenbestände ergebe, sei nicht mit der nötigen Gewichtung in die Abwägung mit einbezogen worden. Die Furcht vor Überwachung könne gerade dazu führen, dass eine unbefangene Individualkommunikation gemieden werde, also ein Einschüchterungseffekt entsteht. Ferner liege auch eine hohe Streubreite vor, da auch Daten unbeteiligter Dritter mit erfasst werden können.[523]

Insbesondere streite für die hohe Intensität des Eingriffs, dass die Maßnahme längerfristig und uneingeschränkt heimlich erfolge, was grundsätzlich die Ausnahme bleiben solle.[524] Da bei dieser Art der Maßnahme der Rechtsschutz des Betroffenen insoweit verkürzt sei, als dieser auf den Gang der Ermittlung keinen Einfluss habe, sei erneut die Eingriffsintensität als erhöht zu betrachten.[525]

Weiter erläutert das Bundesverfassungsgericht in seiner Entscheidung, dass im Unterschied zur Situation der Volkszählung hier nicht nur punktuell einzelne Daten abgerufen werden, sondern ganze Datenbanken. Es können daneben auch nur temporäre Daten und sogar die gesamte Internetkommunikation mitgelesen werden. Durch Auslesen des Cache-Speichers sei es möglich, insbesondere Schlüsse über das Internet-Nutzungsverhalten des Betroffenen zu ziehen und Passwörter, die im Internet genutzt werden, auf diese Art zu erlangen.[526]

Die Integrität des Zugriffsrechners sowie die Rechtsgüter des Betroffenen und Dritter seien durch die Maßnahme erheblich belastet. Ein reines Auslesen der Daten sei mithin gar nicht möglich, so dass versehentlich oder auch vorsätzlich eine Manipulation an den Daten vorgenommen werden könne.[527] Daher ist nach Ansicht des Bundesverfassungsgerichts eine Schädigung des Betroffenen auf

522 Vgl. BVerfGE 120, 274 (322).

523 Vgl. das gleiche Problem bei der Telekommunikationsüberwachung, BVerfGE 113, 348 (382 f.); wie auch in den Entscheidungen: BVerfGE 34, 238, (237), in der das Persönlichkeitsrecht auch das Recht am gesprochenen Wort umfasst (heimliche Tonbandaufnahme im persönlichen, anwesenden Gespräch) oder BVerfGE 107, 299 (321), wo sich der Schutzbereich des Art. 10 Abs. 1 Alt. 3 GG auch auf öffentlich-rechtliche Rundfunkanstalten hinsichtlich des Schutzes der Informationsbeschaffung und der Redaktionsarbeit ausdehnt, vgl. erster Leitsatz. Jeweils bestehen hinsichtlich des Schutzes von unbeteiligten Dritten die gleichen Probleme.

524 Vgl. BVerfGE 118, 168 (197); 120, 274 (325).

525 Vgl. zur rechtlichen Abwehrmöglichkeit: BVerfGE 113, 348 (383 f.); 115, 320 (353).

526 Vgl. BVerfGE 120, 274 (324).

527 Vgl. *M. Hansen/A. Pfitzmann/A. Roßnagel*, DRiZ 2007, S. 225 (228).

verschiedenste Art möglich. Auch bei der Nutzung einer Infiltrationssoftware, zum Beispiel getarnt als nützliche Software, könne es zu einer (in gutem Glauben getätigten) Weitergabe dieses Programms durch den Betroffenen an einen Dritten kommen, so dass dessen System sodann auch geschädigt werde. Werden jedoch Betriebssoftware-Fehler ausgenutzt, so gebe es einen Konflikt zwischen der Verbreitung stets aktualisierter Anti-Virus- und Firewall-Software und dem öffentlichen Interesse an einem erfolgreichen Zugriff durch die Behörde, denn diese Ermittlungsmaßnahmen basieren gerade auf diesen Fehlern im System. Folglich könne dies dazu führen, dass die Ermittlungsbehörden solche Mitteilungen an die entsprechenden Sicherheits-Stellen unterlassen oder sogar aktiv darauf hinwirken, dass diese Fehler weiterhin bestehen bleiben, um für die nächste Zeit ihre Maßnahmen unbemerkt durchführen zu können. So werde das Vertrauen der Bevölkerung in den Staat beeinträchtigt, da dieser eigentlich um eine möglichst gute Sicherung der Privatheit bemüht sein sollte.[528]

cc. Vorgaben des Gerichts

Nachdem das Gericht die Verfassungswidrigkeit festgestellt hatte, formulierte es klare verfassungsrechtliche Vorgaben an die Online-Durchsuchung.

Die Rechtfertigung dieses intensiven Grundrechtseingriffs entspricht hiernach „nur dann dem Gebot der Angemessenheit, sofern bestimmte Tatsachen auf eine im Einzelfall drohende Gefahr für ein überragend wichtiges Rechtsgut hinweisen, auch wenn sich noch nicht mit hinreichender Wahrscheinlichkeit feststellen lässt, dass die Gefahr schon in näherer Zukunft eintritt".[529] Die Aufgabe des Gesetzgebers bestehe nun darin festzustellen, wann Grundrechtseingriffe zum Schutz bestimmter Rechtsgüter bei jeweils welchen Verdachts- oder Gefahrenstufen vorgesehen werden. Es müssen also verschiedene Eingriffsschwellen normiert werden.[530] Die Eingriffsanlässe müssen dabei mit dem Rang und der Art der Gefährdung der Schutzgüter korrelieren. Der Gesetzgeber müsse die Ausgewogenheit zwischen der Art und Intensität der Grundrechtsbeeinträchtigung einerseits und den Tatbestandselementen, die zum Eingriff berechtigen an-

528 Vgl. BVerfGE 120, 274 (326).
529 BVerfGE 120, 274 (326).
530 Vgl. BVerfGE 120, 274 (326 f.), mit Hinweise auf BVerfGE 100, 313 (383 f.); 109, 279 (350 ff.); 115, 320 (346).

dererseits, herstellen. Weiter müsse das offen formulierte Wahrscheinlichkeitskriterium zumindest in schwächster Form fortbestehen, selbst wenn die Rechtsgutbeeinträchtigung von höchstem Gewicht sei, so dass die Annahmen und Schlussfolgerungen „einen konkret umrissenen Ausgangspunkt im Tatsächlichen besitzen“.[531]

Im Folgenden konkretisiert das Gericht den „unbestimmten Rechtsbegriff“[532] der konkreten Gefahr für ein überragend wichtiges Rechtsgut. Es müssen nach seiner Ansicht tatsächliche Anhaltspunkte für ein überragend wichtiges Rechtsgut vorliegen. Solche Rechtsgüter seien neben Leib, Leben und Freiheit der Person auch solche Güter der Allgemeinheit, deren Bedrohung die Grundlage oder den Bestand des Staates oder die Grundlage für die Existenz des Menschen betreffen, wie z.B. die Funktionsfähigkeit von Teilen der öffentlichen Versorgungseinrichtungen.[533] Maßnahmen der Online-Durchsuchung zugunsten sonstiger Rechtsgüter, denen Gefahr droht, können daher nach Meinung des Bundesverfassungsgerichts grundsätzlich nicht angemessen sein. Zu deren Schutz habe sich der Staat anderer Maßnahmen zu bedienen. Bezüglich des Gefahrenbegriffs müssen tatsächliche Anhaltspunkte für eine konkrete Gefahr bestehen, d.h. reine Vermutungen oder allgemeine Erfahrungssätze reichen hier nicht aus. Es müssen vielmehr solche Tatsachen bestehen, die eine Gefahrenprognose ermöglichen[534] und gerade auf die konkrete Gefahr bezogen seien. Diese konkrete Gefahr liege dann vor, wenn im Einzelfall die hinreichende Wahrscheinlichkeit bestehe, dass in absehbarer Zeit bei Nichteingreifen des Staates ein Schaden für die Schutzgüter eintrete. Jedoch lässt das Gericht es im Falle des Zugriffs auf das informationstechnische System schon ausreichen, „wenn bestimmte Tatsachen auf eine im Einzelfall drohende Gefahr für ein überragend wichtiges Rechtsgut hinweisen.“[535] Hierbei sind nach Meinung des Gerichts geringere An-

531 BVerfGE 120, 274 (327).

532 Zu unbestimmten Rechtsbegriffen und zum Beurteilungsspielraum vgl. *H. Maurer,* Allgemeines Verwaltungsrecht, § 7 Rn. 26 ff.

533 Vgl. BVerfGE 120, 274 (328).

534 Hier verweist das Bundesverfassungsgericht auf die vergleichbaren Sachverhalte und Entscheidungen, wie in BVerfGE 110, 33 (61), in dem es um die Überwachung des Postverkehrs und Telekommunikation im Bereich der Prävention und der Verarbeitung und Weitergabe der hieraus erlangten Daten ging, oder 113, 348 (378), die die vorsorgende Telekommunikationsüberwachung zum Gegenstand hatte.

535 BVerfGE 120, 274 (329).

forderungen an den Grad der Wahrscheinlichkeit und damit der zeitlichen Nähe zu stellen. Jedoch dürfe der Zeitpunkt nicht soweit vorverlegt werden, dass er lediglich im Vorfeld einer noch nicht absehbaren konkreten Gefahr liege.[536]

Das Bundesverfassungsgericht gibt weiter vor, dass es für die Maßnahme grundsätzlich unerheblich ist, von welcher Behörde sie vorgenommen wird. Zwar gebe es diesbezüglich Ausnahmen, wie z.B. bei der strategischen Arbeit des Bundesnachrichtendienstes[537], jedoch sei die Eingriffsintensität grundsätzlich die gleiche.

Um die Interessen des Betroffenen zu wahren, bedürfe es daher auch einer geeigneten Vorkehrung, im vorliegenden Fall dem Richtervorbehalt, um die Eingriffsermächtigung verhältnismäßig und somit verfassungsgemäß zu gestalten. Aufgrund der Tatsache, dass die Tätigkeit heimlich vollzogen werde, besonders geschützte Bereiche der Privatheit betroffen seien und hierdurch eine besonders hohe Eingriffsintensität bestehe, müsse diesen Gegebenheiten auch verfahrensrechtlich Rechnung getragen werden.[538] Dies stellt nach Ansicht des Gerichts eine „kompensatorische Repräsentation“ für die Interessen des Betroffenen dar, die sich wegen der heimlichen Maßnahme nicht selbst wehren können.[539] Eine andere Stelle als die des Richters dürfe mit der Kontrolle nur dann betraut werden, wenn die Gegebenheiten wie Neutralität und Unabhängigkeit bei dieser Stelle gleichermaßen bestehen würden.

Auch könne bei Gefahr im Verzug in Eilfällen von der vorherigen Kontrolle der Maßnahme durch die geeignete neutrale Stelle abgesehen werden, wenn die anschließende Überprüfung gesichert sei.[540]

Hinsichtlich des Kernbereichsschutzes erklärt das Gericht, dass es an einem Schutzmechanismus fehlt, um den absoluten Kernbereich zu schützen, der seinerseits durch die Möglichkeit der staatlichen Überwachung von „innere[n] Vorgänge[n], wie Empfindungen und Gefühle sowie Überlegungen, Ansichten

---

536 Vgl. BVerfGE 120, 274 (329), das hier auch auf das Urteil zur Tätigkeit des Zollkriminalamtes verweist (BVerfGE 110, 33), wobei sich das Problem der konkreten Gefahr bei fast allen präventiven Maßnahmen mit nicht geringer Eingriffsintensität stellt.

537 Vgl. Entscheidung des Bundesverfassungsgerichts zur Telekommunikationsüberwachung durch den Bundesnachrichtendienst (BVerfGE 100, 313).

538 Vgl. BVerfGE 120, 274 (331); unter Hinweis auf BVerfGE 118, 168 (202), m.w.N.

539 Vgl. BVerfGE 120, 274 (332).

540 BVerfGE 120, 274 (332 f.).

und Erlebnisse höchstpersönlicher Art“[541] betroffen sein kann. Aufgrund der Tatsache, dass immer mehr solcher höchstpersönlicher Daten auf einem Personalcomputer gespeichert werden, bestehe eine hohe Wahrscheinlichkeit, auf ein höchstpersönliches Datum zu stoßen. So bedürfe es demnach besonderer gesetzlicher Regelungen, die den Schutz dieser Daten gewährleisten.[542]

Auch hinsichtlich der Ausgestaltung des Kernbereichsschutzes habe der Gesetzgeber einen gewissen Entscheidungsspielraum, jedoch müssen bestimmte verfassungsrechtliche Anforderungen erfüllt sein. Hierunter falle beispielsweise das Gebot, dass kernbereichsbezogene Daten erst gar nicht erhoben werden dürfen, soweit dies technisch möglich sei. Sofern jedoch eine Kenntnisnahme dieser Daten unvermeidbar sei, müsse hinreichender Schutz in der Auswertungsphase gewährt werden, so dass diese Daten sodann unverzüglich gelöscht und von der Verwertung ausgeschlossen werden.[543]

Im Ergebnis stellt das Gericht sodann fest, dass das VSG keine geeigneten kernbereichsschützenden Vorschriften enthalte.[544]

5. Kfz-Kennzeichenerfassung

Eine weitere Entscheidung zum elektronischen Datenschutz befasste sich mit der Kfz-Kennzeichenerfassung.

a. Sachverhalt

Bei der Kfz-Kennzeichenerfassung werden Fahrzeuge von einer Videokamera aufgenommen und die dabei erlangten Bilder mittels Software nach Buchstaben und Zahlen zu Ermittlung des Kennzeichens ausgelesen. Das Kennzeichen wird

541 BVerfGE 120, 274 (335), auch unter Verweis auf die Entscheidung zum Lauschangriff BVerfGE 109, 279 (314).

542 Vgl. BVerfGE 120, 274 (336). Anders ist dies bei der Nutzung des GPS-Positioning Systems, bei dem keine kernbereichsrelevanten Daten erhoben werden, vgl. BVerfGE 112, 304 (318).

543 Vgl. BVerfGE 120, 274 (337, 339). Das Gericht spricht hier vom sog. zweistufigen Schutzkonzept.

544 Vgl. BVerfGE 120, 279 (339); dies ist auch bei Hinzuziehung des Gesetzes zu Art. 10 GG (G 10) der Fall, da auch dieses keine solchen Vorkehrungen normiert. Vgl. zu den diesbezüglichen Ausführungen BVerfGE 120, 279 (339 f.).

in einem automatischen Datenabgleich mit den Fahndungsdateien der Polizei verglichen und es wird eine etwaige Treffermeldung mit Ort und Zeit der Erfassung ausgegeben.[545] Sofern keine Treffer in der polizeilichen Datenbank erzielt werden, wird das Bild umgehend gelöscht. Die Erfassungsgeräte werden sowohl mobil als auch stationär genutzt, d.h. die Kamera kann auch aus einem fahrenden Polizeifahrzeug Bilder erstellen.[546]

b. Entscheidung des Gerichts

Die Beschwerdeführer rügten die Verletzung ihres Grundrechts auf informationelle Selbstbestimmung gemäß Art. 2 Abs. 1 i.V.m. Art. 1 Abs. 1 GG durch die Ermächtigungsgrundlagen zur Kfz-Kennzeichenerfassung in den landesrechtlichen Gesetzen von Hessen und Schleswig-Holstein. Nach Ansicht des Gerichts waren die Verfassungsbeschwerden begründet. So verletzen die angegriffenen Vorschriften die Beschwerdeführer in ihrem allgemeinen Persönlichkeitsrecht in der Ausprägung des Grundrechts auf informationelle Selbstbestimmung gemäß Art. 2 Abs. 1 i.V.m. Art. 1 Abs. 1 GG.

Die Datenerfassungen, wie sie bei der Kfz-Kennzeichenerfassung möglich sind, begründen nach Ansicht des entscheidenden Senats dann einen Gefährdungstatbestand für das Recht auf informationelle Selbstbestimmung, wenn die Daten unmittelbar nach der Erfassung technisch nicht wieder spurenlos, anonym und ohne einen Personenbezug zu ermöglichen, gelöscht werden können. Es komme demnach dann nicht zu einem Eingriff in Art. 2 Abs. 1 i.V.m. Art. 1 Abs. 1 GG, wenn der Fahndungsbestand unverzüglich vorgenommen werde, dabei negativ ausfalle und somit direkt gelöscht werde.[547] Ein Eingriff sei jedoch dann anzunehmen, wenn ein Kennzeichen im Speicher verbleibe und damit Grundlage weiterer Maßnahmen werde. Mit dieser Tatsache beginne die „spezifische Persönlichkeitsgefährdung für Verhaltensfreiheit und Privatheit“[548], so dass der Schutzbereich des Grundrechts auf informationelle Selbstbestimmung eröffnet sei. Das Gericht zeigt dabei auf, dass die Informationen über die Kfz-Kennzeichen im Zentralen Fahrzeugregister und in den örtlichen Fahrzeugregistern

545 Vgl. BVerfGE 120, 378 (379).
546 Vgl. BVerfGE 120, 378 (380).
547 Vgl. BVerfGE 120, 378 (399).
548 BVerfGE 120, 378 (400).

verzeichnet sind, so dass die Datenbanken durch die Polizeibehörden unmittelbar abgerufen werden können. Daher solle mit der Kennzeichenerfassung mindestens die Information erhoben werden, dass das Fahrzeug mit dem Kennzeichen im Zeitpunkt der Erfassung einen bestimmten Punkt passiert habe. Diese Information habe unmittelbar Persönlichkeitsbezug.[549] Ferner vertiefe sich der Eingriff, wenn mit den erhobenen Daten auch Bewegungsprofile erstellt werden. Auf die Kennzeichenerfassung folgende Maßnahmen, wie die Sicherstellung oder das Anhalten des Kraftfahrzeugs, stellen jedoch eigenständige Maßnahmen dar, die einer eigenen Ermächtigungsgrundlage bedürfen.[550]

Das Grundrecht auf informationelle Selbstbestimmung sei jedoch nicht schrankenlos gewährleistet. So müsse es eine verfassungsgemäße Ermächtigungsgrundlage geben. Diese Verfassungsmäßigkeit richte sich nach der Intensität des Eingriffs, der gebotenen Normenbestimmtheit und -klarheit und nach dem Grundsatz der Verhältnismäßigkeit. Nach Ansicht des Bundesverfassungsgerichts sind die sich daraus ergebenden Vorgaben nicht gewahrt.[551]

Die Kennzeichenerfassung könne je nach Verwendungskontext zu verschieden schweren Grundrechtseingriffen führen. Sofern es um Zwecke der Strafverfolgung, wie beispielsweise um die Ergreifung eines Auto-Diebes ginge, sei die Persönlichkeitsrelevanz als gering einzustufen.[552] Zwar erlangt der Eingriff nach Ansicht des Bundesverfassungsgerichts ein erhöhtes Gewicht aus dem Umstand heraus, dass sich aus der Identifizierung des Kennzeichens weitere Maßnahmen ergeben können, wie beispielsweise das Anhalten des Autos zur Insassenkontrolle. Jedoch sei der Informationseingriff dadurch nicht besonders intensiv, zumal die Maßnahmen auf öffentlichen Straßen und Plätzen oder im öffentlichen Verkehrsraum stattfinden.[553] Bei der Bestimmung der Eingriffsintensität spiele auch eine Rolle, dass gerade nur solche Fälle überprüft werden, die bereits einen Störerverdacht begründen. Somit sei der Datenabgleich selbst nur „Vormaßnahme" zur eigentlichen Maßnahme und daher auch von geringer Eingriffsintensität. Wenn jedoch die Kennzeichenerfassung dazu dienen solle, die Informationen für darüber hinausgehende Zwecke zu nutzen, so erhöhe sich die Grund-

549 Vgl. BVerfGE 120, 378 (400 f.).
550 Vgl. BVerfGE 120, 378 (401).
551 Vgl. BVerfGE 120, 378 (401).
552 Vgl. BVerfGE 120, 378 (403).
553 Vgl. BVerfGE 120, 378 (404).

rechtsrelevanz deutlich. So werden Informationen über die Identität des Halters, den Ort der Aufnahme und das Fahrzeug einer Person zugeordnet. Dadurch könne sich sodann eine konventionelle Identitätsfeststellung erübrigen.[554] Sofern aus den erlangten Daten nicht nur ein Bewegungsprofil, sondern auch noch andere personenbezogenen Informationen, z.B. über das Verhalten der Insassen, abgeleitet werden können, erhöhe sich die Eingriffsintensität erneut. So stellt das Gericht dar, dass beispielsweise aus dem Standort des Autos auch gegebenenfalls über die Nähe zu einem Veranstaltungsort Schlüsse über die Anwesenheit bei einer Veranstaltung wie einem Fußballspiel, einem Konzert oder auch einer Versammlung gezogen werden können. Daher sei auch hier ein Einschüchterungseffekt möglich, so dass die Kfz-Kennzeichenerfassung auch verhaltenssteuernde Wirkung entfalten könne.[555]

Weiter spricht nach Meinung des Gerichts für eine erhöhte Eingriffsintensität die Heimlichkeit der Maßnahme, auch wenn oftmals die Anlagen zur Aufnahme der Bilder sichtbar sind. Durch die Erstellung mehrerer Bilder könne ein lückenloses Bewegungsprofil erstellt werden. Damit biete die Kennzeichenerfassung nicht mehr nur eine „Vorfeldmaßnahme“ sondern eine ordentliche polizeiliche Einzelmaßnahme, da bereits hierdurch die Informationen erhalten werden, die die Polizei benötige. Dies stelle sodann eine neue Ermittlungsmöglichkeit mit hoher Persönlichkeitsrelevanz dar.[556]

Ferner betont das Gericht, dass die Anforderungen an die Ermächtigungsgrundlage im Hinblick auf Normenbestimmtheit und -klarheit nicht erfüllt wurden. Da der Verwendungszweck im vorliegenden Gesetz nicht festgelegt sei, entstehe das Risiko einer Nutzung für Zwecke, für die die Daten nicht erhoben worden seien.[557] In der Ermächtigungsgrundlage werde weder der Anlass noch der Ermittlungszweck genauer benannt. Erwähnt werde lediglich das Mittel (nämlich der Abgleich mit dem Fahndungsbestand), womit der Zweck weiter verfolgt werden solle.

Da sich auch aus der Entstehungsgeschichte selbst keine Anhaltspunkte für eine nähere Definition ergeben, was unter Fahndungsbestand zu verstehen sei, sei die

554 Vgl. BVerfGE 120, 378 (405).
555 Vgl. BVerfGE 120, 378 (406).
556 Vgl. BVerfGE 120, 378 (406 f.).
557 Vgl. BVerfGE 120, 378 (408).

Norm insoweit auch zu unbestimmt.[558] Daher erkennt das Gericht, dass es auch nicht ersichtlich ist, inwieweit der Einsatz der Kennzeichenerfassung im Rahmen einer polizeilichen Beobachtung oder längerfristigen Observation diesen Zwecken dienen darf.[559] Sofern solche unbestimmten Ziele verfolgt werden, steige potentiell auch die Eingriffsintensität, zumal die Festlegung der Verwendungen der Daten dem Parlamentsgesetzgeber obliege.[560] Ferner sei in der Ermächtigungsgrundlage nicht festgelegt, ob die Maßnahme auch zu Strafverfolgungszwecken genutzt werden dürfe, obwohl die Landesregierung in der Gesetzesbegründung nicht zwischen gefahrenabwehrrechtlicher und strafprozessualer Zweckrichtung unterschieden habe. Es muss aber nach Ansicht des Gerichts gekennzeichnet werden, welchen Zwecken – also präventiven und/oder repressiven – die Maßnahme dienen soll.[561]

Das Gericht betont, dass mit dem Fehlen der Zweckbestimmung auch eine grundrechtswidrige Unbestimmtheit hinsichtlich der erhebbaren Informationen mit einhergeht. Für eine Erhebung von Bildinformationen des Fahrzeuginnenraums oder gar der Insassen selbst bieten die Bestimmungen gerade keine verfassungsrechtlich bestimmte gesetzliche Grundlage und seien daher verfassungswidrig.[562]

Auch genügen die Bestimmungen dem verfassungsrechtlich gebotenen Verhältnismäßigkeitsgrundsatz nicht. An der Legitimität des Zwecks der Maßnahme, nämlich dem Schutz der öffentlichen Sicherheit und Ordnung, gebe es nichts zu bemängeln, da die Schutzgüter ein hohes verfassungsrechtliches Gewicht besitzen.[563] Auch die Geeignetheit und Erforderlichkeit des Gesetzes seien gegeben, da mangels Konkretisierung der Zwecke auch ein milderes Mittel nicht ersichtlich sei.[564]

Jedoch erklärt das Gericht in seiner Entscheidung, dass die Bestimmungen die Verhältnismäßigkeit im engeren Sinne verletzt werden, da sie auch erhebliche und schwerwiegende Eingriffe in das Grundrecht auf informationelle Selbstbe-

558 Vgl. BVerfGE 120, 378 (411).
559 Vgl. BVerfGE 120, 378 (412).
560 Vgl. BVerfGE 120, 378 (416, 418).
561 Vgl. BVerfGE 120, 378 (422 f.).
562 Vgl. BVerfGE 120, 378 (425 ff.).
563 Vgl. BVerfGE 120, 378 (427).
564 Vgl. BVerfGE 120, 378 (428).

stimmung zulassen. Da der Verwendungszweck derart weit gefasst sei, können viele Maßnahmen, wie z.B. auch die Observation, hierunter subsumiert werden, obwohl diese ggf. unangemessen seien.[565] Auch die anlasslose Durchführung der Kfz-Kennzeichenerfassung sei mit dem Grundsatz der Verhältnismäßigkeit im engeren Sinne nicht vereinbar. Das Gefühl des Überwachtwerdens beim Einzelnen und die daraus entstehenden Einschüchterungseffekte betreffen die Entfaltungschancen des Einzelnen und begründen damit gerade die hohe Eingriffsintensität.[566] So besteht nach Ansicht des Gerichts weiterhin die Gefahr, dass gespeicherte Treffermeldungen weiterverwendet werden, auch wenn der Anlass für die Fahndungsausschreibung zwischenzeitlich entfallen ist. Eine solche Regelung, bei der die Zweckfestlegung gänzlich fehlt, könne daher dem Verhältnismäßigkeitsgrundsatz nicht entsprechen.

Daher entschied das Gericht, dass die Verfassungswidrigkeit der Regelung auch zu ihrer Nichtigkeit führt.[567]

3. Kapitel – Kritische Würdigung

Unabhängig davon, welcher Grundrechtsschutz bei den Sachverhalten bezüglich des Schutzes der elektronischen Daten herangezogen wird, stellen sich neben der Frage nach den Kriterien für die Schutzbereichsabgrenzung dieselben materiell-rechtlichen Probleme: Jeweils müssen der Einschüchterungseffekt, der Kernbereichsschutz und die Gewährleistung effektiven Rechtsschutz hinreichend Beachtung finden.

So werden zunächst die Schutzbereichsdefinitionen und -abgrenzungen dargestellt, die sich aus den Entscheidungen zum elektronischen Datenschutz ergeben (A.), worauf die Frage nach der Einhaltung des grundrechtlichen Kernbereichsschutzes folgt (B.). Die zentralen Fragen nach der Gewährleistung effektiven Rechtsschutzes (C.), der Schrankensystematik (D.), der Beachtung des Einschüchterungseffekts heimlicher Maßnahmen (E.) und die Frage, inwieweit dem Gebot der Datensparsamkeit und Datensicherheit bei Datensammlungen auf

565 Vgl. BVerfGE 120, 378 (429).
566 Vgl. BVerfGE 120, 378 (430).
567 Vgl. BVerfGE 120, 378 (432).

Vorrat noch Genüge getan wird (F.) schließen sich an. Zum Schluss soll das Verhältnis von Freiheit und Sicherheit bei neuen Ermittlungsmethoden anhand der Rechtsprechungslinie aufgezeigt werden (G.), wie sie sich seit dem Volkszählungsurteil entwickelt hat.

A. Schutzbereichsdefinitionen und -abgrenzungen

Hinsichtlich der Schutzbereichsabgrenzungen ergibt sich nach der Analyse der Bundesverfassungsgerichtsentscheidungen insbesondere ein Abgrenzungsproblem zwischen Art. 10 Abs. 1 Alt. 3 und Art. 2 Abs. 1 i.V.m. Art. 1 Abs. 1 GG. Für die Eröffnung des Schutzbereichs des Art. 13 Abs. 1 GG ist nach der Entscheidung zum Lauschangriff und zur Online-Durchsuchung hingegen der Begriff der „Wohnung" eng auszulegen.

I. Art. 13 GG

Diese vom Bundesverfassungsgericht enge Auslegung des Wohnungsbegriffs ist insbesondere im Hinblick auf die Online-Durchsuchung fraglich.

Sofern sich das auszulesende Speichermedium auch in Räumen befindet, die als letzter Rückzugsort der Persönlichkeit unter den grundgesetzlichen Schutz der Wohnung gemäß Art. 13 Abs. 1 GG fallen, erscheint die Eröffnung des Schutzbereichs nicht als von vornherein ausgeschlossen.[568] So kommt es nicht, wie das Bundesverfassungsgericht in seiner Lauschangriff-Entscheidung[569] betont hat, auf das körperliche Eindringen in einen Raum an, da es bei den neuartigen technischen Gegebenheiten nicht mehr immer notwendig ist, physisch in die räumliche Sphäre einzutreten, um die erhofften Informationen zu erhalten.[570] Vielmehr

568 Vgl. *P. Schaar/S. Landwehr*, K&R 2007, S. 202 (204); *J. Rux*, JZ 2007, S. 285 (292 ff.). *U. Buermeyer*, Online-Durchsuchung – Verfassungsrechtliche Grenzen, HRRS 2007, S. 329 (333 ff.); *G. Hornung*, Ermächtigungsgrundlage für die „Online-Durchsuchung"?, DuD 2007, S. 575 (577 f.); *P. Schantz*, KritV 2007, S. 310 ff.; a.A. *M. Gercke*, CR 2007, S. 245 (250); *S. Schlegel*, GA 2007, S. 648 ff.

569 BVerfGE 109, 279.

570 Vgl. BVerfGE 109, 279 (309); vgl. zur Installation und Nutzung von Abhörgeräten in der Wohnung BVerfGE 65, 1 (40).

umfasst der Schutzbereich das Recht des Einzelnen innerhalb seiner eigenen vier Wände in Ruhe gelassen zu werden.[571]

Hinsichtlich der Maßnahme der Online-Durchsuchung ist demnach fraglich, inwieweit man die Umfriedung der Wohnung ausdehnen kann oder sollte, da dabei der „elementare Lebensraum" geschützt ist, der sich auf die engste und der Person selbst nächste Räumlichkeit beschränken sollte. Es käme danach nur dann ein Eingriff in Betracht, wenn der Rechner genau in diesem von Art. 13 GG geschützten Raum ausgespäht wird und die Maßnahme zum Ziel hat, Vorgänge in der Wohnung mit zu erfassen.[572] Doch auch bei dieser Auslegung des Art. 13 Abs. 1 GG fehlt es bei der Maßnahme der Online-Durchsuchung am Tatbestandsmerkmal der „Wohnung", da im Rahmen dieser Maßnahme Programmabläufe und sonstige gespeicherte Daten auf einem System des Nutzers ausspioniert werden, unabhängig vom Standort des Rechners.[573] Ferner weiß auch die ermittelnde Behörde oftmals gar nicht, wo sich der Rechner befindet. Wäre der Standort des Rechners entscheidend, wäre es daher für die ermittelnde Behörde nicht zu erkennen, welche verfassungsrechtlichen Voraussetzungen an den Eingriff gestellt werden müssen.[574]

Nach richtiger Ansicht kommt für den Schutzbereich des Art. 13 GG darauf an, dass Wände, Decken oder Böden überwunden werden, die den häuslichen Rückzugsbereich umgrenzen. Dies ist jedoch bei Zugriffen über physikalische Netze auf den Computer nicht gegeben.[575] Auch kann es nicht überzeugen, bei portablen Geräten unterschiedliche Schutzbereiche zu bejahen, je nachdem zu welchem Zeitpunkt an welchem Ort ein Zugriff auf das System erfolgt.[576]

---

571 Vgl. hierzu BVerfGE 51, 97 (107); 103, 142 (150).

572 So auch *J. Rux*, JZ 2007, S. 285 (292); *M. Sachs/T. Krings,* JuS 2008, S. 481 (483); *U. Buermeyer,* Online-Durchsuchung – Verfassungsrechtliche Grenzen, HRRS 2007,S. 329 (332 f.); *M. Eifert*, NVwZ 2008, S. 521; kritisch aufgrund von praktikablen Problemen: *G. Hornung,* Ermächtigungsgrundlage für die „Online-Durchsuchung"?, DuD 2007, S. 575 (578).

573 Vgl. so auch *M. Hofmann*, NStZ 2005, S. 121 (124).

574 So im Ergebnis auch *J. Rux*, JZ 2007, S. 285 (293).

575 Vgl. diesen Ansatz bei *T. Böckenförde*, JZ 2008, S. 925 (926).

576 So jedoch *J. Rux*, JZ 2007, S. 285 (292 f.) und *P. Schaar/S. Landwehr*, K&R 2007, S. 202 (204), die sogar bei portablen Speichermedien, sofern noch eine Verbindung wie bspw. durch W-LAN zur Wohnung besteht, einen Eingriff in Art. 13 Abs. 1 GG bejahen wollen. Dies ist jedoch zu verneinen, da sodann das Netzwerk und die Weite der techni-

Dagegen ist *Rux* der Auffassung, dass Art. 13 GG selbst dann einschlägig ist, wenn die Zielperson ihre Daten auf einem entfernten Server speichert, da sodann der jeweilige Betreiber des Servers sein Hausrecht wahrnehmen könne. Dies führt jedoch zu dem Ergebnis, dass es vom Zufall abhängig ist, welches Grundrecht eingreift. Es käme nämlich darauf an, welche Speicherungs-Einstellung gewählt wurde. Dies kann vor dem Hintergrund der Möglichkeit, Daten sowohl auf dem Server als auch lokal auf einem Speichermedium zu speichern, nicht überzeugen.

Lediglich im Falle der Nutzung von Hardware wie der Webcam ist es möglich, den Schutzbereich des Art. 13 Abs. 1 GG als eröffnet anzusehen, da durch die Nutzbarkeit dieser technischen Mittel Vorgänge in der Wohnung erfassbar gemacht werden können.[577] Jedoch fällt bereits aufgrund mangelnder Rechtfertigungsmöglichkeit eine optische Überwachung im Rahmen repressiver Maßnahmen aus (vgl. Art. 13 Abs. 3 GG), bzw. erweist sich diese nach Art. 13 Abs. 4 GG als unzulässig, sofern es sich nicht um eine präventive Maßnahme aus den dort vorgesehenen Gründen handelt.[578]

Auch das Argument, dass es keinen Unterschied machen könne, ob sich die Daten, wie Bilder, Briefe, etc. etwa in Aktenordnern oder Bilderalben im Regal oder in der virtuellen Verkörperung auf einer Festplatte befänden[579], greift zu kurz. So kann es nicht überzeugen, dass auch die in der Wohnung betroffenen Gegenstände geschützt sind, da diese Gegenstände vergleichbare Informationen über den Wohnungsinhaber bereit halten.[580] Nach dem Schutzzweck des Art. 13 GG wird nämlich nicht die Aussagekraft von Gegenständen innerhalb des Wohnraumes geschützt, sondern die Wohnung selbst soll für den Einzelnen als Rückzugsort und Ort der ungestörten Persönlichkeitsentfaltung vor Maßnahmen des Eindringens geschützt werden. Jeder anderen Bezugnahme fehlt das notwendige Vorliegen des Wohnungstatbestandes, da der Wortlaut der Norm äu-

---

schen Gegebenheiten den räumlichen Umfang der Wohnung bestimmen, was eine uferlose Ausdehnung des Grundrechtsschutzes bedeuten würde und mit dem Wortlaut „Wohnung“ nicht mehr vereinbar ist.

577 Vgl. *P. Schantz*, KritV 2007, S. 310 (319).

578 Vgl. *H.-J. Papier*, in: Maunz/Dürig (Hrsg.), GG-Kommentar, Art. 13, Rn. 89; *S. Schlegel,* GA 2007, S. 648 (656).

579 Vgl. *M. Kutscha*, NJW 2007, S. 1169 (1170 f.); *J. Rux*, JZ 2007, S. 285 (293, 294).

580 Vgl. *P. Schantz*, KritV 2007, S. 310 (314).

ßerste Grenze der Auslegung ist.[581] Gleiches gilt im Hinblick auf Telekommunikation, die in Wohnungen getätigt wird. Auch diese könnte bei einer Überwachung der Wohnung zur Kenntnis genommen werden. Dennoch greift der Schutzbereich des Art. 10 Abs. 1 Alt. 3 GG als lex specialis. Dies spricht auch dafür, dass Art. 13 Abs.1 GG nicht per se alles umfasst, das Wohnungsbezug aufweist. So haben die anderen Grundrechte in ihrem Schutzbereich auch einen eigenständigen Anwendungsbereich neben Art. 13 GG.[582] Daher kann es im Ergebnis – auch auf im Hinblick auf das Eingriffsziel – nicht überzeugen, den Schutzbereich des Art. 13 Abs. 1 GG derart zu öffnen.[583]

Nachdem die direkte Anwendbarkeit des Art. 13 GG nicht in Betracht kommt, könnte man an eine analoge Anwendung denken, sofern eine planwidrige Regelungslücke und eine vergleichbare Interessenlage hinsichtlich des grundrechtlichen Schutzes vorliegen.[584] Dies erscheint auf den ersten Blick nicht abwegig, da die Nutzer des Internets ihre Persönlichkeit immer mehr in virtuellen Räumen entfalten.

Es fehlt aber schon an einer Regelungslücke, da das Grundgesetz im Rahmen des allgemeinen Persönlichkeitsrechts, bzw. der allgemeinen Handlungsfreiheit differenzierte Ausprägungen bietet, die – zumindest als Auffanggrundrecht – auch auf diese Sachverhalte Anwendung finden. Anzumerken ist daher, dass mit einer analogen Anwendung des Art. 13 Abs. 1 GG im Ergebnis nicht die Aufblähung des Schutzbereichs sondern die Übertragung der Schranken bezweckt wird.[585] Auch kann man das informationstechnische System nicht als „dreidimensionalen Raum“ verstehen, so dass zumindest der Richtervorbehalt des Art.

---

581 Vgl. *K. Larenz/C.-W. Canaris*, Methodenlehre der Rechtswissenschaft, S. 143; *S. Schlegel* bezeichnet den Schutz der Gegenstände daher auch nur als notwendigen Reflex, nicht jedoch als Bedingung der Gewährleistung des „Wohnungsgrundrechts“, *S. Schlegel*, GA 2007, S. 648 (657).

582 So zutreffend *S. Schlegel,* GA 2007, S. 648 (658).

583 Vgl. zur Argumentation und im Ergebnis gleichlautend: *M. Germann,* Gefahrenabwehr und Strafverfolgung im Internet, S. 541 f., der auch deutlich macht, dass ein Abstellen auf den Standort deswegen keinen Sinn macht, da es auch möglich ist, dass der Datenherr selbst über keinen Besitz am Speichermedium verfügt, sondern auch nur über das Netz auf seine Daten zugreift. Es handelt sich hier nach seiner Ansicht eher um eine Funktionsherrschaft, als um eine tatsächliche Herrschaft am Speichermedium selbst.

584 Zur Definition der Analogie vgl. *K. Larenz/C.-W. Canaris*, Methodenlehre der Rechtswissenschaft, S. 202.

585 Vgl. *J. Rux*, JZ 2007, S. 285 (293).

13 Abs. 2 GG greift[586], da es selbst bei Bejahung des Raumkriteriums am Wohnungscharakter und den damit einhergehenden Schutzgütern, die sich regelmäßig in der Wohnung befinden und auch den Kernbereich privaten Lebens darstellen, fehlt.[587]

Im Ergebnis bleibt festzuhalten, dass am Abgrenzungskriterium des (nicht notwendigerweise physischen) Eindringens in den gewährleisteten Rückzugsort des Betroffenen (d.h. die Wohnung) festzuhalten ist. Andere Kriterien vermögen nicht zu überzeugen, da sie keinen Halt im Wortlaut des Art. 13 Abs. 1 GG finden.[588] Zwar ist die Nutzbarmachung der strikten Schrankenregelung des Art. 13 Abs. 2-7 GG verlockend[589], um dem Bürger hinreichenden Schutz bei solch eingriffsintensiven Maßnahmen zu gewähren. Jedoch ist es auch im Rahmen der Verhältnismäßigkeit der Maßnahme oder über das Gebot effektiven Rechtsschutzes gemäß Art. 19 Abs. 4 GG möglich, den Richtervorbehalt hinsichtlich einer Maßnahme zu statuieren, obwohl dieser im Wortlaut des Grundrechts nicht verbrieft ist. Im Rahmen der Verhältnismäßigkeit kann ein milderes Mittel hinsichtlich der Maßnahme darin bestehen, dass zumindest im Vorhinein ein Schutzmechanismus wie der Richtervorbehalt vorgesehen werden muss, um die (Grund-)Rechte des Bürgers adäquat zu schützen. Ferner kann der Richtervorbehalt bei heimlichen Maßnahmen auch dazu dienen, den durch Art. 19 Abs. 4 GG gewährleisteten effektiven Rechtsschutz zu ermöglichen.[590]

Es bedarf daher allgemeiner Abgrenzungsparameter, um die Schutzbereiche klar voneinander abgrenzen zu können, so dass Ermittlungsmethoden der Strafver-

---

586 Vgl. *J. Rux,* JZ 2007, S. 285 (294), der in den folgenden Ausführungen darstellt, warum auch die anderen Maßnahmen unter den Vorbehalt des Art. 13 Abs. 2 bis 7 GG (wenngleich in analoger Form) zu stellen sind. So kommen im Hinblick auf die Echtzeit-Überwachung auch Art. 13 Abs. 3 und 4 GG in Betracht, da auch die Tastatureingabe mit dem gesprochenen Wort vergleichbar sei.

587 So auch *G. Hornung*, JZ 2007, S. 828 (830), der insgesamt die Anwendung des Art. 13 GG, insbesondere hinsichtlich der „begehrten“ Schranken am Wortlaut scheitern lässt und daher eine Verfassungsänderung fordert, sofern man Art. 13 GG auf die Online-Durchsuchung anwenden möchte.

588 Zum Wortlaut als äußerste Grenze der Auslegung vgl. *K. Larenz/C.-W. Canaris*, Methodenlehre der Rechtswissenschaft, S. 143.

589 So auch wörtlich *J. Rux*, JZ 2007, S. 285 (295), der hier nur noch von der entsprechenden Anwendung der Schranken des Art. 13 GG spricht, und nicht mehr auf seine Ausführungen zur Schutzbereichseröffnung verweist.

590 Vgl. *H. Schultze-Fielitz,* in: Dreier (Hrsg.), GG-Kommentar, Art. 19 Abs. 4, Rn. 144.

folgungs- und Gefahrenabwehrbehörden jeweils auf die gleiche Weise verfassungsrechtlich beurteilt werden. Es sollte dabei jedoch vermieden werden, dass Sachverhalte mit der gleichen Zielrichtung nur aufgrund technischer Gegebenheiten unterschiedlichen Schutzbereichen zugeordnet werden. Dies wäre beispielsweise dann der Fall, wenn es auf den Zufall ankäme, wo sich das Speichermedium befindet: also innerhalb oder außerhalb einer Wohnung i.S.d. Art. 13 GG. Eine extensive Auslegung des Art. 13 Abs. 1 GG ist aus den oben genannten Gründen nicht tauglich, diesem Ziel der einheitlichen Handhabung zu dienen. Denn das Speichermedium stellt nun mal keine Wohnung dar, auch wenn die Eingriffsintensität noch so ähnlich erscheint.[591]

II. Art. 10 GG

Der primäre Zweck des Schutzbereichs des Art. 10 Abs. 1 Alt. 3 GG besteht darin, dass der technische Übermittlungsvorgang von den Kommunikationspartnern nicht beeinflusst werden kann. Sofern es sich also lediglich um ein Vertrauen in das informationstechnische System selbst handelt, das geschützt werden soll, ist nach Ansicht des Bundesverfassungsgerichts nicht Art. 10 GG, sondern das Recht auf Gewährleistung der Vertraulichkeit und Integrität informationstechnischer Systeme gemäß Art. 2 Abs. 1 i.V.m. Art. 1 Abs. 1 GG einschlägig. Sofern es jedoch um die Telekommunikationsverbindung selbst geht, in die eingegriffen wird, ist der Schutzbereich des Art. 10 Abs. 1 Alt. 3 GG eröffnet.

Um den Schutzbereich des Art. 10 Abs. 1 Alt. 3 GG als eröffnet anzusehen, bedarf es demnach zunächst einer Telekommunikationsbeziehung. In der Entscheidung zum IMSI-Catcher fehlt es jedoch nach Ansicht des Bundesverfassungsgerichts an einem Telekommunikationsvorgang, da lediglich durch das Einloggen in die Funkzelle die Geräteinformation erfasst wird, aber kein inhaltebezogenes Datum ermittelt werden kann. Aufgrund des Fehlens dieser „individuellen und kommunikativen Züge“ und weil diese Datenerhebung unabhängig von einem Kommunikationsvorgang oder einer Kommunikationsverbin-

591 So zumindest *J. Rux,* JZ 2007, S. 285 (293), der nur einen graduellen Unterschied darin sieht, ob das Schlafzimmer oder die Festplatte des Rechners durchsucht wird. Hierbei wird man jedoch eingestehen müssen, dass selbst bei Speicherung intimster Daten doch ein erheblicher Unterschied besteht, ob in den absoluten Rückzugsraum eines Menschen eingedrungen wird oder lediglich in ein Speichermedium.

dung erfolgt[592], kann nach dem Beschluss des Bundesverfassungsgerichts auch nicht von einem durch Art. 10 Abs. 1 Alt. 3 GG geschützten Kommunikationsumstand gesprochen werden. Es fehlt hier gerade der personale Bezug, der durch die enge Verwandtschaft des Art. 10 Abs. 1 Alt. 3 GG mit dem Persönlichkeitsrecht aus Art. 2 Abs.1 i.V.m. Art. 1 Abs. 1 GG herrühre. Jedoch ist die Argumentation des Gerichts, wonach die erhobenen Daten keinen Rückschluss auf Kommunikationsbeziehungen und -inhalte zuließen, sondern lediglich Aussagen über die Position eines Endgeräts getroffen werden können, nicht zwingend. So kann ein Standort möglicherweise dann zu einem inhaltlichen Datum führen, wenn beispielsweise der Standort mit dem den Observationsgrund bildenden Vergehen in unmittelbarem Zusammenhang steht. So wäre es denkbar, dass bei einem Standort in der Nähe eines potentiellen Tatortes (z.B. einer Bank) sodann auch (wenn eine dadurch bedingte Telekommunikationsüberwachung angeordnet wird) aus diesem Datum ein Kommunikationsumstand wird. Für diese Argumentation spricht zwar, dass die Maßnahme dazu geeignet sein kann, Informationen zum Umstand der Kommunikation zu liefern.[593] Jedoch fehlt weiterhin der Kommunikationsbezug, da für die Erhebung des Datums gerade keine Kommunikationsverbindung notwendig ist. So stellt sich das Mobilfunkgerät lediglich als Empfänger dar, dessen Standort geortet werden kann, ähnlich wie bei GPS-Sendern. Bei letzterem ist auch der Schutzbereich des Art. 10 Abs. 1 Alt. 3 GG nicht eröffnet. Daher ist der Schutzbereichseröffnung des Art. 2 Abs. 1 i.V.m. Art. 1 Abs. 1 GG im Falle des IMSI-Catchers zuzustimmen.

In der Entscheidung zum Mithören mittels der Lautsprecherfunktion an einem Telefon hat das Gericht ebenfalls den Schutzbereich des Art. 10 Abs. 1 Alt. 3 GG als nicht eröffnet angesehen, da es an der spezifischen Gefährdung des Übermittlungsvorgangs, den Art. 10 Abs. 1 Alt. 3 GG schützen will, fehlt. Zwar endet der Schutz des Art. 10 GG grundsätzlich nicht am Endgerät, da auch bei einer extern angebrachten Mithöreinrichtung wie einer Wanze das Telekommunikationsgeheimnis verletzt werden kann. Jedoch hängt ein Mithören durch technische Möglichkeiten des Telefons selbst (wie hier durch die Lautsprech-Funktion) nicht mehr mit den spezifischen Gefahren des Übermittlungsvorgangs zusammen. Demnach muss danach unterschieden werden, ob das Schutzgut spe-

592 Beschluss des Bundesverfassungsgerichts vom 22.08.2006, 2 BvR 1345/03, Rz. 57.

593 Den Schutzbereich des Art. 10 GG auch als eröffnet ansehend *A. Nachbaur*, NJW 2007, S. 335 (336 f.).

zifisch kommunikationsbezogen ist oder nur „zufällig“ eine Verbindung zum Telekommunikationsvorgang hat. Zwar betrifft das Mithören, anders als beim Fall des IMSI-Catchers, die Kommunikation direkt. Jedoch wird der Eingriff von einer dazwischengeschalteten dritten Person vorgenommen, d.h. es wird das „personengebundene Vertrauen“[594] verletzt. Daher ist hier die Kommunikationsvorgang selbst nicht berührt. Auch der Kommunikationsumstand im Sinne des Art. 10 Abs. 1 Alt. 3 GG ist hier nicht tangiert, da es nur Sache des Kommunikationspartners ist, dieses Mithören zu erlauben. Es fehlt hier demnach der benötigte technische Bezugspunkt, um den Schutzbereich des Art. 10 Abs. 1 Alt. 3 GG als eröffnet ansehen zu können.

Zu den Abgrenzungsparametern zwischen Art. 10 Abs. 1 Alt. 3 und Art. 2 Abs. 1 i.V.m. Art. 1 Abs. 1 GG hat sich das Gericht in der Hauptsacheentscheidung zur E-Mail-Überwachung geäußert. Nach der Konzeption des Bundesverfassungsgerichts ist danach zu unterscheiden, in welchen Bereich eingegriffen wurde. So besteht beim Zugriff auf den Server des E-Mail-Providers ein Eingriff in Art. 10 Abs. 1 Alt. 3 GG, wohingegen bei einem Zugriff in der Herrschaftssphäre des Nutzers ein Eingriff in Art. 2 Abs. 1 i.V.m. Art. 1 Abs. 1 GG vorliegen soll.

Problematisch erweist sich bei diesem Abgrenzungskriterium aber, dass es durch Einstellungen im E-Mail Programm, wie z.B. Microsoft Outlook, möglich ist, den Posteingangsserver als sog. IMAP-Server festzulegen. Dies führt dazu, dass die empfangenen E-Mails weiterhin sowohl auf dem Server des E-Mail-Providers verbleiben als auch auf das System des Nutzers heruntergeladen werden.[595] So können je nach Zugriffspunkt für dieselben Daten unterschiedliche Schutzbereiche eröffnet sein. Derjenige, der ausschließlich die Homepage des Providers zum E-Mailempfang und zur Archivierung der E-Mails nutzt, genießt den Schutz des Art. 10 Abs. 1 Alt. 3 GG. Derjenige jedoch, der seine E-Mails

594 *E. Gurlit,* Verfassungsrechtliche Rahmenbedingungen des Datenschutzes, NJW 2010, S. 1035 (1036).

595 Die Einstellung eines IMAP (Internet-Message-Access-Protocol) erlaubt den Zugriff auf und die Verwaltung von empfangenen E-Mails, die sich in einem Postfach auf einem Mailserver befinden. IMAP wurde 1986 mit dem Ziel entworfen, den Zugriff auf Mailboxen und Nachrichten so bereitzustellen, als befänden sich diese auf dem lokalen Rechner. Im Gegensatz zu POP3 (Post Office Protocol) verbleiben die E-Mails auf dem Server und werden dort verwaltet.

über eine E-Mail-Software herunterlädt, wird über Art. 2 Abs. 1 i.V.m. Art. 1 Abs. 1 GG geschützt. Die vom Gericht angeführten Kriterien erweisen sich aufgrund dieser Differenzierung nicht als sinnvoll. Um diese Problematik aufzulösen, wurden in der Literatur andere zeitliche und technische Abgrenzungskriterien entwickelt.[596] Falls der Mailserver dem Adressaten lediglich die nächstmögliche Auslieferung der E-Mail leistet, soll die E-Mail mit Eingang im Mailserver des E-Mail-Providers noch nicht im Verfügungsbereich des Empfängers angelangt und somit noch im Übermittlungsstadium sein, so dass (noch) der Schutzbereich des Art. 10 Abs. 1 Alt. 3 GG betroffen wäre. Sofern jedoch der vom Mailserver geleistete Dienst es dem Nutzer erlaubt, auf seiner Homepage mit den gespeicherten Nachrichten nach seinem Willen zu verfahren, sie zu speichern, zu löschen, zu verwalten o.ä., so hat der Adressat bereits mit Eingang im Mailserver die Verfügung über die Nachricht, so dass der Schutz des Art. 10 Abs. 1 Alt. 3 GG mit Eingang beim E-Mail-Provider endet. Zusammenfassend hieße das: solange die bloße Zwischenspeicherung für die Weiterleitung der Nachricht erfolgt, handelt es sich noch um einen Telekommunikationsdienst und Art. 10 Abs. 1 Alt. 3 GG ist einschlägig; sofern jedoch die Speicherung nach Abschluss der Übermittlung durch Funktionsmerkmale des E-Mail-Providers erfolgt, die über den reinen Telekommunikationsverbindungsdienst hinausgeht, ist Art. 10 Abs. 1 Alt. 3 GG in seinem Schutzbereich nicht mehr betroffen. Diese Abgrenzung ist zwar genauer, birgt jedoch auch da Probleme, wo der E-Mail-Dienst sowohl als reiner Übermittlungsdienst als auch als Software-Programm verwendet werden kann. Zudem ist mittlerweile fraglich, welcher Dienst lediglich als Übermittlungsdienst nutzbar ist und genutzt wird, denn alle gängigen E-Mail-Anbieterdienste haben zumindest ein Webmail-Verfahren, bei dem man die E-Mails auch ohne Download auf den eigenen Rechner im Internet ansehen und verwalten kann.

Auch im Hinblick auf die von der Literatur entwickelten Abgrenzungskriterien ist es sinnvoller, einen einheitlichen Schutzbereich zu normieren, bei dem es nicht auf die Ressource ankommen kann, bei der die Nachricht nun schlussendlich zur Kenntnis genommen wird. Dies würde nämlich dazu führen, dass es nur vom Zufall abhängt, ob der Schutzbereich des Art. 10 Abs. 1 Alt. 3 oder der des

596 Vgl. *M. Germann,* Gefahrenabwehr und Strafverfolgung im Internet, S. 499; auf die Herkunft der Daten abstellend: *W. Frenz,* NVwZ 2007, S. 631 (632).

allgemeinen Persönlichkeitsrechts nach Art. 2 Abs. 1 i.V.m. Art. 1 Abs. 1 GG einschlägig ist. Hier zeigt sich, dass die internetspezifischen Sachverhalte schwerlich unter die ursprünglichen Schutzbereichsdefinitionen der Grundrechte subsumierbar sind, da sie an ganze andere (technische) Tatsachen anknüpfen; diese technischen Möglichkeiten konnte der Verfassungsgesetzgeber zur Zeit der Normierung noch nicht kennen. So gibt es gegebenenfalls – wie hier – keine klaren Abgrenzungskriterien mehr, wann eine Telekommunikation nun im Sinne des „Telefonhöher-Auflegens" beendet ist.

Auch in der Entscheidung zur Überprüfung von Daten auf dem Mobiltelefon[597] hat das Gericht zwischen Telekommunikations- und Bestandsdaten deutlich getrennt. Alle vom Mobilfunktelefon gespeicherten Daten fielen daher unter das Telekommunikationsgeheimnis nach Art. 10 Abs. 1 Alt. 3 GG; eine Verletzung des allgemeinen Persönlichkeitsrechts in der Ausprägung der informationellen Selbstbestimmung wurde bei dieser Frage gänzlich außer Acht gelassen. Beachtlich ist bei der durch das Bundesverfassungsgericht durchgeführten Schutzbereichsabgrenzung, dass der Schutzbereich des Fernmeldegeheimnisses des Art. 10 Abs. 1 Alt. 3 GG sogar dann betroffen ist, wenn sich Verbindungsdaten, wie die Einzelverbindungsnachweise, beim Beschuldigten selbst befinden bzw. bei ihm aufbewahrt werden. Es kommt nach diesem Beschluss also lediglich auf die Information bzw. das Datum selbst an, aber nicht, wo es wie gespeichert wurde und abgerufen oder ermittelt werden kann. Diese Ansicht ist zu begrüßen, da es nur darauf ankommen kann, ob diese Daten einmal Telekommunikationsbezug hatten, da es aufgrund der neuen Kommunikationsformen nicht mehr eindeutig ist, wann eine Telekommunikationsverbindung abgeschlossen ist. Daher muss auf den Inhalt der ermittelnden Daten abgestellt werden. Wenn die Daten also aus einer Kommunikationsverbindung stammen, so ist Art. 10 Abs. 1 S. 3 GG einschlägig. Daher wurde auch die Maßnahme der Vorratsdatenspeicherung unter Art. 10 Abs. 1 S. 3 GG subsumiert.

Sofern jedoch mit der Rechtsprechung zur E-Mail-Überwachung argumentiert wird, muss konsequenterweise in den Fällen, in denen sich das Datum beim Betroffenen selbst befindet, der Schutzbereich des allgemeine Persönlichkeitsrechts gemäß Art. 2 Abs. 1 i.V.m. Art. 1 Abs. 1 GG eröffnet sein. Die SIM-Karte eines Mobiltelefons befindet sich im Einfluss- und Verantwortungsbereich des Betrof-

597 Vgl. Beschluss des Bundesverfassungsgerichts vom 4.2.2005, 2 BvR 308/04.

fenen, so dass es beim Schutz dieser Daten nicht mehr um die Vertraulichkeit des zur Nachrichtenübermittlung eingesetzten Übertragungsmediums geht. Der Anknüpfungspunkt liegt dann allein beim Mobiltelefon. Dieses stellt sich als Speichermedium dar, das sich mitsamt den Daten in der Hand des Betroffenen befindet. Daraus lässt sich schließen, dass nach der Konzeption des Bundesverfassungsgerichts konsequenterweise in den Fällen des Auslesen der SIM-Karte der Schutzbereich des Art. 10 GG (nicht mehr) tangiert ist, sondern allenfalls ein Eingriff in Art. 2 Abs. 1 i.V.m. Art. 1 Abs. 1 GG oder gegebenenfalls in Art. 13 GG vorliegt, sofern eine vorherige Durchsuchung für die Beschlagnahme des Mobiltelefons notwendig ist. So hat das Bundesverfassungsgericht in Widerspruch zu seinem vorangegangenen Beschluss[598] hinsichtlich der Maßnahme des Auslesens der SIM-Karte sodann auch entschieden.[599] Das Gericht stellte hier klar, dass es sich beim Auslesen der Daten von der SIM-Karte im Herrschaftsbereich des Betroffenen gerade nicht um einen Eingriff in Art. 10 Abs. 1 Alt. 3 GG, sondern um einen Eingriff in Art. 2 Abs. 1 i.V.m. Art. 1 Abs. 1 GG handeln soll. Aufgrund der Digitalisierung hinterlasse jede Nutzung der Telekommunikation personenbezogene Spuren, die gespeichert und ausgewertet werden können, so dass auch diese in den Schutzbereich des Art. 10 Abs. 1 Alt. 3 GG fallen, jedoch endet der Schutz in dem Moment, wenn die Nachricht beim Empfänger ankommt und der Übertragungsvorgang damit beendet ist.[600]

Das Argument, dass im eigenen Herrschaftsbereich eine selbstständige Schutzvorkehrung getroffen werden und insofern auch die Gefahr des Zugriffs durch

---

598 Vgl. BVerfG Beschluss vom 04. Februar 2005, 2 BvR 308/04.

599 Hier hatte sich eine Richterin des Amtsgerichts gegen die Anordnung der Durchsuchung ihrer Wohnung wegen des Verdachts eines Bruchs des Dienstgeheimnisses gewendet. Die Durchsuchung diente im vorliegenden Fall in erster Linie dazu, Kommunikationsverbindungsdaten auf dem Computer und dem Mobiltelefon der Beschwerdeführerin zu ermitteln. Sie war in Verdacht gekommen, mit einem Reporter über ihre Arbeit in Kontakt gewesen zu sein. Im Rahmen einer Durchsuchung wurde das Mobiltelefon ausgelesen – wobei es den Beamten insbesondere auf die Speicherung der abgegangenen und angekommenen Telefonnummern ging, die ausgewertet werden sollten, vgl. BVerfGE 115, 166.

600 Vgl. BVerfGE 115, 166 (183 f.); weiter zum Schutzbereich des Art. 10 Abs. 1 Alt. 3 GG: *G. Hermes*, in: Dreier (Hrsg.), GG-Kommentar, Band I, Art. 10 Rn. 42; *H. Götz*, Kriminalistik 2005, S. 300 (301); *W. Bär*, BVerfG – SIM-Karte, MMR 2005, S. 523 (524); *R. Günther*, NStZ 2005, S. 485 (489).

Dritte minimiert werden kann[601] trifft zwar zu, jedoch sind solche Vorkehrungen nicht verpflichtend, zumal ein Zugriff durch Dritte, insbesondere durch den Staat, gerade nicht vermutet werden muss bzw. sollte. Diese Auslegung dient der genauen Abgrenzung der Schutzbereiche. Es soll eine Vergleichbarkeit mit den sonst in den Schutzbereich des Art. 2 Abs. 1 i.V.m. Art. 1 Abs. 1 GG fallenden Sachverhalten ermöglicht werden, wie etwa dem selbst angelegten Rufnummernverzeichnis in einem Telefon oder den auf einer Computerfestplatte gespeicherten Daten. Daher ist eine SIM-Karte diesen Speichermedien vergleichbar – die spezifischen Risiken eines Übertragungsvorgangs bestehen hier also nicht mehr.[602]

Im Ergebnis führt diese Abgrenzung dazu, dass bei einer Durchsuchung mit dem Ziel der Beschlagnahme des Trägermediums, wie der SIM-Karte oder des Mobiltelefons, Art. 2 Abs. 1 i.V.m. Art. 1 Abs. 1 GG einschlägig ist, jedoch bei der Erlangung derselben Daten per Auskunftsersuchen an die Telekommunikationsdienstleister Art. 10 Abs. 1 Alt. 3 GG einschlägig bleibt. Hier werden also zwei Sachverhalte, die denselben Zweck und dasselbe Ziel verfolgen, unterschiedlich behandelt. Diese Problematik zeigte sich bereits in der Entscheidung zur E-Mail-Überwachung mit denselben Problemen, was das Bedürfnis nach einem technikneutralen Grundrecht hervorruft.

Hinsichtlich des Umfangs des Schutzbereichs des Art. 10 GG wurde in der Entscheidung zur strategischen Telekommunikationsüberwachung klargestellt, dass nicht nur der Kommunikationsvorgang selbst, sondern auch alle damit verbundenen Maßnahmen wie die Erfassung, Speicherung und Weitergabe der Daten von Art. 10 GG erfasst sind und dies zunächst unabhängig davon, welcher Kommunikationsweg im Einzelnen genutzt wird. Dieser Ansicht ist zuzustimmen, da die Daten eindeutig aus Kommunikationsbeziehungen stammen.

Erstaunlich ist jedoch bei der Entscheidung zur Vorratsdatenspeicherung, dass das Gericht die Eröffnung des Schutzbereichs des Art. 10 Abs. 1 Alt. 3 GG unproblematisch bejaht hat, ohne die Daten einem bestimmten Bereich zuzuordnen. So handelt es sich eigentlich um statische Daten, also um solche, die dem

601 Vgl. BVerfGE 115, 166 (183).

602 Beim Beispiel der Daten auf dem Computer sei hier auf das Urteil zur Online-Durchsuchung verwiesen, das selbst auch mehr grundrechtsdogmatische Fragen aufwirft, als es zu beantworten vermag. (vgl. BVerfGE 115, 166 (186)).

Bestand zuzurechnen sind[603], d.h. zwar mit der Kommunikation verwandt, jedoch nicht direkt Kommunikationsinhalt sind. Zwar umfasst Art. 10 Abs. 1 Alt. 3 GG auch die Umstände der Telekommunikation, jedoch werden an den Terminus „Umstand der Telekommunikation" strenge Voraussetzungen geknüpft.[604] Es muss nämlich durch den Umstand der Kommunikation möglich sein, Rückschlüsse auf den Inhalt der Kommunikation zu ziehen, um so eine vergleichbare Eingriffsintensität wie bei inhaltlicher Telekommunikationsüberwachung zu begründen. Im Vergleich zur Abgrenzung der Schutzbereiche bei der Entscheidung zur Online-Durchsuchung wurde klar festgestellt, dass nur die Überwachung von laufender Kommunikation unter den Schutzbereich von Art. 10 GG fallen kann.[605] Es wurde aber nicht danach unterschieden, ob die Bestandsdaten Kommunikationsumstände sein können und somit von Art. 10 Abs. 1 Alt. 3 GG geschützt werden. Daher ist fraglich, wie weit der Begriff des Umstandes definiert werden kann. Im Fall der Vorratsdatenspeicherung speichert der Telekommunikationsdienstleister die angerufene Telefonnummer, den Beginn und das Ende des Telefonats. Solche Daten lassen es zumindest möglich erscheinen, dass auch inhaltebezogene Informationen ermittelt werden können, selbst wenn der Informationsgehalt für sich genommen gering erscheint und erst mit anderen Informationen über andere Ermittlungsmaßnahmen zu verwertbaren Indizien führt. Dennoch haben diese Daten eine direkte Verbindung zum Telekommunikationsvorgang und sagen über diesen etwas aus, so dass der geschützte Umstand der Kommunikation im Sinne des Art. 10 Abs. 1 Alt. 3 GG vorliegt.[606] Ähnlich wie bei der E-Mail-Überwachung scheint das Gericht hier darauf abzustellen, an welcher Stelle die Daten über die Telekommunikation gespeichert sind. Dies erschien im Fall der E-Mail-Überwachung wegen des Anknüpfungspunkts des

603 Da also wie auch bei der Online-Durchsuchung von Bestandsdaten gesprochen werden könnte, erscheint es zumindest fraglich, ob vor diesem Hintergrund die unterschiedliche Behandlung dieser Sachverhalte in der Frage der Eröffnung der Schutzbereiche gerechtfertigt ist.

604 Vgl. BVerfGE 67, 157 (172); BVerfGE 85, 386 (396 f.); BVerfGE 100, 313 (358); BVerfGE 107, 299 (312 f.); *G. Hermes*, in: Dreier (Hrsg.), GG-Kommentar, Band I, Art. 10, Rn. 41.

605 Vgl. BVerfGE 120, 274 (307 f.).

606 So schon die Entscheidung des Bundesverfassungsgerichts vom 27.10.2006, in der es klarstellte, dass auch kurzfristiges Speichern der Verbindungsdaten bei Prepaid-Handys einen Eingriff in Art. 10 Abs. 1 Alt. 3 GG begründet, vgl. BVerfGE, 1 BvR 1811/99; NJW 2007, S. 3055 ff.

Herrschaftsbereichs noch zumindest nachvollziehbar, im Falle der Vorratsdatenspeicherung ist dieses Argument jedoch weniger plausibel, da die Daten selbst nie alleinig in den Herrschaftsbereich des Nutzers fallen. Es sollte daher am Kommunikationsumstand selbst statt an der Herrschaftssphäre angeknüpft werden, um den Schutzbereich des Art. 10 Abs. 1 Alt. 3 GG zu eröffnen.

In der Entscheidung zur Vorratsdatenspeicherung wurde ferner festgestellt, dass Art. 10 GG auf die Ermittlung von IP-Adressen Anwendung findet.[607] Das Gericht hat hier pauschal festgestellt, dass IP-Adressen personenbezogene Daten darstellen. Dies ist jedoch mitnichten der Fall. Vielmehr stellen diese Daten sich nur dann als personenbezogen dar, wenn Rückschlüsse auf den Anschlussteilnehmer möglich sind. Es kommt demnach auf die Bestimmbarkeit an, die dann gegeben ist, wenn die hinter der Einzelangabe stehende Person mit normalerweise zur Verfügung stehenden Kenntnissen und Hilfsmitteln und ohne unverhältnismäßigen Aufwand ermitteln werden kann.[608] Umstritten ist hierbei, wem die Möglichkeit der Bestimmbarkeit zukommen muss, also demjenigen, der über das Datum verfügt oder jedermann.[609] Dies kann jedoch im vorliegenden Fall dahinstehen, da es dem Provider, der die Daten speichert, leicht möglich ist, die IP-Adresse einem Anschlussteilnehmer zuzuordnen.

Hinsichtlich der Maßnahme der Online-Durchsuchung kommt es nach dem Urteil des Bundesverfassungsgerichts auf die Ausgestaltung der Maßnahme an, also ob sie die Telekommunikation oder den auf dem System befindlichen Datenbestand betrifft. Auch hier wird zwischen Bestands- und Telekommunikationsdaten getrennt. Dabei wird jedoch deutlich, dass diese Differenzierung nicht überzeugt, da die Infiltration, die für beide Maßnahmen, unabhängig von der Natur der Daten, notwendig ist, ein und dieselbe Maßnahme darstellt. So fällt nach Ansicht des Bundesverfassungsgerichts die Infiltration unter den Schutzbe-

607 Vgl. BVerfGE 125, 260 (341).

608 Vgl. hierzu im Bezug auf die wenn auch nachrangige Begriffsbestimmung im Bundesdatenschutzgesetz, *P. Gola/R. Schomerus*, BDSG-Kommentar, § 3 Rn. 10.

609 So AG Berlin-Mitte, Urt. v. 27.03.2007, Az. 5 C 314/06; in diese Richtung auch VG Wiesbaden, Beschluss v. 27.02.2009, Az. 6 K 1045/08.WI, Rz. 36 ff. (juris); Schreiben des Bundesministeriums der Justiz an die Landesjustizverwaltungen vom 2. Februar 2009, S. 3; Beschluss der obersten Aufsichtsbehörden für den Datenschutz im nichtöffentlichen Bereich (Düsseldorfer Kreis) am 26./27. November 2009, „Datenschutzkonforme Ausgestaltung von Analyseverfahren zur Reichweitenmessung bei Internet-Angeboten".

reich des Rechts auf Gewährleistung der Vertraulichkeit und Integrität informationstechnischer Systeme gemäß Art. 2 Abs. 1 i.V.m. Art. 1 Abs. 1 GG. Was aber sodann nach der Infiltration im System ermittelt wird, kann durch technische Mittel nicht begrenzt werden, d.h. ob eine Online-Durchsuchung oder eine Quellen-Telekommunikationsüberwachung durchgeführt wird, kann vorher technisch nicht festgelegt werden. Daher ist eine Differenzierung nach der Art der Überwachung nicht sinnvoll, zumal auch die Frage nach dem Umgang mit dadurch entstehenden Zufallsfunden nicht geklärt werden kann. Daher sollte in diesen Fällen das Recht auf Gewährleistung der Vertraulichkeit und Integrität informationstechnischer Systeme einheitlich Anwendung finden.

Eine tatsächliche Konkurrenzsituation im Rahmen der Online-Durchsuchung besteht lediglich bei der Maßnahme der Quellen-Telekommunikationsüberwachung. Das Bundesverfassungsgericht hat in seiner Entscheidung zur Online-Durchsuchung deutlich gemacht, dass die Gefährdungslage von Art. 10 Abs. 1 Alt. 3 GG nicht hinreichend umfasst ist, sofern die Daten ohne Bezug zur laufenden Telekommunikation erfasst werden.[610] Sofern jedoch die laufende Telekommunikation im Fokus der Ermittlung steht, sei Art. 10 GG alleiniger Prüfungsmaßstab.[611] Dies ist insbesondere aufgrund der technischen Gegebenheiten bei Voice over IP-Diensten der Fall. Die Gespräche über Programme wie beispielsweise Skype werden nämlich während des Übertragungsvorgangs verschlüsselt, so dass nur die Gesprächsteilnehmer an den jeweiligen Endgeräten mittels der Entschlüsselungssoftware im Programm des Voice over-IP-Dienstes das Gespräch verstehen können.[612] Technisch wird daher mittels einer Spionagesoftware, einem sog. „Key-Logger“ das Gespräch nach Abschluss der Übermittlung auf dem Endgerät mitgehört.[613] Folglich muss also beim Sender oder Empfänger des Gesprächs angesetzt werden, um das Gespräch abhören zu können.[614]

Für diese Abgrenzung bedarf es aber technischer Vorkehrungen, die klarstellen müssen, worauf sich die Ermittlung nun bezieht. So wird es im Rahmen der In-

---

610 Vgl. BVerfGE 120, 274 (308 f.); hierzu weiter *M. Sachs/T. Krings,* JuS 2008, S. 481 (483).

611 So auch *U. Buermeyer*, Online-Durchsuchung – Verfassungsrechtliche Grenzen, HRRS 2007, S. 329 (331).

612 Vgl. *T. Keber*, Die Polizei 2010, S.167 (168).

613 Vgl. *C. Abate,* Online-Durchsuchung, DuD 2011, S. 122 (124).

614 Vgl. *J. Rux,* JZ 2007, S. 285 (286).

filtration bei der Online-Durchsuchung einfach sein, auch gleichzeitig die Kommunikation über das Internet, neben der Durchsuchung des Systems, abzuhören. Sofern demnach die Quellen-Telekommunikationsüberwachung mittels Infiltration durchgeführt wird, sollen sowohl die Schutzbereiche des Art. 10 Abs. 1 Alt. 3 hinsichtlich des Abhörvorgangs als auch Art. 2 Abs. 1 i.V.m. Art. 1 Abs. 1 GG hinsichtlich der Maßnahme der Durchsuchung selbst eröffnet sein, da sodann auch persönlichkeitsrelevante Eingriffe bewirkt werden können, die unter den Schutzbereich des Rechts auf Gewährleistung der Vertraulichkeit und Integrität informationstechnischer Systeme fallen.[615] Hieran schließt sich die Frage an, ob dabei die Infiltrationsmaßnahme selbst unter Art. 2 Abs. 1 i.V.m. Art. 1 Abs. 1 GG oder unter Art. 10 Abs. 1 Alt. 3 GG fällt. Nach dem Wortlaut des „Rechts der Gewährleistung der Vertraulichkeit und Integrität informationstechnischer Systeme“ muss die Infiltrationsmaßnahme selbst unter diesen Schutzbereich fallen, da dies gerade die Verletzung der Integrität des Systems darstellt.

Es muss aus technischen Gründen die gesamte Maßnahme an Art. 2 Abs. 1 i.V.m. Art. 1 Abs. 1 GG gemessen werden, da es nach der Infiltration unmöglich ist, technische Vorkehrungen hinsichtlich des Ausmaßes der Durchsuchung zu treffen. Es kann also nicht mehr zwischen Quellen-Telekommunikationsüberwachung und Online-Durchsuchung unterschieden werden, da die Durchsuchung alle Daten gleichermaßen betrifft. Eine künstliche Trennung, wie sie vom Gericht vorgeschlagen wird, erweist sich als nicht praktikabel.

Gleiche Probleme wie bei der Maßnahme der Online-Durchsuchung ergeben sich auch bei der Überwachung der mobilen Telekommunikation, die den Strafverfolgungsorganen einen umfassenden Einblick in das gesamte soziale Leben der Betroffenen ermöglicht.[616] Dabei wird zum einen der Inhalt eines Telefonats erfasst. Zum anderen werden aber auch alle anderen Daten, die im Zusammenhang mit dem mobilen Endgerät stehen, erfasst, also auch alle Daten, die auf

---

615 So auch *W. Hoffmann-Riem,* Schutz der Vertraulichkeit und Integrität informationstechnischer Systeme, JZ 2008, S. 1009 (1022); *G. Hornung,* Ein neues Grundrecht, CR 2008, S. 299 (300 f.); so auch im Ergebnis hinsichtlich der Abgrenzung der Schutzbereiche bei der Quellen-TKÜ: *P. Schantz*, KritV 2007, S. 310 (322), der auch hier das „Aufleben“ des Art. 10 GG bei diesen Fallkonstellationen neben ggf. der Schutzbereichseröffnung des Art. 13 GG bejaht.

616 Vgl. *B. Gercke*, Mobilfunkverkehr, StraFO 2003, S. 76 (79).

dem Mobiltelefon gespeichert sind und auf technische Art – auch von außen – ausgelesen werden können.

Zu kritisieren ist daher der durch das Bundesverfassungsgericht zu eng definierte Schutzbereich des Art. 10 Abs. 1 Alt. 3 GG. Hier stellt sich das gleiche Problem wie bei der Online-Durchsuchung. Durch die Einführung von Smartphones, die sowohl die Funktion als Mobilfunkgeräte als auch als elektronischer Kalender, E-Mail-Verwaltung, Kontaktbörse und Internetzugang und -nutzung bereithalten, wird es – gerade auch im Hinblick auf die Herrschaftssphäre – immer schwieriger werden, eine geeignete Abgrenzung zu finden, wann Art. 10 Abs. 1 Alt. 3 GG und wann Art. 2 Abs. 1 i.V.m. Art. 1 Abs. 1 GG Anwendung finden soll. Der genaue Speicherort wird auch hier in vielerlei Hinsicht nicht mehr pauschal festzulegen sein. Auch das bereits angesprochene Cloud Computing[617] bringt keine Erleichterung: hier gibt es gar keine Anhaltspunkte mehr dafür, wo und wie die Daten gespeichert werden. Daher kann der Ort der Speicherung bei der Frage, ob Art. 10 oder Art. 2 Abs. 1 i.V.m. Art. 1 Abs. 1 GG betroffen ist, keine Rolle mehr spielen.

Wie man an den angesprochenen Entscheidungen erkennen kann, soll Art. 10 GG den technischen Neuerungen dynamisch offen gegenüber stehen.[618] Dies muss nach der Analyse der Rechtsprechung des Bundesverfassungsgerichts jedoch bezweifelt werden. Mangels Einschlägigkeit des Merkmals des Telekommunikationsvorgangs oder –umstands soll Art. 10 Abs. 1 GG nicht eröffnet sein.[619] Dies ist jedoch beispielsweise im Hinblick auf Smartphones, die bezüglich der gespeicherten Daten auch inhaltsbezogene Informationen liefern können, nicht nachzuvollziehen. Es ist dabei inkonsequent, Daten über den Verlauf der Telekommunikation als Telekommunikationsumstand unter den Schutz des Art. 10 Abs. 1 Alt. 3 GG zu stellen, inhaltsbezogene Daten aus der Telekommunikation nach der Übermittlung jedoch nicht mehr unter Art. 10 Abs. 1 Alt. 3 GG subsumieren zu wollen. Letztere haben gerade einen noch größeren Tele-

---

617 Vgl. Vgl. *B. Mester*, DuD 2010, S. 675.

618 Vgl. zur Weite der Schutzbereichsbestimmung des Art. 10 Abs. 1 Alt. 3 GG: *M. Pagenkopf*, in: Sachs (Hrsg.), GG-Kommentar, Art. 10 Rn. 14 f.; *C. Gusy,* in: v. Mangoldt/Klein/Starck (Hrsg.), GG-Kommentar, Art. 10 Rn. 14 ff.;

619 Vgl. die Rechtsprechung zur E-Mail-Überwachung.

kommunikationsbezug und einen deutlich intensiveren Persönlichkeitsbezug, der auch von Art. 10 Abs. 1 Alt. 3 GG geschützt werden muss.

Das Bundesverfassungsgericht hat aber einen anderen Weg gewählt: so greift es immer mehr auf die Auffangnorm des Art. 2 Abs. 1 i.V.m. Art. 1 Abs. 1 GG zurück, was weitreichende Konsequenzen hat. So steht zu befürchten, dass es aufgrund der Konvergenz der Medien keine reine Telekommunikation im Sinne des Art. 10 Abs. 1 Alt. 3 GG mehr geben wird. Vielmehr werden die Systeme so miteinander vernetzt, dass selbst Haushaltsgeräte mit dem Handy bedient werden können. Dies bedeutet jedoch, dass Art. 10 GG für neue Techniken obsolet würde; nur noch die klassische Telekommunikation und hieraus entstandene Daten würden von Art. 10 Abs. 1 Alt. 3 GG erfasst.

Anders als *Gusy*[620], der Sachverhalte mit Internetbezug (wohl) als Kommunikation auf Distanz bezeichnet und damit zunächst dem Anwendungsbereich der neuen Grundrechtsausprägung des Rechts auf Gewährleistung der Vertraulichkeit und Integrität informationstechnischer Systeme unterziehen will, muss man eine konsequente Unterscheidung treffen, sofern man kein technikneutrales Datenschutzgrundrecht normieren will. Handelt es sich demnach um Kommunikationsbeziehungen, so ist Art. 10 Abs. 1 Alt. 3 GG der Vorzug zu gewähren, auch und gerade wenn es sich um Kommunikation über das Medium Internet handelt. Bei anderen (Ermittlungs-)Maßnahmen ist sodann auf Art. 2 Abs. 1 i.V.m. Art. 1 Abs. 1 GG in der Ausgestaltung des Rechts der Gewährleistung auf Vertraulichkeit und Integrität informationstechnischer Systeme zurückzugreifen.[621] Dies ist auch vor dem Hintergrund der Konkurrenzregel von Art. 10 GG zu Art. 2 Abs. 1 i.V.m. Art. 1 Abs. 1 GG schlüssig: zunächst ist Art. 10 GG als lex specialis zu prüfen, bevor auf den lex generalis zurückgegriffen werden kann.

---

620 Vgl. *C. Gusy,* Gewährleistung der Vertraulichkeit und Integrität informationstechnischer Systeme, DuD 2009, S. 33 (37).

621 So auch im Ergebnis *C. Gusy*, DuD 2009, S. 33 (39), bei dem aufgrund der Terminologie offen bleibt, welche Kommunikation im Netz gemeint ist; auch *A. Weiß,* Online-Durchsuchungen im Strafverfahren, S. 103.

III. Art. 2 Abs. 1 i.V.m. Art. 1 Abs. 1 GG

1. Informationelle Selbstbestimmung

Das Recht auf informationelle Selbstbestimmung, das bisher als allgemeines Datenschutzgrundrecht herangezogen wurde, ist in der Entscheidung zur Online-Durchsuchung nicht angewandt worden.[622] Das Recht auf informationelle Selbstbestimmung, wie es im Volkszählungsurteil[623] entwickelt wurde, soll den Kontext nicht zu den verschiedenen Sphären, wie die Sozial-, Privat- und Intimsphäre, sondern zu Handlungsfreiheiten herstellen, da sich jeder Privatheitsschutz aus dem Schutz der Freiheit ergibt: der Einzelne soll in der Lage sein selbst zu bestimmen, wie er sich in die Öffentlichkeit begibt und sich dort darstellt.[624] Jedoch ist diese Freiheit durch die Notwendigkeit der Nutzung von medialen Vermittlungswegen für die Kommunikation nicht mehr der freien Entscheidung des Einzelnen zugänglich. Vielmehr ist die Nutzung nicht mehr Freiheitsausübung, sondern Freiheitsverzicht, der mit der Notwendigkeit der Nutzung neuartiger technischer Geräte einhergeht.[625] Es stellt sich demnach weniger die Frage nach einer elektronischen Privatsphäre[626], sondern danach, wie auch bei solchen technischen Gegebenheiten ein ausreichendes Maß an Freiheit und Selbstbestimmung gewährt werden kann. So ist es zweifelhaft, ob das Grundrecht auf informationelle Selbstbestimmung hinreichend wirksam vor dem Zugriff auf die vom informationstechnischen System gespeicherten Datensätzen schützen kann. Denn zum einen beinhaltet die neue Ausprägung des Rechts der Gewährleistung der Vertraulichkeit und Integrität informationstechnischer Sys-

622 So auch *G. Hornung,* Ein neues Grundrecht, CR 2008, S. 299 (301), der die Notwendigkeit einer neuen Ausprägung eines Grundrechtsschutzes aufgrund von größeren Datenmengen nicht erkennen mag und daher das Recht auf informationelle Selbstbestimmung diesbezüglich als ausreichend erachtet. Jedoch wird der Umstand der Abhängigkeit des Einzelnen von der Nutzung der Systeme als „neue Nuance" bezeichnet, was die Entwicklung des neuen „Schutzbereichs" zumindest rechtfertigen kann. Ob dies jedoch ausreicht, lässt *G. Hornung* im Ergebnis offen.

623 BVerfGE 65,1.

624 Vgl. *C. Gusy,* Gewährleistung der Vertraulichkeit und Integrität informationstechnischer Systeme, DuD 2009, S. 33 (34).

625 Vgl. *C. Gusy*, Gewährleistung der Vertraulichkeit und Integrität informationstechnischer Systeme, DuD 2009, S. 33 (34).

626 So *T. Böckenförde*, JZ 2008, S. 925 ff.

teme auch einen Gewährleistungsgehalt, der bereits an der Gefahrenschwelle anknüpft, und zum anderen handelt es sich vorliegend um einen neuen Sachverhalt, der im 21. Jahrhundert immer wieder entstehen kann, sofern die Technik sich nicht grundlegend verändert. Jedoch folgt aus einer neuen und erhöhten Eingriffsintensität nicht unmittelbar die Notwendigkeit einer neuformulierten Grundrechtsausprägung. Das Grundrecht auf Gewährleistung der Vertraulichkeit und Integrität informationstechnischer Systeme stellt für die Fälle, in denen ganze Datensätze ermittelt werden, einen Unterfall[627] des allgemeinen Persönlichkeitsrechts dar.[628] Es handelt sich demnach nicht um einen neuen Grundrechtsstandard.[629]

Damit ist das Grundrecht auf informationelle Selbstbestimmung nur dann betroffen, wenn eine Datenerhebung ohne Infiltration informationstechnischer Systeme erfolgt. Soweit jedoch ein komplexes informationstechnisches System bei der Datenerhebung ausspioniert wird und damit Daten von großer Menge ermittelt werden können, soll nach dem Bundesverfassungsgericht das Grundrecht auf Gewährleistung der Vertraulichkeit und Integrität informationstechnischer Systeme einschlägig sein.[630] Ob es dieser neuen Grundrechtsausprägung bedurfte, ist fraglich. Zumindest wäre es auch möglich gewesen, das Recht auf informationelle Selbstbestimmung derart auszulegen, dass der Schutzbereich auch die Ermittlung ganzer Datensätze umfasst.

Hinsichtlich der Maßnahme des Aufklärens des Internets im Rahmen der Infiltration bei der Online-Durchsuchung[631] könnte jedoch entgegen der Argumentation des Bundesverfassungsgerichts ein Eingriff in das Recht auf informationelle Selbstbestimmung gemäß Art. 2 Abs. 1 i.V.m. Art. 1 Abs. 1 GG vorliegen, wenn in der Absicht, persönliche Daten zu erheben, mithilfe einer Legende eine Internetkommunikation angestoßen wird. Im Regelfall sollen die Identität der Person und die möglicherweise strafrechtlich relevanten Informationen zu dieser Person

627 Vgl. *M. Eifert*, NVwZ 2008, S. 521 (522), der auch die Notwendigkeit für die neue Grundrechtsausprägung im Ergebnis verneint.

628 *U. Fink*, in: Spindler/Schuster, Recht der elektronischen Medien, C. Verfassungsrecht, Rn. 63.

629 So auch *T. Petri*, DuD 2008, S. 443 (445).

630 Vgl. *W. Hoffmann-Riem*, Schutz der Vertraulichkeit und Integrität informationstechnischer Systeme, JZ 2008, S. 1009 (1019); *D. Hömig*, JURA 2009, S. 207 (210); *M. Jäger*, jurisPR-ITR 12/2008, Anm. 2.

631 S.o. Entscheidung des Bundesverfassungsgerichts, 2. Kapitel, B. I. 4.

ermittelt werden. Hierfür werden verdeckte Ermittler eingesetzt, die sich sodann, ähnlich wie V-Männer, in das jeweilige Milieu „einschleichen" sollen – in diesem Fall mithilfe des Internets – um dadurch verwertbare Informationen zu erhalten. So kann man auch im Gegensatz zur Argumentation des Bundesverfassungsgerichts darauf abstellen, dass bei der Internetkommunikation jedermann davon ausgeht, dass der Kommunikationspartner gerade kein Amtsträger ist, sofern er sich nicht als solcher zu erkennen gibt.[632] Die Möglichkeit der Identitätstäuschung kann nämlich nicht die rechtliche Zulässigkeit der Identitätstäuschung durch staatliche Stellen rechtfertigen.[633] So ist nicht nur danach zu unterscheiden, ob der Eingriff in ein offenes oder geschlossenes Kommunikationssystem erfolgt, sondern auch danach, ob und wie sich der Behördenträger als solcher zu erkennen gibt. Anders stellt sich der Sachverhalt nur dann dar, wenn sich das Kommunikationsangebot im Internet so gestaltet, dass es offensichtlich unerheblich ist, wer mit wem kommuniziert. Zu denken wäre hier an Spieleplattformen, die lediglich darauf angelegt sind, Gegner im Internet zu finden, ohne jedoch Kommunikation zu betreiben. Bei solchen Angeboten etwa, bei denen sich mit Name und/oder E-Mail-Adresse angemeldet werden muss, ist also zu unterscheiden: Bei der offenen Ermittlung müsste sich die Behörde auch als solche ausgeben, andererseits handelt es sich bereits bei Nutzung eines Pseudonyms um eine verdeckte Ermittlung, so dass eine grundrechtlich relevante Maßnahme durchgeführt wird.

Fraglich im Hinblick auf die Eröffnung des Schutzbereichs des Rechts auf informationelle Selbstbestimmung erscheint auch die Argumentation des Gerichts in den Fällen der Rasterfahndung[634] und Kfz-Kennzeichenerfassung. Nach Meinung des Bundesverfassungsgerichts ist die Erhebung und Speicherung der Daten, die mangels Treffer mit anderen Datenbanken unverzüglich gelöscht werden, nicht als Eingriff in Art. 2 Abs. 1 i.V.m. Art. 1 Abs. 1 GG zu werten. Dabei

---

632 So *M. Germann*, Gefahrenabwehr und Strafverfolgung im Internet, S. 519; auch *G. Hornung*, Ein neues Grundrecht, CR 2008, S. 299 (305), der die These, im Internet sei Vertrauen nicht überprüfbar und schutzwürdig, für angreifbar hält; auch *M. Eifert*, NVwZ 2008, S. 521 (522), der gerade die Identität des Kommunikationspartners als hochrelevant ansieht, da in der virtuellen Welt nur beim Vertrauen in die Person auch das Selbstbestimmungsrecht gewahrt werden kann. Nur so könne nämlich der Betroffene auch über Preisgabe und Verwendung seiner persönlichen Daten bestimmen.

633 Vgl. *M. Eifert*, NVwZ 2008, S. 521 (522).

634 Vgl. BVerfGE 115, 320 (343).

zeigt sich eine fragwürdige Vorverlagerung der Abwägung in die Eingriffsprüfung.[635] Im Fall der Kfz-Kennzeichenerfassung und der Rasterfahndung erfolgt eine Löschung erst nach der Speicherung und dem darauf folgenden Vergleich mit dem Fahndungsbestand. Da jedoch bereits in der Speicherung ein Eingriff zu sehen ist, kann dieser durch die spätere Löschung nicht ungeschehen gemacht werden. Daher ist es nicht überzeugend, für die Daten die Eingriffsqualität zu verneinen, bei denen nach dem Ergebnis des Abgleichs kein Fahndungserfolg erzielt worden ist.[636] Da es für die handelnden Polizeibehörden lediglich von einem Klick abhängig ist, auch die „Nicht-Treffer-Fälle“ einem Halter zuzuordnen, stellen sich auch diese Daten als personenbezogen dar.[637] Unklar ist auch, ob das Gericht diese „Schutzbereichsausnahme“ auch so statuieren wollte, da es in der Zulässigkeit ausführt, dass jeder Betroffener ist, „in dessen Persönlichkeitsrechte durch die Maßnahme eingegriffen werde“, also gerade auch diejenigen die „lediglich miterfasst“ werden, jedoch keinen Fahndungstreffer ergeben.[638] Dieser Widerspruch zwischen den Ausführungen in der Zulässigkeit und der Begründetheitsprüfung wird vom Gericht nicht aufgelöst, so dass es weiterhin unklar ist, ob nun das „Miterfassen“ von personenbezogenen Daten als Eingriff in das Art. 2 Abs. 1 i.V.m. Art. 1 Abs. 1 GG gewertet werden kann.

2. Recht auf Gewährleistung der Vertraulichkeit und Integrität informationstechnischer Systeme

a. Schutzumfang

Ob es notwendig ist, bezogen auf die (internetunterstützte) Computertätigkeit im Rahmen eines „IT-Grundrechts“ eine neue Grundrechtsausprägung zu schaffen, ist wie bereits oben dargestellt zweifelhaft. Zum einen ist das Recht bezüglich der Gewährleistung der Integrität und Vertraulichkeit informationstechnischer Systeme ein solches, das speziell auf die Modalitäten rund um die Internetkommunikation und Nutzungsnotwendigkeit von moderner Datenverarbeitung zuge-

635 Vgl. *P. Breyer,* NVwZ 2008, S. 824 (824 f.).

636 Vgl. *P. Breyer,* NVwZ 2008, S. 824 (825).

637 Vgl. *A. Roßnagel,* Kennzeichenscanning – Verfassungsrechtliche Bewertung, S. 15.

638 Vgl. BVerfGE 120, 378 (396) im Rahmen der Zulässigkeit beim Prüfungspunkt der Betroffenheit.

schnitten ist.[639] Zum anderen betrifft es jedoch nur einen Teilbereich, der auch durch das Recht auf informationellen Selbstbestimmung gemäß Art. 2 Abs. 1 i.V.m. Art 1 Abs. 1 GG ausreichend geschützt ist. Immerhin ist es im konkreten Falle so, dass durch die „persönlichkeitsbezogene Streubreite“[640] das Gefährdungspotential informationstechnischer Eingriffe deutlich erhöht ist und aufgrund der Masse an Daten eine hohe Eingriffsintensität besteht. Es bedürfte daher auch beim Grundrecht auf informationelle Selbstbestimmung einer deutlichen Ausdehnung des bisher entwickelten Schutzbereichs, um auch diese technisch neueren Maßnahmen hierunter fassen zu können.[641] Zudem besteht für die Bevölkerung durch die Notwendigkeit der Nutzung dieser Informationstechnologie in Form von Computern ein erhöhtes Schutzbedürfnis, zumal die Technik aufgrund ihrer Komplexität nicht komplett beherrschbar ist.[642] So entstehen alleine durch die Tatsache der Verbindung mit dem Internet bereits Daten, die persönlichkeitsbezogen sein können, so dass demnach Recht und Technik auf vielfältige Weise verschränkt sind. So ist es zwar möglich, die Speicherung von Einzeldaten, die etwa von Cookies oder in Caches erfasst werden, zu unterbinden, jedoch ist dies bei anderen Daten bereits nicht versierten Nutzern nicht mehr möglich.[643] Im Ergebnis kann also ohne technische Unterstützung das

---

639 Vgl. *W. Hoffmann-Riem,* Schutz der Vertraulichkeit und Integrität informationstechnischer Systeme, JZ 2008, S. 1009 (1015); inwiefern RFID-Chips auch unter den Schutzbereich fallen und zur problematischen Definition des informationstechnischen Systems vgl. *B. Holznagel/P. Schumacher,* MMR 2009, S. 3 (4 ff.); grundsätzliche Fragen hinsichtlich der Definition des „neuen Grundrechts“ vgl. *T. Hoeren,* MMR 2008, S. 365 (365 f.).

640 So nennt sie *W. Hoffmann-Riem,* Schutz der Vertraulichkeit und Integrität informationstechnischer Systeme, JZ 2008, S. 1009 (1016); gegen die Notwendigkeit einer neuer neuen Ausprägung: *G. Britz,* DÖV 2008, S. 411 (413), die auch den staatlichen Umgang mit Daten und Informationen in einem solchen „neuen“ Grundrecht erwartet hätte.

641 Vgl. *W. Hoffmann-Riem,* Schutz der Vertraulichkeit und Integrität informationstechnischer Systeme, JZ 2008, S. 1009 (1016).

642 Zusammenfassend *G. Britz,* DÖV 2008, S. 411 (412); vgl. auch *C. Gusy,* Gewährleistung der Vertraulichkeit und Integrität informationstechnischer Systeme, DuD 2009, S. 33 (41).

643 So auch *W. Hoffmann-Riem,* Schutz der Vertraulichkeit und Integrität informationstechnischer Systeme, JZ 2008, S. 1009 (1016 f.); so auch im Umkehrschluss zur Anwendbarkeit des Rechts auf informationelle Selbstbestimmung *T. Petri,* DuD 2008, S. 443 (448).

Recht effektiven Datenschutz nicht gewährleisten.[644] Die Verfassung sollte mit dem Recht auf Gewährleistung der Vertraulichkeit und Integrität informationstechnischer Systeme auf das Computerzeitalter eingestellt werden[645], da ein bestimmter Ausschnitt der persönlichen Entfaltung und des gesellschaftlichen Lebens, der sich auch wesentlich in der digitalen Welt abspielt, vor staatlichem Zugriff geschützt werden muss.[646]

Diese neue Ausprägung des Rechts auf informationelle Selbstbestimmung beinhaltet daher zwei Schutzkomponenten: zum einen das der Integrität und zum anderen das der Vertraulichkeit, was bedeutet, dass die Informationen vollständig, richtig und aktuell sein müssen und dass ein System dann als vertraulich angesehen wird, wenn die in dem System verfügbaren Informationen lediglich berechtigten Personen bekannt sind.[647] Es besteht hiernach auch ein systembezogenes Vertrauen. Dies stützt sich auf die Annahme, dass die Infrastruktur so funktioniert, wie es der Nutzer erwarten darf, so dass dieser seine Daten als sicher ansehen kann.[648] Ferner besteht jedoch auch Vertrauen hinsichtlich des Systems selbst, also Schutz vor Einblicken des Staates oder Dritter.[649] Dieser weite Schutzbereich wird dadurch begrenzt, dass nur solche Systeme geschützt sind,

---

644 Vgl. *C. Gusy,* Gewährleistung der Vertraulichkeit und Integrität informationstechnischer Systeme, DuD 2009, S. 33 (35).

645 Vgl. *U. Volkmann,* DVBl. 2008, S. 590.

646 So auch *M. Bäcker*, Das IT-Grundrecht – Bestandsaufnahme und Entwicklungsperspektiven, S. 4 (5); *C. Gusy*, Gewährleistung der Vertraulichkeit und Integrität informationstechnischer Systeme, DuD 2009, S. 33 (34); zur Gefährdungslage und „Computerisierung“ allgemein *W. Hoffmann-Riem,* Grundrechts- und Funktionsschutz für elektronisch vernetzte Kommunikation, AöR 2009, S. 513 (519 ff.).

647 Vgl. *M. Hansen/A. Pfitzmann,* in: Roggan (Hrsg.) Online-Durchsuchungen, S. 131 (132).

648 Vgl. *U. Volkmann*, DVBl. 2008, 590 (592); *W. Hoffmann-Riem*, Schutz der Vertraulichkeit und Integrität informationstechnischer Systeme, JZ 2008, S. 1009 (1012): zum einen hinsichtlich der tatsächlichen Funktionalität der Hard- und Software und zum anderen auch bezüglich des Eingriffs von außen im Rahmen von Störungen oder Manipulationen; *G. Britz*, DÖV 2008, S. 411 (412); kritisierend insoweit *M. Sachs/T. Krings,* JuS 2008, S. 481 (484), die gerade zwischen dem Interesse an und der Erwartung von Vertraulichkeit unterscheiden wollen: die Erwartung sei wenig objektiv zu bestimmen und inwiefern sodann ohne Erwartung des Betroffenen der Vertrauensschutz entfallen könne, bliebe offen.

649 Vgl. auch *D. Hömig*, JURA 2009, S. 207 (209); *G. Britz*, Freie Entfaltung durch Selbstdarstellung, S. 77, insbesondere bezogen auf den Schutz informationeller Selbstbestimmung, aber in der Schutzrichtung vergleichbar.

die auch Daten des Betroffenen in einem dem Computer vergleichbaren Maße gespeichert haben, so dass wesentliche Informationen aus den Daten gefolgert werden können. Die Maßnahme muss also Persönlichkeitsrelevanz besitzen.[650] Da es sich dabei nicht lediglich um punktuelle Daten mit Persönlichkeitsbezug handelt, wie dies beim Sachverhalt der Volkszählung der Fall war, ist nach Ansicht des Bundesverfassungsgericht ein „neuer" Schutzbereich als Ausprägung des allgemeinen Persönlichkeitsrechts geboten. Der Schutz soll dementsprechend sowohl gegenüber Eingriffen durch den Staat als auch gegenüber den Anbietern und Betreibern von (Internet-)Diensten bestehen, die rechtswidrig auf die Verbindung und damit auch auf den Computer zugreifen. Diese neue durch das Bundesverfassungsgericht entwickelte Schutz-/Gewährleistungs-Formel erweist sich daher weniger als neues Grundrecht, als eher als neuer Name für ein neues Phänomen.[651]

Das Recht auf Gewährleistung der Vertraulichkeit und Integrität informationstechnischer Systeme ist mithin so konzipiert, dass es nicht mehr nur Abwehrrecht des Bürgers gegen Eingriffe des Staates, sondern auch gegen Eingriffe Privater darstellt.[652] Der Staat hat hiernach gleichzeitig oder sogar primär die Aufgabe, Bedingungen zu schaffen, dass die Vertraulichkeit auch durch Private geschützt wird und gesichert bleibt, es besteht also eine Gewährleistungsverantwortung bzw. Schutzpflicht des Staates.[653] Maßgeblich ist im vorliegenden Fall, dass durch das neue Recht auf Vertraulichkeit und Integrität informationstechni-

650 Vgl. *W. Hoffmann-Riem,* Grundrechts- und Funktionsschutz für elektronisch vernetzte Kommunikation, AöR 2009, S. 513 (531).

651 Anders *U. Volkmann,* DVBl. 2008, S. 590 (590 f.), der von der Qualität eines neuen Grundrechts spricht.

652 Anders *M. Sachs/T. Krings*, JuS 2008, S. 481 (484), die lediglich die abwehrrechtliche Bedeutung des Rechts als vom Bundesverfassungsgericht gewollt erkennen wollen.

653 Vgl. *C. Gusy*, Gewährleistung der Vertraulichkeit und Integrität informationstechnischer Systeme, DuD 2009, S. 33 (37); *A. Dix,* in: Roggan (Hrsg.) Online-Durchsuchungen, S. 71 (73 ff.); den Gewährleistungsgehalt bejahend, jedoch ohne weitergehende Darstellung vgl. *A. Roßnagel/C. Schnabel,* NJW 2008, S. 3534 (3535); *D. Hömig,* JURA 2009, S. 207 (211); *A. Luch*, MMR 2011, S. 75 (78); vgl. hierzu auch ausführlich *D. Heckmann,* Staatliche Schutz- und Förderpflichten zur Gewährleistung von IT-Sicherheit, in: FS Käfer, S. 129 (136 ff.), der hier insgesamt mehrere Ebenen der Pflichtigkeiten aus dem Gewährleistungsgehalt ableitet: zunächst müsse der Bürger alles tun, was in seinem Wirkungskreis möglich sei, um seine Daten zu sichern, und danach müsse erst subsidiär der Staat für Regelungen sorgen, um Schutzdefizite zu beseitigen.

scher Systeme die technischen Vorgänge und damit mögliche Datenerhebungen bei privaten Unternehmen gerade auch von diesen Privaten selbst zu schützen sind. Diesem Kontrollverlust auf Seiten des Bürgers ist daher von staatlicher Seite zu begegnen, um das Risiko von Funktionsdefiziten und damit verbunden das Risiko des Verlustes von Vertrauen der Bürger in die für sie notwendige Computertechnologie zu vermeiden.[654] Daher sollen auch die privaten Unternehmer wie E-Mail-Provider oder Access-Provider in die Pflicht genommen werden, für den Schutz der persönlichen Daten Sorge zu tragen, da der Staat mangels Einwirkungsmöglichkeit dies nicht selbst leisten kann. Diesem staatlichen Auftrag kann auch nicht entgegengehalten werden, dass es dem Nutzer im Einzelfall möglich sei, durch Selbstschutzmaßnahmen einem Zugriff auf persönliche Daten entgegenzuwirken. Zum einen lässt sich nämlich anzweifeln, ob durch Software wie Firewalls, Verschlüsselungstechniken und Antivirenprogrammen ein effektiver Schutz gewährleistet wird. Zum anderen reicht eine solche reine Schutzmöglichkeit auch nicht aus, um den verfassungsrechtlichen Gewährleistungsschutz entfallen zu lassen. Vielmehr gewährt der Staat Schutz durch Recht, insbesondere mit dem Ziel einheitliche Vorgaben zu schaffen und Selbstschutzmaßnahmen weitgehend obsolet zu machen.[655]

Im Ergebnis handelt es sich beim Begriff der Gewährleistungsanspruchs um eine Privatisierungsfolge, die sich nicht nur auf die Dienstleistung selbst bezieht, wie sich dies aus Art. 87e Abs. 4 und 87f Abs. 1 GG ergibt, sondern auch auf den Grundrechtsschutz im Allgemeinen. Dort, wo der Staat keinen direkten Einfluss haben kann, jedoch Rechtsgüter von hohem Gewicht betroffen sind, bedarf es gewährleistender Regelungen, um den Privaten gleichermaßen hohe Pflichten hinsichtlich des Schutzes aufzuerlegen.

Der Grundrechtsschutz auf informationelle Selbstbestimmung wird mit dem Recht auf Gewährleistung der Vertraulichkeit und Integrität informationstechnischer Systeme im Hinblick auf neue technische Gegebenheiten ergänzt und weiterentwickelt – dieses enthält sowohl einen Abwehranspruchs als auch einen

---

654 Vgl. *C. Gusy,* Gewährleistung der Vertraulichkeit und Integrität informationstechnischer Systeme, DuD 2009, S. 33 (37); *W. Hoffmann-Riem,* Grundrechts- und Funktionsschutz für elektronisch vernetzte Kommunikation, AöR 2009, S. 513 (524, 535); *V. Boehme-Neßler*, Unscharfes Recht, S. 428 (435 ff.)

655 Vgl. *W. Hoffmann-Riem,* Grundrechts- und Funktionsschutz für elektronisch vernetzte Kommunikation, AöR 2009, S. 513 (528 f.).

Gewährleistungsgehalt. Jedoch stellt sich diese neue Grundrechtsdimension nicht von selbst ein: sie verweist vielmehr auf eine Vielzahl von Ausgestaltungs- und Kontrollnotwendigkeiten, mit deren Hilfe nicht bloß ein reiner Schutz der neuen Freiheit gewährt werden soll, sondern mit denen die Freiheit zunächst einmal hergestellt werden muss.[656] Das bedeutet, dass es weiterer einfachgesetzlicher Normen bedarf, um den Schutz des Einzelnen im Hinblick auf Eingriffe auf informationstechnische Systeme zu sichern.

b. Anwendungsbereich

Sofern in Zukunft informationstechnische Komponenten auch in Alltagsgegenständen miteinander kommunizieren, würden sich auch hier die Daten immer weiter potenzieren, so dass der Anwendungsbereich dieses Grundrechts erheblich erweitert würde.[657] Dennoch bleiben Fragen hinsichtlich des zukünftigen Anwendungsbereichs dieses Rechts offen.

Die Frage ist nämlich, welchen Schutz das Grundrecht umfasst: den Besitz eines informationstechnischen Systems und das damit einhergehende Vertrauen, oder das Persönlichkeitsrecht, das dahinter steht.[658] Dies ist gerade vor dem Hintergrund der Rechtsprechung zum Lauschangriff nicht eindeutig zu beantworten. Dabei wurde nämlich im Ergebnis auch auf den Inhalt der abgehörten Kommunikation und nicht auf den spezifischen Schutz der räumlichen Sphäre abgestellt.

Diese Frage stellt sich zukünftig auch bei der Abfrage von Kontodaten bei Kredit- und Finanzdienstleistungsinstituten. Auch hier wird in ein informationstechnisches System vertraut, da gerade Kontoabbuchungen und Kreditkartenauszüge, die ohne Zweifel sehr persönliche Daten enthalten können (z.B. Tank-Rechnungen, Hotelrechnungen, Flugrechnungen, Online-Einkäufe), auch Teil der Privatsphäre sind. Dabei stellt sich wiederum die Frage, worin der Anknüpfungspunkt besteht: Muss das System wirklich das „eigene“ sein, so dass der Anknüpfungspunkt am System selbst liegt. Andererseits könnte aber auch die

---

656 Vgl. *C. Gusy*, Gewährleistung der Vertraulichkeit und Integrität informationstechnischer Systeme, DuD 2009, S. 33 (38).

657 Vgl. *M. Bäcker*, Das IT-Grundrecht – Bestandsaufnahme und Entwicklungsperspektiven, S. 4 (8); sog. „Ubiquitous Computing“, vgl. *M. Hansen/A. Pfitzmann,* in: Roggan (Hrsg.) Online-Durchsuchungen, S. 131 (149).

658 Vgl. *T. Hoeren*, MMR 2008, S. 365 (366).

dahinterstehende Persönlichkeit in Form der Daten selbst geschützt werden, die durch Datenverarbeitungsprogramme gefährdet ist.[659] So zeigt die Definition des Schutzbereichs durch das Bundesverfassungsgericht Schwächen. Gerade in Zeiten der Datenverarbeitung ist es nicht so, dass lediglich solche Speichermedien, die sich im Herrschaftsbereich des Nutzers befinden, persönlichkeitsrechtsrelevante Daten enthalten. Vielmehr muss der Bürger auch darauf vertrauen können, dass andere Systeme, auf die er keinen direkten Zugang hat, vor Eingriffen geschützt werden. Dies gilt umso mehr, als die Zukunft der Speicherung von elektronischen Daten im Cloud Computing, also in der Speicherung der Daten auf irgendeinem Server der Welt eines Internetanbieters[660], liegt. Bei einer zu engen Auslegung des Rechts auf Gewährleistung der Vertraulichkeit und Integrität informationstechnischer Systeme auf eigene Systeme würde dieses damit ein „Einzelfallgrundrecht" bleiben.[661] Daher muss ein „neuer" Anknüpfungspunkt gefunden werden, so dass die Daten weiterhin effektiv durch Art. 2 Abs. 1 i.V.m. Art. 1 Abs. 1 GG geschützt werden. Das Recht auf informationelle Selbstbestimmung wird in diesen Fällen aufgrund des Zugriffs auf Datensätze und nicht einzelne Daten nicht eingreifen. Auch Art. 10 Abs. 1 Alt. 3 GG wird mangels Telekommunikationsbezug nicht zur Anwendung kommen. Daher bedarf es einer erweiterten Auslegung des Begriffs des informationstechnischen Systems, so dass auch fremde Systeme umfasst sind, die personenbezogene Daten Dritter speichern.

Bei der Definition des Anwendungsbereichs hat das Gericht ferner nicht hinreichend berücksichtigt, dass es noch weitere eingriffsintensive Maßnahmen gibt, die durch die Maßnahmen der Infiltration möglich werden. So können permanente Datenübertragungen eingerichtet oder Key-Logger zur Protokollierung von Tastatureingaben eingesetzt werden. Ferner ist es technisch auch möglich, Computer nach der Infiltration fernzusteuern und den Nutzer per Webcam und

659 Vgl. hierzu *M. Kutscha,* Mehr Schutz von Computerdaten durch ein neues Grundrecht?, NJW 2008, S. 1042 (1043).

660 Vgl. ausführlicher: *N. Obenhaus*, NJW 2010, S. 651.

661 Vgl. *C. Gusy*, Gewährleistung der Vertraulichkeit und Integrität informationstechnischer Systeme, DuD 2009, S. 33 (41).

Mikrofon abzuhören.[662] So sind viele Maßnahmen durch eine einmalige Infiltration möglich was Eingriffe in zahlreiche Grundrechte zur Folge hätte, wie solche in Art. 1 Abs. 1, 2 Abs. 1 i.V.m. Art. 1 Abs. 1, Art. 10 Abs.1, Art. 13 Abs.1 GG. Zwar besteht bisher nicht für alle Maßnahmen eine Eingriffsgrundlage. Es wäre aber zumindest begrüßenswert gewesen, wenn der entscheidende Senat zur Zulässigkeit solcher Maßnahmen bereits im Vorhinein Stellung bezogen hätte, da es nur eine Frage der Zeit sein kann, bis solche Überwachungsmethoden zumindest vom Gesetzgeber oder der Exekutive angedacht bzw. durchgeführt werden.

Inwieweit der Schutzbereich des Rechts auf Gewährleistung der Vertraulichkeit und Integrität informationstechnischer Systeme hinsichtlich der Maßnahme der Vorratsdatenspeicherung eröffnet ist, hat das Bundesverfassungsgericht nicht erörtert. Dabei handelt sich auch hier um Daten, die einen Personenbezug haben, aussagekräftige Profilbildungen ermöglichen und auf informationstechnischen Systemen gespeichert sind, so dass die Anwendung des Rechts auf Gewährleistung der Vertraulichkeit und Integrität informationstechnischer Systeme möglich erscheint.[663] Sofern der Vertrauenstatbestand und damit einhergehende Schutz gerade nur für das eigene System und die darauf befindlichen Daten besteht, ist der Schutzbereich nicht eröffnet, da sich bei der Vorratsdatenspeicherung die Daten auf den Speichermedien eines Dritten befinden, auf die der Betroffene selbst keinen Zugriff hat. Daher kann er bereits hinsichtlich des Systems selbst kein Vertrauen haben, da ihm die Ausschlussfunktion des Besitzes am System fehlt.[664] Insofern passt das ohnehin grundsätzlich subsidiäre Recht auf Gewährleistung der Vertraulichkeit und Integrität informationstechnischer Systeme auf diesen Sachverhalt nicht, sofern man mit dem Gericht auf das „eigene" System zur Eröffnung des Schutzbereichs des Rechts auf Gewährleistung der Vertraulichkeit und Integrität informationstechnischer Systeme besteht. Wenn jedoch das Recht in der Zukunft erweitert ausgelegt wird, so fallen alle personenbezogenen Daten auf informationellen Systemen – gleich wo sie gespeichert sind –

---

662 *U. Buermeyer*, Online-Durchsuchung – Technischer Hintergrund, HRRS 2007, S. 154 (158); *P. Schaar/S. Landwehr*, K&R 2007, S. 202 (205); vgl. auch die jüngste Diskussion, angestoßen durch den Chaos Computer Club: http://www.spiegel.de/netzwelt /netzpolitik/0,1518,790768,00.html (Stand: März 2012).

663 Vgl. *B. Hirsch*, NJOZ 2008, S. 1907 (1914).

664 Diese ist jedoch auch notwendig, vgl. *M. Jäger,* jurisPR-ITR 12/2008, Anm.2.

unter das Recht auf Gewährleistung der Vertraulichkeit und Integrität informationstechnischer Systeme.

c. Abgrenzungsfragen

Ferner muss es insbesondere hinsichtlich des Rechts auf Gewährleistung der Vertraulichkeit und Integrität informationstechnischer Systeme eine eindeutige Konkurrenzregel geben. Zwar haben Art. 10 und Art. 13 GG grundsätzlich wegen des Spezialitätsgrundsatzes Vorrang vor Art. 2 Abs. 1 i.V.m. Art. 1 Abs. 1 GG.[665] Fraglich ist jedoch, inwieweit diesbezüglich das Verhältnis zwischen dem Recht auf Gewährleistung der Integrität und Vertraulichkeit informationstechnischer Systeme und dem Recht auf informationelle Selbstbestimmung zu beurteilen ist. Das Bundesverfassungsgericht versteht das Recht auf informationelle Selbstbestimmung als vorrangig und damit spezieller gegenüber der neuen Ausprägung des allgemeinen Persönlichkeitsrechts, sofern das Recht auf informationelle Selbstbestimmung ausreichenden Schutz gewährleistet.[666] Im Verhältnis zu Art. 10 GG könnte dies jedoch zu Wertungswidersprüchen führen, da das Recht auf Vertraulichkeit und Integrität informationstechnischer Systeme im Verhältnis zu Art. 10 Abs. 1 Alt. 3 GG den prozedural stärkeren Grundrechtsschutz durch einen grundsätzlichen Richtervorbehalts statuiert.[667] Daher ist Art. 10 Abs. 1 Alt. 3 GG – sofern man auch hier kein einheitliches Datenschutzgrundrecht normiert – im Hinblick auf Daten aus Telekommunikationsverbindungen vorrangig, sofern eine Trennung der Daten so möglich ist. Anders verhält es sich – wie bereits oben festgestellt – jedoch, sofern für die Datenerhebung eine Infiltration notwendig ist, da es dabei technisch nicht durchführbar ist, zwischen der Maßnahme der Online-Durchsuchung und der Maßnahme der Telekommunikationsüberwachung zu trennen. Dann genießt aufgrund der Infiltrationsmaßnahme das Recht auf Gewährleistung der Vertraulichkeit und Integrität informationstechnischer Systeme gemäß Art. 2 Abs. 1 i.V.m. Art. 1 Abs. 1 GG den Vorrang.

---

665 Vgl. *M. Pagenkopf,* in: Sachs (Hrsg.), GG-Kommentar, Art. 10 Rn. 52; *G. Hermes,* in: Dreier (Hrsg.), GG-Kommentar, Band I, Art. 13 Rn.119.

666 Vgl. BVerfGE 120, 274 (302).

667 Vgl. BVerfGE 120, 274 (331); *G. Britz,* DÖV 2008, S. 411 (414).

B. Grundrechtlicher Kernbereichsschutz

Im Fokus der technisch neuartigen Ermittlungsmethoden steht der Kernbereichsschutz privater Lebensgestaltung. Insbesondere in der Entscheidung zum Lauschangriff, aber auch in fast allen anderen datenschutzrechtlichen Entscheidungen spielt dieser Aspekt eine gewichtige Rolle. Ob ein Sachverhalt dem unantastbaren Kernbereich zugehörig ist, bestimmt sich nach dem Inhalt und danach, ob die Sphäre anderer oder die Belange der Gemeinschaft berührt sind.[668]

Durch das Gericht werden häufig rhetorische Wendungen formuliert, um in konkreten Fällen eine Verletzung des Menschenwürdegrundsatzes verneinen zu können. Insbesondere in der Entscheidung über den Lauschangriff wurde dies deutlich, da es in diesem Fall offensichtlich war, dass regelmäßig zunächst eine Verletzung des Kernbereichs hingenommen werden muss, selbst wenn diese Daten sodann nicht verwertet werden durften.[669] Hier wäre es notwendig gewesen, eine klare Rechtsprechungslinie zu konstituieren. Gerade das Verhalten innerhalb eines Wohnraums ist gelebte Menschenwürde, da dieser Bereich bei der Entwicklung und Wahrung der Persönlichkeit das letzte Refugium darstellt. Dies unterscheidet daher auch die Wohnung von der Computerfestplatte. Die Daten auf dem System selbst, die nun durch das Grundrecht auf Gewährleistung der Vertraulichkeit und Integrität informationstechnischer Systeme geschützt sind, können zwar auch höchstpersönliche Wertungen enthalten und fallen daher auch unter einen absoluten Schutz. Jedoch ist die Computerfestplatte im Unterschied zur Wohnung nur ein Medium wie das Telefon, das der Mensch benutzt. Ihm ist jedoch nicht der gleiche Wert wie dem Schutz der Wohnung zuzuschreiben, in der sich der Mensch ggf. viele Stunden täglich aufhält und jede persönliche Regung frei entfalten kann. Daher sollten die Maßnahmen in der Wohnung strengeren Kernbereichs-Regelungen unterfallen, insbesondere in Bereichen, in denen regelmäßige Kernbereichsverletzungen drohen, wie Schlafzimmer, Bad, etc.[670] Zu begrüßen wäre es daher – auch im Hinblick auf die anderen Überwachungsmaßnahmen – gewesen, wenn das Gericht die strengen Voraussetzungen aus der

668 Vgl. BVerfGE 109, 279 (313); 113, 348 (391).

669 Vgl. BVerfGE 109, 279 (318 f.; 324).

670 Vgl. so auch *R. Poscher*, JZ 2009, S. 269 (271 f., 276 f.), der dieses Modell jedoch i. E. ablehnt, da der Menschenwürdeschutz unabhängig von Räumlichkeiten bestehe.

Lauschangriff-Entscheidung übernommen und somit absolute Grenzen gesetzt hätte.

Fraglich ist jedoch für die Zukunft, wie dieser Kernbereich, insbesondere bei den neuartigen Ermittlungsmaßnahmen, effektiv geschützt wird: So begründet der Schutzgehalt des Kernbereichs zwar grundsätzlich ein Informationserhebungsverbot.[671] Dieses Verbot wird aber dadurch abgeschwächt, dass oftmals erst nach der Erhebung festgestellt werden kann, ob überhaupt ein Eingriff in den Kernbereich vorliegt. Daher wird aus dem Erhebungsverbot ein subsidiäres Informationsverwertungsverbot.[672] Dieses wertet jedoch den Kernbereichsschutz deutlich ab. Daher sollte der Schutz durch vorrangige Nichterhebung erhalten bleiben. Sofern also Anhaltspunkte für die Berührung des Kernbereichs bestehen, ist es folgerichtig und verfassungsrechtlich geboten, nicht auf die ex-post Sicht zu vertrauen, sondern bereits im konkreten Zeitpunkt keine weiteren Ermittlungsmaßnahmen mehr durchzuführen.[673]

Das Bundesverfassungsgericht hat in der Entscheidung zum Lauschangriff die Erhebung von Kernbereichsdaten zu verhindern versucht, indem es die akustische Überwachung von Räumen, die typischerweise Ort von „Kernbereichsverhalten" sind, unter erhöhten Rechtfertigungsdruck stellt.[674] Jedoch kann diese rein ideell erscheinende Vorgabe nicht sicherstellen, dass nicht doch Informationen aus dem Kernbereich geschöpft werden. Daher fordert das Gericht in diesen Fällen zum einen den sofortigen Abbruch der Überwachung und zum anderen die Vernichtung der Daten sowie ein Verwertungsverbot.[675] Um diesen Vorga-

671 So noch der Ausgangspunkt, BVerfGE 109, 279 (318, 324).

672 Vgl. seit BVerfGE 113, 348 (391).

673 So auch *W. Hoffmann-Riem,* Schutz der Vertraulichkeit und Integrität informationstechnischer Systeme, JZ 2008, S. 1009 (1020); anders *W. Bär*, BGH – Online-Durchsuchung, MMR 2007, S. 239 (242), der annimmt, dass der Kernbereich allenfalls am Rande tangiert sei. Dieser Ansicht ist jedoch aufgrund der enormen Nutzung von datenverarbeitenden Geräten nicht zuzustimmen.

674 Vgl. BVerfGE 109, 279 (328 f.); zum Kernbereich privater Lebensgestaltung im Strafverfahren auch *M. Warntjen,* JURA 2007, S.581 (582), *ders.,* Heimliche Zwangsmaßnahmen und der Kernbereich privater Lebensgestaltung, S. 38 f.

675 Vgl. BVerfGE 109, 279 (324, 331 ff.). Dies steht im Gegensatz zur grundsätzlichen Praxis der Beweisverwertung im Strafverfahren, nach der ein Beweisverwertungsverbot nicht generell aus einem Beweiserhebungsverbot folgt (sog. fruit of the poisonous tree doctrine), sondern in Abwägung zur Schwere der Straftat im Einzelfall zu bewerten ist,

ben gerecht zu werden, liegt eine personale „Live"-Überwachung nahe, die dann je nach „abgehörtem Themengebiet" jeweils direkt das Abhören abbrechen kann. Diese Vorgehensweise des Gerichts zeigt jedoch unmittelbar das Dilemma: Es kann keinen absoluten Kernbereichsschutz geben, sofern man heimliche Überwachungsmaßnahmen zulässt, da eine Prognoseentscheidung darüber, ob ein abgehörtes Gespräch oder Verhalten in den Kernbereich privater Lebensgestaltung fällt, regelmäßig erst ex post beurteilt werden kann. Das bedeutet, dass es sich hier gerade nicht um einen absoluten, sondern vielmehr um einen relativen – da nacheilenden – Schutz handelt.[676] Zwar wird hier seitens des Gerichts eingewendet, dass Art. 13 Abs. 3 bis 6 GG insoweit verfassungskonform auszulegen seien und dass nur diejenigen Maßnahmen verfassungsgemäß seien, die den Kernbereich nicht verletzen. Da dies jedoch nur mit Überprüfungsmodalitäten möglich ist, die selbst kernbereichsverletzend sein können, erscheint dies als den Kernbereich nicht absolut schützend.[677] Dadurch, dass der Kernbereich im Einzelfall definiert werden muss und damit faktisch eine Abwägung stattfindet[678], um den Umfang des Kernbereichs zu definieren, verliert der Schutz der Menschenwürde seinen absoluten Rang. Zum einen bestimmt das Gericht bereits, dass Gespräche über Straftaten nicht in den Kernbereich fallen, zum anderen muss bei der Maßnahme jeder Beamter selbständig positiv feststellen, ob bereits eine Verletzung vorliegt oder nicht. Damit ist bereits die Menschenwürde differenziert und abgewogen worden, so dass eine Antastung schon hierin zu sehen ist. So scheint nämlich die Argumentation so weit zu gehen, dass dem Straftäter insofern die Berufung auf die Menschenwürde versagt würde, was gerade nach der Absage an die Figur des besonderen Gewaltverhältnisses nicht zu rechtfertigen ist.[679]

---

vgl. hierzu BGHSt 27, 358; 33, 68; hierzu auch für den präventiven Bereich: *M. Kötter*, DÖV 2005, S. 225 (231).

676 Zum Dilemma des "absoluten Schutzes" vgl. *C. Gusy,* Lauschangriff und Grundgesetz, JuS 2004, S. 457 (458 f.), von der Abmilderung der Eingriffsfolgen sprechend, und damit auch einen Eingriff bejahend *E. Gurlit*, Verfassungsrechtsprechung zur Privatheit, RDV 2006, S. 43 (46); hierzu auch ausführlich *F. Roggan,* in: Roggan/Kutscha (Hrsg.), Handbuch zum Recht der inneren Sicherheit, S. 123.

677 So auch *E. Denninger*, ZRP 2004, S. 101 (102); *J. Ruthig,* GA 2004, S. 587 (590 f.).

678 Vgl. zur Abwägungsnotwendigkeit hinsichtlich der Menschenwürde auch *K.-E. Hain*, Der Staat, Band 45 (2006), S. 189 ff.

679 Vgl. *O. Lepsius,* Großer Lauschangriff (Teil I), JURA 2005, S. 433 (440).

Im Ergebnis kann der Grundgesetzgeber jedoch eine wörtliche Fixierung des Kernbereichs in Art. 13 Abs. 3 GG aufgrund der Vielschichtigkeit der möglichen Überwachungsmaßnahmen gar nicht leisten, da der Kernbereich nicht in jeder Fallkonstellation gleichermaßen definiert werden kann. So umfasst Art. 13 GG mittlerweile Schutzbereich und Schranken für Überwachungsmaßnahmen, die zur Zeit der Gesetzgebung noch nicht ansatzweise vom Gesetzgeber in Betracht gezogen wurden.[680] Dieses Hinwenden des entscheidenden Senats zur sachbereichsspezifischen Konkretisierung des Menschenwürdegehalts zeigt, dass nicht mehr mit undifferenzierten Formeln gearbeitet wird, sondern eine Definition im Einzelfall gefunden werden soll.[681]

Auch hinsichtlich des geschützten Raumes hat das Gericht eine Differenzierung vorgenommen. So soll bei Geschäftsräumen die Vermutung bestehen, dass bei einer akustischen Überwachung grundsätzlich nicht mit einer Kernbereichsverletzung zu rechnen ist.[682] Zwar sind die Geschäftsräume gleichermaßen vom Schutzbereich des Art. 13 Abs. 1 GG umfasst, dennoch ordnet das Gericht dortige Kommunikation lediglich in den Bereich der Sozialsphäre ein und will daher einen schwächeren Schutz vor Überwachungstätigkeiten rechtfertigen. Jedoch ist fraglich, was den geringeren Schutz eines Büros rechtfertigt, den der Inhaber auch mit engsten Vertrauten wie beispielsweise seiner Ehefrau in beruflicher (und ggf. privater) Hinsicht teilt.[683] Durch die Definition des Gerichts lediglich nach dem Inhalt der Kommunikation und nicht nach den „Mauern" der Wohnung ist der Kernbereich jedoch objektiv schwer zu bestimmen. Er soll sich lediglich nach dem Verhalten in den Räumlichkeiten der Wohnung richten, also auf die Personen und die Kommunikationsinhalte abstellen. Daher ist hinsichtlich des Schutzbereichs von Art. 13 Abs. 1 GG auch zu schließen, dass nicht die

---

680 Vgl. *J. Ruthig,* GA 2004, S. 587 (593).

681 Diesen Trend auch in anderem Zusammenhang erkennend: *F. Hufen*, JZ 2004, S. 313 (314 f.).

682 Vgl. BVerfGE 109, 279 (320 f.).

683 Vgl. zu dieser Problematik ausführlich *J. Ruthig*, GA 2004, S. 587 (597); hierzu auch der Streit zwischen EGMR und EuGH, ob Geschäftsräume unter Art. 8 EMRK fallen, vgl. zunächst EGMR, Rs. 10461/83, Urteil vom 30.3.1989, Chappell v. Großbritannien, Rn. 26, 51 und darauffolgend EuGH, Rs. 46/87 und 227/88, Urteil vom 21.9.1989, Rn. 17. Nunmehr hat auch der EuGH in Anlehnung an die Rechtsprechung des EGMR anerkannt, dass auch Geschäftsräume unter Art. 8 EMRK fallen, vgl. EuGH, Rs. C-94/00, Urteil vom 22.10.2002, Roquette Frères v. Directeur général de la concurrence, de la consommation et de la répression des fraudes, Rn. 29.

Wohnung selbst, sondern die jeweilig darin verweilenden Menschen geschützt sind.[684] Problematisch ist jedoch hierbei auch die Überschneidung zu Art. 5 GG, da Art. 13 GG eine solche Differenzierung nach Gesprächsinhalten gerade nicht kennt.

Im Ergebnis kann die Kenntnisnahme von Gesprächsinhalten nicht ungeschehen gemacht werden und das sog. „Weghören" ist eine wenig effektive Maßnahme, um den Kernbereich zu schützen.[685] Daher ist eine verfassungskonforme Auslegung des Art. 13 Abs. 3 GG schwer möglich. Durch die systematische Verfassungsauslegung in der Entscheidung zum Lauschangriff wird jedoch „der Menschenwürdegehalt des Wohnraumschutzes seine Sperrwirkung gegenüber Verfassungsänderungen [verlieren] und nur noch dazu dienen, als Interpretationshilfe einer ansonsten verfassungswidrigen Verfassungsänderung zu einem verfassungsgemäßen Bestand zu verhelfen."[686] Problematisch ist dies vor dem Hintergrund, dass genau diese Beschränkung gerade nicht expressis verbis in Art. 13 Abs. 3 GG verbrieft wurde. Art. 1 Abs. 1 GG schützt nämlich die der Privatwohnung immanente Intimsphäre zur Wahrung der Menschenwürde.

Auch die Ausführungen zum Kernbereichsschutz in der Entscheidung zur vorsorgenden Telekommunikationsüberwachung zeigen die Problematik des nichtabwägungsfähigen Kernbereichs. So formuliert das Gericht, dass das Risiko der Kernbereichsbetroffenheit bei der Telekommunikationsüberwachung dann hinzunehmen sei, sofern ein besonders hoher Rang des geschützten Rechtsguts angenommen werden könne und eine Lage bestehe, die auf einen direkten Bezug zur zukünftigen Begehung einer Straftat schließen ließe.[687] Diese Argumentation kann aber vor dem Hintergrund des Prinzips des absoluten Kernbereichsschutzes nicht überzeugen: auch hier, wie bei der Entscheidung zum Lauschangriff, wird eine Verhältnismäßigkeitserwägung mit dem Zweck der Maßnahme vorgenommen. Dies ist jedoch gerade nicht zulässig.

---

684 Vgl. *J. Ruthig*, GA 2004, S. 587 (598) in Anlehnung an die Entscheidung des Supreme Court in Katz v. US, 389 U.S. 347, 351 (1967): „the Forth Amendment protects people, not places."; auf die individuelle Entfaltung auch abstellend: *O. Lepsius*, Großer Lauschangriff (Teil I), JURA 2005, S. 433 (437, 440).

685 Vgl. BVerfGE 109, 279 (386).

686 BVerfGE 109, 279 (388).

687 Vgl. BVerfGE 113, 348 (392).

In der Entscheidung zur Online-Durchsuchung hat das Gericht weitere Aussagen zum „zweistufigen Schutzkonzept“[688] getroffen. Damit wurde festgestellt, dass kernbereichsverletzende Maßnahmen zwar vorkommen können, diese jedoch auf zweiter Ebene nicht verwertet werden dürfen. Dieses Konzept verweist in der Sache auf die Argumentation in der Entscheidung zum Lauschangriff und zur vorsorgenden Telekommunikationsüberwachung. Hier stellt die gleiche kritische Frage nach der Absolutheit des Kernbereichsschutzes, denn auch hier bedarf es zunächst eines Eingriffs in denselben[689], der sodann auf zweiter Stufe wieder zunichte gemacht werden soll, indem die kernbereichsrelevanten Daten gelöscht werden müssen. Dies macht jedoch den nicht zu rechtfertigenden Eingriff in den Kernbereich nicht rückgängig.[690]

Auch in der Entscheidung zur strategischen Telekommunikationsüberwachung besteht das Problem der Unantastbarkeit des individuellen Kernbereichs. Sofern man diesen hier noch nicht als betroffen ansieht, wäre er zumindest auf Sekundärebene weniger intensiv angetastet worden, wenn man eine nur temporäre Speicherung der Daten zulässt, so dass erst bei der Erhärtung des (gegebenenfalls konkreten) Tatverdachts auf die Daten zugegriffen werden darf.[691] Diese technische Möglichkeit wurde vom Gericht zwar gesehen und aufgezeigt, jedoch nicht weiter verfolgt, geschweige denn gefordert.

Ferner bleibt in den Entscheidungen auch offen, wer die Kernbereichsrelevanz zu beurteilen hat und welche Schutzmechanismen zugunsten der kernbereichsrelevanten Daten zu ergreifen sind. Hierbei sollte auf das Prinzip der Konnexität abgestellt werden. Es sollte eine unabhängige Stelle wie der Richter[692], über die

688 BVerfGE 120, 274 (337, 339).

689 Vgl. *T. Böckenförde*, JZ 2008, S. 925 (932).

690 So auch *P. Schantz*, KritV 2007, S. 310 (323), insbesondere dann, wenn man den Kernbereich aus Art. 1 GG, also der Menschenwürde, ableitet; hierzu auch *D. Hömig*, JURA 2009, S. 207 (212); *U. Buermeyer*, Online-Durchsuchung – Verfassungsrechtliche Grenzen, HRRS 2007, S. 329 (337).

691 Dies auch aufzeigend *H. Schrader*, DuD 1999, S. 650 (652).

692 So ergibt sich die Frage also hinsichtlich des Zeitpunkts der Durchsicht der Daten und der zuständigen Personen, die die Daten sodann überprüfen, so *G. Hornung*, Ein neues Grundrecht, CR 2008, S. 299 (304); der hier vorgeschlagene „Richterband“, beim Lauschangriff so genannt, wird jedoch auch vor dem Hintergrund des erweiterten Kreises derer, denen sodann die Daten vorliegen, kritisiert, vgl. *G. Hornung*, Ermächtigungsgrundlage für die „Online-Durchsuchung“?, DuD 2007, S. 575 (577); zum Vor-

Kernbereichsrelevanz befinden, um so nach objektiven Kriterien urteilen zu können. Sofern die ermittelnde Stelle personengleich mit der Stelle ist, die ggf. die Kernbereichsbetroffenheit feststellen soll, besteht zumindest die Gefahr der Befangenheit[693], selbst wenn unterschiedliche Behördenmitarbeiter mit der Ermittlung einerseits und der Prüfung der Kernbereichsbetroffenheit andererseits befasst sind. Um ganz sicherzugehen, dass die Objektivität bewahrt bleibt, bedarf es daher einer externen Behörde, um die Kernbereichsbetroffenheit zu überprüfen. Zwar kann dies zu einer verspäteten Überprüfung führen, so dass weitere Untersuchungen aufgrund der erlangten Informationen durchgeführt werden, was die Eingriffsintensität in den Kernbereich immer weiter verstärkt. Im Ergebnis ist eine zwingende richterliche Überprüfung aber effektiver, um den Kernbereich privater Lebensgestaltung hinreichend zu schützen.[694]

Im Ergebnis zeigt sich in der Zusammenschau und Entwicklung der Rechtsprechung auch im Hinblick auf die Tagebuchentscheidung des Bundesverfassungsgerichts, eine eindeutige Rechtsprechungslinie: es wurde bisher noch nie eine Maßnahme als Eingriff in den absolut geschützten Bereich bewertet.[695] Den geschützten Kernbereich scheint es in seiner Absolutheit nicht zu geben, da der Sicherheit des Einzelnen und der Gefahrenabwehr oder Strafverfolgung regelmäßig Vorrang vor der Freiheit des Einzelnen gewährt wird und im Ergebnis dann doch eine Abwägung mit dem Schutzgut der Sicherheit der Bürger stattfindet, auch wenn dies in den Entscheidungen des Gerichts als nicht zulässig

---

schlag des Richterbands auch *M. Kutscha,* Mehr Schutz von Computerdaten durch ein neues Grundrecht?, NJW 2008, S. 1042 (1044).

693 So auch *T. Weichert*, MMR 2004, S. 209 (210); *J. Puschke/T. Siegelnstein*, Heimliche Informationsbeschaffungsmaßnahmen, NJW 2005, S. 3534 (3537), zur Effektivität des Lauschangriffs, vgl. *H. Meyer-Wieck*, NJW 2005, S. 2037; hierzu auch eine empirische Untersuchung des großen Lauschangriffs *H. Meyer-Wieck,* Der Große Lauschangriff, S. 332; *C. Möllers,* NJW 2005, S. 1973 (1976) bemängelt hierbei auch, dass die schutzwürdige Kommunikation so de facto von der Polizei festgelegt wird, dies sei jedoch Aufgabe des Grundgesetzgebers bzw. des Bundesverfassungsgerichts und eine „Entscheidung im Range des Art. 79 Abs. 3 GG“ – dadurch würden „alle demokratisch legitimierten Ebenen des Verfassungs- und Gesetzestextes übersprungen“.

694 Vgl. *C. Gusy*, Gewährleistung der Vertraulichkeit und Integrität informationstechnischer Systeme, DuD 2009, S. 33 (40); *G. Hornung,* Ein neues Grundrecht, CR 2008, S. 299 (305), der zwei voneinander unabhängige Stellen vorschlägt: eine, die die Daten erhebt, und eine, die diese auf ihre Kernbereichsrelevanz hin überprüft.

695 Vgl. *E. Denninger*, ZRP 2004, 101.

erachtet wird.[696] Daher bedarf es absoluter Grenzen, die zum einen besser greifbar und zum anderen hinsichtlich der Pflicht zum Schutz des absoluten Kernbereichs effektiver sind.[697] Andererseits öffnete sich der Staat durch die vielen weitgehenden Maßnahmen im Bereich der Gefahrenabwehr und Strafverfolgung eher zu einer „Weltgewaltordnung"[698] als zum verfassungsrechtlich vorgegebenen sozialen Rechtsstaat.

So fasst *Volkmann* das Dilemma um den absolut geschützten Kernbereich treffend zusammen: „Die Formel vom „absolut" geschützten Kernbereich sollte nicht überschätzt werden: Sie verspricht letztlich mehr, als sie halten kann."[699]

C. Wahrung des effektiven Rechtsschutzes

In den analysierten Entscheidungen mussten vor allem materielle Voraussetzungen erfüllt sein, um den Eingriff zu rechtfertigen, wie die Beachtung des Übermaßverbots und die Möglichkeit nachträglichen Rechtsschutzes. In der Entscheidung zum Lauschangriff hat das Gericht jedoch auch formelle Voraussetzungen vorgeschrieben, um das Grundrecht auf informationelle Selbstbestimmung, das gerade im Schutzbereich des Art. 13 GG eine wichtige Rolle spielt, verfahrensmäßig stärker aufzuwerten, so dass dem Datenschutz hinreichend Rechnung getragen wird.[700] Dabei ist bei den Entscheidungen des Bundesverfassungsgerichts erkennbar, dass sich die Frage des „Ob" der Maßnahme teilweise auf die Verfahrensebene verlagert, so dass formelle Voraussetzungen, wie die

696 Vgl. BVerfGE 109, 279 (313); so erkennt *U. Volkmann*, Staatliche Schutzpflichten und Eingriffe in die Freiheitsrechte – Gestaltungsfreiheit des Staates und richterliche Kontrolle, in: Verein Deutscher Verwaltungsgerichtstag e.V. (Hrsg.), Dokumentation 16. Deutscher Verwaltungsgerichtstag, S. 301 (319), dass „der unantastbare Kernbereich also in der Sache immer schon antastbar [war]."

697 Vgl. *F. Roggan,* in: Blaschke/Förster/Lumpp/Schmidt (Hrsg.), Sicherheit statt Freiheit, S. 75 f., der es so formuliert, dass der Gesetzgeber zum Wohle des Kernbereichsschutzes gegebenenfalls auf einzelne Methoden verzichten müsse.

698 So beschreibt es *E. Denninger,* Prävention und Freiheit, S. 29.

699 *U. Volkmann*, Staatliche Schutzpflichten und Eingriffe in die Freiheitsrechte – Gestaltungsfreiheit des Staates und richterliche Kontrolle, in: Verein Deutscher Verwaltungsgerichtstag e.V. (Hrsg.), Dokumentation 16. Deutscher Verwaltungsgerichtstag, S. 301 (319).

700 Vgl. *C. Gusy,* Lauschangriff und Grundgesetz, JuS 2004, S. 457 (460).

vorherige Überprüfung der Maßnahme durch einen Richter verlangt werden, um die Eingriffsintensität zu rechtfertigen.

In der Entscheidung zum Lauschangriff hat das Gericht insbesondere Angaben, die für den Rechtsschutz bedeutsam sind, verlangt, wie beispielsweise die Definition der „Beteiligten“, die im Nachhinein über die Maßnahme zu benachrichtigen sind. Insbesondere muss effektiver Rechtsschutzes nach Ansicht des Bundesverfassungsgerichts gewährleistet sein, um so auch schwerwiegende Eingriffe zu rechtfertigen. Sofern demnach die Maßnahme eingriffsintensiv ist, muss (wenigstens) die nachträgliche Überprüfung der Maßnahme möglich und effektiv sein. Dies ist leider nur ein repressives Mittel – was jedoch bei heimlichen Überwachungsmethoden gleichsam unumgänglich ist. Daher hat das Gericht auch über die Weitergabe der Daten zu anderen Behörden für andere Zwecke detaillierte Vorgaben gemacht, wie z.B. die Kennzeichnungspflicht, was wiederum die hohe Wertigkeit des Schutzguts der Datensicherheit zeigt.[701]

Im Hinblick auf die Entscheidung zur Online-Durchsuchung kann man jedoch auch Kritik an dem vom Bundesverfassungsgericht im Rahmen der Verhältnismäßigkeit geforderten Richtervorbehalt bei der Anordnung der Maßnahme üben. Diese ergibt sich aus dem Umstand, dass sich aufgrund der regemäßigen Eilbedürftigkeit eine vollständige Überprüfung oftmals als zu ineffizient und zeitaufwändig darstellt. So stellt sich der Richtervorbehalt in der Praxis eher als eine reine Formalie dar, als dass ein echter Schutzmechanismus für den Betroffenen besteht. Dennoch ist eine Vorkontrolle zur Sicherung der Rechte der Bürger unumgänglich. Zu kritisieren ist jedoch, dass, sofern eine neutrale Stelle mit der Vorkontrolle betraut ist, bei Gefahr im Verzug diese Vorkontrolle dann entfallen soll, wenn eine anschließende Überprüfung der Maßnahme gewährleistet ist.[702] Im Umkehrschluss bedeutet dies, dass es bei einem statuierten Richtervorbehalt auch in Eilfällen des Einverständnisses eines Richters bedarf, um die Maßnahme durchführen zu können, wohingegen dies gerade bei der Einrichtung einer anderen neutralen Stelle nicht der Fall ist. Diese Unterscheidung ist vor dem Hintergrund der hohen Eingriffsintensität nicht nachzuvollziehen. Hier wäre es geboten gewesen, in Eilfällen, wie dies auch bei anderen Maßnahmen, wie der Woh-

701 Vgl. *C. Gusy,* Lauschangriff und Grundgesetz, JuS 2004, S. 457 (461).
702 Vgl. BVerfGE 120, 274 (332 f.).

nungsdurchsuchung der Fall ist[703], einen Richter- bzw. bei Nichterreichen einen Staatsanwaltvorbehalt zu fordern. Denn nur so kann auch in diesen Fällen ein effizienter Schutz gewährleistet werden. Ein reiner nacheilender Schutz vermag gerade nicht den nötigen Schutz vor ungerechtfertigten Maßnahmen zu vermitteln.

Auch bei der Vorratsdatenspeicherung ist nach Ansicht des Gerichts aufgrund der Intensität des Grundrechtseingriffs die Statuierung eines Richtervorbehalts geboten, wie dies bereits bei der Entscheidung zur Online-Durchsuchung oder Telekommunikationsüberwachung der Fall war. Ob dies in der vorliegenden Konstellation jedoch notwendig ist, bleibt jedoch vor dem Hintergrund der deutlich schwerwiegenderen Maßnahmen wie der Online-Durchsuchung oder der Telekommunikationsüberwachung, bei denen es um echte Inhaltsüberwachung geht, fraglich. Denn hier kann man aus den Daten zunächst nicht unmittelbar auf den Inhalt der Kommunikation schließen, was den Eingriff in seiner Intensität im Vergleich zu den anderen Maßnahmen schwächer erscheinen lässt und die im Vergleich hohe Eingriffsschwelle nicht zu rechtfertigen vermag.[704]

D. Schrankensystematik

Im Fall der Online-Durchsuchung hat das Bundesverfassungsgericht gezeigt, dass es scheinbar in bestimmten Fällen von einer grundrechtsübergreifenden Schrankensystematik ausgeht, um dem Datenschutz organisations- und verfahrensrechtliche Sicherungen einzuräumen.[705] Hier wurde nämlich ein Richtervorbehalt gefordert, obwohl der Wortlaut des dort betroffenen Grundrechts des Art. 2 Abs. 1 i.V.m. Art. 1 Abs. 1 GG einen solchen gerade nicht vorsieht.[706] Woher

703 Vgl. § 105 Abs. 1 S. 1 StPO.

704 Vgl. *M. Möstl*, Das BVerfG und das Polizeirecht, DVBl. 2010, S. 808 (809); dem Gericht hinsichtlich der Eingriffsintensität folgend: *M. Schramm/C. Wegener,* MMR 2011, S. 9 (12).

705 Einen Richtervorbehalt hatte das Gericht bereits schon in BVerfGE 100, 313 (361) bei der Entscheidung zur Telekommunikationsüberwachung im Hinblick auf Art 10 Abs. 1 GG gefordert.

706 So schon *E. Gurlit,* Verfassungsrechtliche Rahmenbedingungen des Datenschutzes, NJW 2010, S. 1035 (1039), *die* zur GPS-Entscheidung des Bundesverfassungsgerichts bereits von einer Forderung des Bundesverfassungsgerichts bezüglich des Richtervorbehalts bei Art. 2 Abs. 1 i.V.m. Art. 1 Abs 1 GG spricht. Es sei also möglich, durch die

diese Schranke des Richtervorbehalts in Situationen mit starkem Eingriffscharakter jedoch kommt, bleibt in diesem Fall unklar.

Angeführt wird hierfür, dass der Vorbehalt eine vorbeugende Kontrolle durch eine unabhängige und neutrale Instanz bietet und dadurch wichtiges Element eines effektiven Grundrechtsschutzes ist.[707] Diskutiert wird dies bei der Prüfung der Verhältnismäßigkeit in Hinblick auf das in Streit stehende Gesetz und Art. 19 Abs. 4 GG. Hierbei verweisen die Richter in ihrem Urteil auf die Entscheidungen zu Art. 13 GG[708], bei dem sich die Frage jedoch in einem anderen Kontext stellt, da hier bereits im Normtext selbst (Art. 13 Abs. 2 GG) der Richtervorbehalt statuiert ist. Dies lässt den Schluss zu, dass bei starken Schutzbereichseingriffen, vergleichbar zu einem Eingriff in Art. 13 GG, auch ein Richtervorbehalt notwendig ist. Somit spricht wiederum einiges für die Lösung der „grundrechtsübergreifenden Schrankensystematik“[709], insb. bei vergleichbaren Eingriffsstärken.

In den Ausführungen des Bundesverfassungsgerichts fehlt allerdings regelmäßig eine klare Zuordnung des Richtervorbehalts. Dies ist insbesondere im Falle der Online-Durchsuchung deswegen so inkonsequent und wirft Fragen auf, da zunächst der Art. 13 GG, der eine solche Schranke vorsieht, in knappen Sätzen als unanwendbar erachtet wird, die in dieser Bestimmung vorgegebene verfahrensmäßige Regelung jedoch erhalten bleiben soll.

Dennoch ist die Entscheidung des Gerichts, bei starker Eingriffsintensität als Schutzmaßnahme auf Sekundärebene einen Richtervorbehalt vorzusehen, zu begrüßen, da es Grundrechtssicherungen durch Verfahren bedarf, um intensive Eingriffe überhaupt rechtfertigen zu können.

Auch die Statuierung des Richtervorbehalts in der Entscheidung zur Vorratsdatenspeicherung, ähnlich wie bei der Online-Durchsuchung, ähnelt der Argumentation des Bundesverfassungsgerichts hin zu einer „grundrechtsübergreifenden

---

Festsetzung eines solchen Vorbehalts der Stärke des Eingriffs durch prozedurale Sicherung gerecht zu werden; vgl. BVerfGE 112, 304 (318 f.).

707 Vgl. BVerfGE 120, 274 (331).

708 Vgl. BVerfGE 107, 299 (325); 103, 142 (151).

709 Vgl. *E. Gurlit,* Verfassungsrechtliche Rahmenbedingungen des Datenschutzes, NJW 2010, S. 1035 (1039).

Schrankensystematik“[710], da Art. 10 GG einen solchen nicht normiert. Dennoch scheint hier der Richtervorbehalt aufgrund der Heimlichkeit der Maßnahme weniger auf den Schutzgehalt des Art. 10 GG, als auf Art. 19 Abs. 4 GG gestützt zu werden. An welchem dieser „Schutzbereiche“ das Gericht den Richtervorbehalt jedoch ansetzen will, bleibt aber letztlich offen. Das Erfordernis des Richtervorbehalts wird somit nicht eindeutig einer Norm zugewiesen.[711]

E. Einschüchterungseffekte/Generalverdacht

Als problematisch erweist sich bei allen heimlichen Überwachungsmaßnahmen der Einschüchterungseffekt. Die Kommunikation unter Menschen ist ein wesentliches Element der Persönlichkeit. Die eigene Meinung frei zu äußern und auch kontroverse Dialoge zu führen, zielt auf die Schärfung des eigenen Profils, so dass das allgemeine Persönlichkeitsrecht eine soziale Dimension beinhaltet. Diese umfasst daher nicht nur den Schutz des Einzelnen, sondern auch die Gesellschaft insgesamt. So kann ein Einschüchterungseffekt – aus Angst abgehört zu werden – eintreten, dem wiederum gesellschaftliche Streuwirkung immanent ist, da grundsätzlich jeder von der Überwachungsmaßnahme betroffen sein kann.[712] Insbesondere durch die (Mit-)Betroffenheit von unbeteiligten Dritten entsteht eine verstärkte (potentielle) Eingriffsintensität, die nur durch hohe Hürden für die Zulässigkeit der Maßnahme gerechtfertigt werden kann. Dabei kann auch die Kennzeichnungspflicht keine größere Hürde für die Datensicherheit darstellen, da dies lediglich beschreibt, dass eine Kennzeichnung der Herkunft der Daten erfolgen muss und daraus folgend auch für die Verwendung zu anderen Zwecken bestimmte Voraussetzungen erfüllt sein müssen. Diese Kennzeichnungspflicht, wie sie bereits im Urteil zur strategischen Telekommunikations-

710 Vgl. *E. Gurlit*, Verfassungsrechtliche Rahmenbedingungen des Datenschutzes, NJW 2010, S. 1035 (1039)

711 Anders *H. Wolff*, NVwZ 2010, S. 751 (752), der den Richtervorbehalt aus Art. 10 GG herauslesen möchte, wobei er kritisiert, dass das ungeschriebene Verfassungsrecht über das geschriebene gestellt würde, was grundsätzlich nicht zulässig sei. Dem ist jedoch entgegenzuhalten, dass die Ausgestaltung im Rahmen der Verhältnismäßigkeit ein durch das Bundesverfassungsgericht entwickeltes und auf dem Rechtsstaatsprinzip beruhendes Prinzip ist, das es auszufüllen gilt.

712 Vgl. *C. Gusy*, Lauschangriff und Grundgesetz, JuS 2004, S. 457 (458); *E. Denninger*, ZRP 2004, S. 101 (103).

überwachung[713] gefordert wurde, betraf zwar Art. 10 GG, wurde aber auch auf Art. 13 GG übertragen. Dies kann daher – auch in Bezug auf den Schutzbereich des Art. 2 Abs. 1 i.V.m. Art. 1 Abs. 1 GG – als „allgemeiner Teil des Rechts der Datenerhebung und -verwendung" bezeichnet werden[714], beinhaltet aber nur einen Sicherungsmechanismus. Der Einschüchterungseffekt selbst bleibt bestehen.

Gerade bei Maßnahmen, die zunächst alle Bürger betreffen, wie die Kfz-Kennzeichenerfassung oder die Rasterfahndung, besteht ein Generalverdacht, der den Einschüchterungseffekt schürt. Dennoch gibt es einen entscheidenden Unterschied zwischen diesen beiden Maßnahmen. Bei der Rasterfahndung werden personenbezogene Daten nach spezifischen Kriterien abgeglichen und nur solche Personen, die diese erfüllen, werden zur weiteren Verwendung erfasst. Im Falle der Kfz-Kennzeichenerfassung werden jedoch alle Kennzeichen, die in diesem Straßenabschnitt aufgenommen wurden, zunächst gespeichert, um diese zu verarbeiten, unabhängig von Kriterien wie Automarke, Farbe oder zumindest Autoklasse. Daher besteht hier ein gewichtigerer Generalverdacht als bei der Rasterfahndung, da zunächst alle Kennzeichen gespeichert werden müssen.

In der Entscheidung zur strategischen Telekommunikationsüberwachung[715] hat das Gericht den Einschüchterungseffekt ebenfalls vernachlässigt. Auch hier wird eine Vielzahl von Daten, wie bei der Rasterfahndung und der Kfz-Kennzeichenerfassung, erhoben, die sodann gegebenenfalls keine zweckmäßigen Ergebnisse erzielen und dann wieder gelöscht werden. Daher stellt sich die Frage, ob die unverdächtigen Bürger nicht bereits auf der Ebene der Datenerhebung zu schonen wären bzw. in diesem Fall eine Beschränkung der Überwachung möglich sein muss. Denn sofern ein Bürger ein Wort in einer Telekommunikationsvorgang nutzt, der im System der strukturellen Telekommunikationsüberwachung als „Keyword" gespeichert ist, beginnt der Prozess der Überwachung, mag die Kommunikation ansonsten noch so „harmlos" sein. Insofern lässt sich der Anlass der Überwachung an einzelnen Worten festmachen, die jedoch wohlmöglich auch in anderem Zusammenhang einen gutartigen Hintergrund hätten. Diese „Begleiterscheinung" stellt sich vor dem Hintergrund des intensiven Eingriffs als nicht verhältnismäßig dar. Hierdurch verschwimmt die Grenze zur vom

713 Vgl. BVerfGE 100, 313.

714 *J. Ruthig*, GA 2004, S. 587 (595).

715 Vgl. BVerfGE 100, 313, näher hierzu s.o. 2. Kapitel B. I. 1.

Bundesverfassungsgericht bis zur Entscheidung zur Vorratsdatenspeicherung nicht als zulässig erachteten anlasslosen Erhebung und Speicherung von Daten; dieses Vorgehen erinnert an eine „verdachtslose Rasterfahndung", bei der alle, die im Raster verbleiben, automatisch überprüft werden.[716] Dies stellt zunächst alle Telekommunikationsteilnehmer unter einen Generalverdacht, es fehlt also an konkreten Anhaltspunkten für die Aufnahme der strategischen Überwachung. Ferner kommt es bei der Weitergabe der Daten aus der Telekommunikationsüberwachung an andere Behörden zu einem Kompetenzproblem. So ist der BND grundsätzlich für die strategische Auslandsüberwachung zuständig, wird jedoch durch die Möglichkeit der Weitergabe der Daten (sog. „Zufallsfunde") zu einer Art „Superpolizeibehörde" aufgewertet. So wird die Tätigkeit des BND mit der der Gefahrenabwehrbehörde und der Strafverfolgungsbehörde zumindest teilweise inhaltlich gekoppelt, so dass dem Trennungsgebot zwischen Staatssicherheitsdienst und Strafverfolgung bzw. Gefahrenabwehr nicht hinreichend Rechnung getragen wird.[717] Im Ergebnis führt dies dazu, dass eine Behörde, die recht weitgehende Kompetenzen hat und grundrechtsintensive Maßnahmen durchführen darf (da sie vornehmlich im Ausland agiert), nun ihre Zufallsfunde auch anderen innerstaatlichen Behörden zur Verfügung stellt. In der Weitergabe der Daten ist daher ein erneuter Eingriff in Art. 10 GG zu sehen, der sich aufgrund der Herkunft der Daten auch als äußert intensiv darstellt, zumal bei

716 Vgl. *H. Schrader*, DuD 1999, S. 650 (651); zur Rasterfahndung: Beschluss vom 5.7. 1995, BVerfGE 93, 181.

717 Vgl. hierzu *I. Staff*, KJ 1999, S. 586 (589 f., 593), die hier darauf abstellt, dass es aus Sicht des Bundesverfassungsgerichts gerade möglich ist, die Daten zu verwenden, so dass dies im Widerspruch dazu steht, dass es grundsätzlich keinen einheitlichen Sicherheitsbegriff gäbe, da es ansonsten eine ausschließliche Gesetzgebungskompetenz des Bundes für die Bereiche der polizeilichen Gefahrenabwehr und der Strafverfolgung geben müsste. *C. Gusy*, Organisierte Kriminalität, GA 1999, S. 319 (325) fasste den Zweck des Trennungsgebots folgendermaßen zusammen: „Der Verfassungsschutz darf zwar viel beobachten, mit seinen Informationen aber relativ wenig anfangen. Die Polizei darf zwar weniger beobachten, mit ihren Informationen aber wesentlich mehr anfangen."; zur Trennung von BND und Polizei ferner *M. Möstl*, Verfassungsrechtliche Vorgaben, DVBl. 1999, S. 1394 (1395 ff.); auch zur Trennung bereits BVerfGE 97, 198 (217); zur formellen und materiellen Seite der Kompetenz vgl. *H.-U. Paeffgen*, StV 1999, S. 668 (670, 677). Anderer Meinung ist *R. Müller-Terpitz*, JURA 2000, S. 296 (302), der die Datenweitergabe hier als verfassungskonform mit dem Bundesverfassungsgericht ansieht, da die rechtsstaatliche Eingrenzung durch das Gericht in ausreichendem Maße vorgenommen worden sei.

Kenntnis der Weitergabemöglichkeit auch der Einschüchterungseffekt noch schwerer wiegt.[718] Daher dürfen die erlangten Daten nur zur Verhinderung von Schwerstkriminalität übermittelt werden, aber auch nur insoweit, wie es die Schutzpflichtaufgabe des Staates erfordert. Eine Datenübermittlung für Vergehen, wie z.B. Verstöße gegen das BtMG, wäre daher nicht gerechtfertigt. Vor diesem Hintergrund ist es auch, wie vom Bundesverfassungsgericht angeführt, richtig, dass der Gefahrenabwehr hierbei ein höheres Gewicht als der Strafverfolgung zukommen muss, da die Vorbeugung von einer schweren Straftat gewichtiger als die repressive Strafe einzustufen ist.[719]

Gleichermaßen wie bei der Telekommunikationsüberwachung besteht der Einschüchterungseffekt auch bei der Online-Durchsuchung und der Quellen-Telekommunikationsüberwachung. Gerade aufgrund der Tatsache, dass die technische Positionierung eines „Trojanischen Pferdes" auch Unbeteiligte treffen kann, müssen eindeutige Voraussetzungen für eine solche Maßnahme statuiert werden, damit gerade die Rechte Unbeteiligter und die Rechte der Betroffenen bezüglich ihrer kernbereichsrelevanten Daten nicht über Gebühr beeinträchtigt werden. Auch die Voraussetzungen, die an die Rechtfertigung des Grundrechtseingriffs der Online-Durchsuchung gestellt werden, sind nicht klar und eindeutig formuliert, was auch den Einschüchterungseffekt schüren kann. Zwar ist mit dem unbestimmten Rechtsbegriff „der drohenden Gefahr für ein überragend wichtiges Rechtsgut" eine klare Vorgabe für den Umstand und das gefährdete Subjekt gemacht worden. Jedoch erfährt diese detaillierte Vorgabe wiederum eine Abschwächung, indem die Erwartungen an die Wahrscheinlichkeit im Falle der Online-Durchsuchung ungenau sein dürfen, was wiederum die materiellen Voraussetzungen herabsetzt. Denn hier wird die konkrete Gefahr zeitlich bereits früher bejaht, als die allgemeine Definition des Gefahrenabwehrrechts dies bestimmt, denn der Begriff der hinreichenden Wahrscheinlichkeit ist nach Ansicht des Bundesverfassungsgerichts eher zu vernachlässigen, sofern bereits ein Hin-

---

718 So auch *H.-U. Paeffgen*, StV 1999, S. 668 (675), der hier auch die fehlende Zweckbindung bemängelt: die Tätigkeiten des BND und der Gefahrenabwehr- oder Strafverfolgungsbehörden seien nämlich gerade zu trennen und könnten so auch nicht die gleichen Zwecken verfolgen.

719 Vgl. dazu ausführlich *H.-U. Paeffgen*, StV 1999, S. 668 (676 f.), der die in Betracht kommenden Delikte darstellt.

weis für die Gefahr eines überragend wichtigen Rechtsguts besteht.[720] Diese offen auslegungsfähige Formulierung des „Hinweises auf eine Gefahr" zeigt hier die Unsicherheit des Gerichts darüber, ob man klare Vorgaben machen soll. Vor dem Hintergrund der Erstellung von Persönlichkeitsprofilen durch die Online-Durchsuchung wird die Möglichkeit eines Missbrauchs eröffnet. Zwar hat das Gericht den intensiven Eingriff in das allgemeine Persönlichkeitsrecht immer wieder betont; jedoch erscheint diese recht offen formulierte Voraussetzung dem Schutzzweck, nämlich dem Schutz der persönlichen Daten, eher abträglich. Zwar ist es im Bereich der Präventivmaßnahmen unmöglich, eine unmittelbare und konkrete Gefahr zu verlangen, um eine Maßnahme zu rechtfertigen. Jedoch wäre es im Rahmen der Gefahrenbegriffe möglich, je nach Eingriffsintensität und Wertigkeit des Schutzguts den jeweils verhältnismäßigsten Zeitpunkt zu wählen. Ein solch ungenauer und abgeschwächter Gefahrenbegriff birgt im Ergebnis Rechtsunsicherheit, sowohl für die Judikative, die sich dem Urteil in ihrer Neufassung annehmen muss als auch für die Exekutive, die sodann nach den Vorgaben handeln soll. Zwar mahnt das Gericht gleichzeitig auch an, keine zu schwachen Eingriffsvoraussetzungen zu schaffen[721]; leider ist es jedoch bei diesen Vorgaben schwer ersichtlich, wie eine Eingriffsermächtigung hiernach verfassungsgemäß ausgestaltet werden kann.

Auch im Fall der Kfz-Kennzeichenerfassung wird mit Generalklauseln gearbeitet. Dies birgt Unsicherheiten für den Bürger, inwiefern unter welchen Umständen eine solche Maßnahme durchgeführt werden darf. Es scheint, als hätte hier der Gesetzgeber eine Art Generalklausel schaffen wollen, indem er lediglich das Mittel der Kennzeichenerfassung regelt und es sodann den jeweils ermittelnden Behörden überlässt, wofür – mangels genauer Definition des Verwendungszwecks – die Daten sodann genutzt werden sollen. Dieses Problem erkannte das Bundesverfassungsgericht und hat die Regelung für mit dem Grundgesetz unvereinbar erklärt. So zeigt diese Entscheidung wiederum die eindeutige Recht-

720 Diese Problematik auch erkennend *G. Britz,* DÖV 2008, S. 411 (415); *M. Kutscha,* Mehr Schutz von Computerdaten durch ein neues Grundrecht?, NJW 2008, S. 1042 (1044); erkennend, aber nicht kritisierend hingegen *D. Hömig,* JURA 2009, S. 207 (212), der dies damit begründet, dass nicht zwingend an den mit dem überkommenden Gefahrenbegriff verbundenen polizeirechtlichen Eingriffsgrenzen festgehalten werden muss; *T. Böckenförde* beschreibt diesen neuen Gefahrenbegriff als „Gefahr sui generis", JZ 2008, S. 925 (931).

721 Vgl. BVerfGE 120, 274 (331).

sprechungslinie, dass zwar gewisse Eingriffe in das Persönlichkeitsrechts hinzunehmen sind, diese jedoch bestimmten Voraussetzungen unterliegen müssen. Ein Eingriff kann also auch nur zum Schutz hochrangiger Rechtsgüter gerechtfertigt werden.[722] Diese Schranken dürfen auch nicht durch intransparente Weitergabe der Daten zu unbestimmten Zwecken unterlaufen werden.

Weiterhin bestehen bei den neuen technischen Möglichkeiten auch für die Polizei und die Ordnungsbehörden neue Ermittlungsmethoden, um beispielsweise Temposünder durch zwei Kontrolleinrichtungen zu erfassen, bei denen durch Erfassung des Weges in Relation zur Zeit die Geschwindigkeit ermittelt werden kann. Gerade daher müssen, damit die Anforderungen an die Bestimmtheit der Norm erfüllt werden, in den Ermächtigungsgrundlagen der Länder differenzierte Darstellungen erfolgen, wofür das Kennzeichenscanning eingesetzt werden darf.[723]

F. Gebot der Datensparsamkeit und Datensicherheit

Die sich an die Ausführungen zu den Einschüchterungseffekten und an die Formulierung von Generalklauseln anschließende Frage betrifft das ursprünglich vom Bundesverfassungsgericht formulierte Gebot der Datensparsamkeit. Bezüglich dieses Gebots hat das Bundesverfassungsgericht einen „neuen Weg", beschritten. Bisher sollte schon auf der Ebene der Datenerhebung so wenig wie

---

722 So argumentiert das Gericht auch in seinem Beschluss vom 23.2.2007 zur Frage der Zulässigkeit von Videoüberwachungen öffentlicher Plätze (vgl. BVerfG NJW 2007, 688). So hat das Gericht eine solche grundsätzlich gebilligt, sofern ausreichende Gründe von Allgemeininteresse vorliegen, die den Eingriff in Art. 2 Abs. 1 i.V.m. Art. 1 Abs. 1 GG rechtfertigen (vgl. NJW 2007, S. 688 (691)). Im Ergebnis hatte die Verfassungsbeschwerde Erfolg, da das ermächtigende Gesetz den Anforderungen an die Bestimmtheit nicht genügte, da § 16 Abs. 1 BayDSG lediglich eine allgemeine Regelung für Datenerhebungen durch staatliche Stellen beinhalte, dies jedoch vor dem Hintergrund der hohen Eingriffsintensität nicht ausreichen könnte. Zum präventiven und repressiven Aspekt der Videoüberwachung und deren Effektivität und Eingriffsintensität hinsichtlich des Art. 2 Abs. 1 i.V.m. Art. 1 Abs. 1 GG vgl. ausführlich *C. Abate*, Videoüberwachung, DuD 2011, S. 451 ff.

723 Vgl. *A. Roßnagel,* Kennzeichenscanning – Verfassungsrechtliche Bewertung, S. 16, 37 mit weiteren Beispielen für die Nutzbarmachung der Technik des Kennzeichenscannings.

möglich gespeichert oder archiviert werden, damit bereits hieraus die Missbrauchsgefahr der Daten gebannt werden konnte. Daher sollte eine anlasslose Speicherung von Daten gerade nicht gestattet sein.[724] Sofern die Daten nicht abgelegt sind, kann nämlich auch ein unberechtigter Dritter keinen Zugriff nehmen. Somit kann auch ein Eingriff in das dem Art. 10 GG innewohnenden Persönlichkeitsrecht vermieden bzw. abgeschwächt werden, so dass der größtmögliche Schutz gewährleistet würde.

Im Unterschied zur Entscheidung zur Volkszählung und zur Telekommunikationsüberwachung[725] wird in der Entscheidung zur Vorratsdatenspeicherung eine anlasslose Speicherung der Daten gebilligt, sofern damit ein bestimmter, dies verfassungsrechtlich rechtfertigender Zweck verfolgt wird. Diese Abkehr von der Volkszählungsentscheidung bahnte sich bereits im vorangegangenen Urteil zur Speicherung der Kontostammdaten durch die Banken an.[726] Vor diesem Hintergrund wird es immer schwieriger, am grundsätzlichen Verbot der anlasslosen Speicherung festzuhalten. Es werden sich nämlich immer legitime Zwecke finden lassen, insbesondere im Rahmen der Gefahrenabwehr und der Strafverfolgung, um eine anlasslose Speicherung rechtfertigen zu können.[727] Ein ausdrückliches Abstandnehmen von der Entscheidung zur Volkszählung ist jedoch aus der Entscheidung nicht zu lesen. Lediglich die gestiegene Bedeutung der Telekommunikation in der heutigen Welt mit den Möglichkeiten für Kriminelle und damit einhergehenden Herausforderungen für die Gefahrenabwehr und Strafverfolgung[728] scheint diese „Richtungsänderung“ erklären zu können.

In den Erwägungen zur Verhältnismäßigkeit lassen sich jedoch keine nennenswerten Unterschiede zu den vorangegangenen Entscheidungen des Bundesverfassungsgerichts feststellen, so dass in diesem Punkt die Rechtsprechung konsis-

---

724 Vgl. zur grundsätzlichen Unvereinbarkeit der anlasslosen Speicherung mit dem Grundgesetz BVerfGE 65, 1 (46); 100, 313 (360); 115, 320 (350); hierzu auch *D. Westphal*, EuZW 2010, S. 494 (496 f.).

725 Vgl. BVerfGE 65, 1 (46f); 100, 313 (360).

726 Vgl. BVerfGE 118, 168.

727 Vgl. Kritik von *C. Ohler*, JZ 2010, S: 611 (626); vgl. Feststellung hinsichtlich der anlassbezogenen Speicherung: *A. Roßnagel*, Die „Überwachungs-Gesamtrechnung“, NJW 2010, S. 1238 (1240).

728 Vgl. BVerfGE 125, 260 (322); *D. Klesczewski*, JZ 2010, S: 611 (629).

tent ist.[729] Problematisch ist hier jedoch, dass zwar nur eine verhältnismäßig geringe Eingriffsintensität besteht, da aus den Daten keine inhaltsbezogenen Informationen ermittelt werden können. Gleichwohl wird eine Sammlung von großen Datenmengen mit großer Streubreite erhoben und dies ohne Beschränkungen, wie beispielsweise Anforderungen an die Wahrscheinlichkeit einer Straftat. Dies lässt zumindest die Frage nach der Angemessenheit der Maßnahme offen[730] und lässt auch an der vom Gericht festgestellten schwachen Eingriffsintensität zweifeln.

Sofern man nun vom absoluten Gebot der Datensparsamkeit Abstand nimmt, müssen aber strenge Regelungen hinsichtlich der Datensicherheit bestehen. Das „Verwalten“ bzw. Speichern der Daten durch Private ist dabei, wie das Bundesverfassungsgericht in der Entscheidung zur Vorratsdatenspeicherung[731] beteuert, nicht die einzige Möglichkeit, wie die Datensicherheit gewahrt werden kann. Es spricht nämlich – zumindest hinsichtlich der Datensicherheit – auch viel für die „staatliche Datenspeicherung“. Diese könnte gerade aufgrund der bestehenden Amtspflichten leichter und der Überwachung zugänglicher, durch staatliche Stellen verwirklicht werden. Auch die Missbrauchsgefahr der Datennutzung bei Privaten ist erheblich höher als im Staatsapparat, da diese die Daten zu ihren Zwecken mindestens genauso gut nutzen können. Dies hat auch das Bundesverfassungsgericht in seiner Entscheidung als problematisch angesehen, jedoch keine weitergehenden Konsequenzen hieraus gezogen.[732] Hinzu kommt, dass dem Bürger bei Verfahren mit persönlichen Daten bei Privaten keine Möglichkeit verbleibt, sich gegen diese Handhabung auf verfassungsrechtlicher Ebene zu wehren. Da die Grundrechte grundsätzlich nur den Staat binden, schwächt den Bürger dies in seiner Position. Die Ausnahme hierzu bildet lediglich die

729 Vgl. die Entscheidungen zum Zwecke der Gefahrenabwehr, bzw. der Strafverfolgung BVerfGE zur Online-Durchsuchung: 120, 274 (321ff); zur Kfz-Kennzeichenerfassung: 120, 378 (428 ff.).

730 So vgl. *J. Puschke/T. Singelnstein*, Heimliche Informationsbeschaffungsmaßnahmen, NJW 2008, S. 113 (118).

731 Vgl. BVerfGE 125, 260 (323 f.).

732 Vgl. BVerfGE 125, 260 (325).

mittelbare Drittwirkung von Grundrechten, wie sie in der Lüth-Entscheidung des Bundesverfassungsgerichts entwickelt wurde.[733]

Auch gegenüber dem technischen Fortschritt hat sich das Bundesverfassungsgericht in seinen Entscheidungen manchmal verschlossen. In seinem Urteil zur strategischen Telekommunikationsüberwachung ging das Gericht von der Sicherheit der Daten aufgrund von technisch (noch) unerfüllbaren Möglichkeiten aus, da damals die digitale Archivierung der ermittelten Daten noch nicht durchgeführt wurde. Es war aber auch damals bereits denkbar, dass die digitale Durchsuchung der aufgezeichneten Daten in den Archiven zu schnelleren Ergebnissen führen wird. Diese neue Möglichkeit führt jedoch wiederum zu einer Intensivierung des Eingriffs, da eine zumindest zeitweilige Speicherung nötig ist. Es durfte also auch schon zur Zeit der Entscheidung nicht darauf vertraut werden, dass es in Zukunft weiterhin technische Unwägbarkeiten gibt, so dass die Datensicherheit gewahrt bleibt[734], also ein Datenschutz durch technische Unmöglichkeit. Dies lässt den Weitblick vermissen und macht es schwer, die Vorgaben des Gerichts auf aktuelle und zukünftige Fälle zu übertragen. Daher bedarf es bei allen Entscheidungen des Gerichts der nötigen Weitsicht, um schon im Vorhinein Vorgaben zu machen, die dem technischen Fortschritt gerecht werden.

Im Hinblick auf der Verfassung entsprechende Umsetzung der Vorratsdatenspeicherungsrichtlinie legte die Justizministerin rund zehn Monate nach dem Urteil des Bundesverfassungsgerichts ein Eckpunktepapier vor, das keine anlasslose Speicherungspflicht mehr vorsah.[735] Dies stellt jedoch im Ergebnis keine europarechtskonforme Umsetzung der Vorratsdatenspeicherungsrichtlinie dar, da gemäß Art. 6 der Richtlinie die sechsmonatige anlasslose Speicherung als Mindestmaß umzusetzen ist.[736] Die abweichende „Umsetzung“ begründet das

---

733 vgl. BVerfGE 7, 198 (205 ff.), *B. Pieroth/B. Schlink*, Grundrechte, Rn. 196 ff.; *G. Hermes*, in: Dreier (Hrsg.), GG-Kommentar, Band I, Art. 10 Rn. 81, der hier von der „Ausstrahlungswirkung“ auf die Privaten spricht; ebenso *H. Dreier*, in: ders. (Hrsg.), GG-Kommentar, Band I, Vorb. Rn. 96 f.

734 Vgl. *H.-U. Paeffgen,* StV 1999, S. 668 (673).

735 Eckpunktepapier des Justizministeriums des Bundes abrufbar unter: http://www.bmj.de /SharedDocs/Downloads/DE/pdfs/eckpunktepapr_zur_sicherung_vorhandener_verkehrs daten.pdf?__blob=publicationFile (Stand: März 2012); hierzu ausführlich *O. Süme,* MMR 2011, S. 141 (142).

736 Vgl. epd medien 2011, Nr. 3, S. 15.

Papier damit, dass die Richtlinie zwar fortbesteht, jedoch im Prozess einer umfassenden Evaluierung ist und auch die Vereinbarkeit mit Grundrechten auf europäischer Ebene überprüft wird. Eine Änderung der Richtlinie sei somit abzusehen, ohne den genauen Zeitpunkt bestimmen zu können. Daher sei die Politik gehalten, „eine Lösung zu finden, die die Einschränkungen grundrechtlich geschützter Interessen auf das zur Sicherung der Belange von Strafverfolgung unabdingbare Maß begrenzt und gleichzeitig den wesentlichen Bedürfnissen der Strafverfolgungsbehörden angemessen Rechnung trägt"[737]. Aus diesem Grund soll es eine anlassbezogene Speicherungspflicht nur bei Personen geben, die einen hinreichenden Anlass dazu geboten haben. Dadurch wird die Menge der gespeicherten Daten begrenzt und mithin dem Grundsatz der Datensparsamkeit Rechnung getragen. Durch das sog. Quick Freeze-Verfahren sollen bereits vorhandene Verkehrsdaten (die gemäß § 96 TKG z.B. für Abrechnungszwecke gespeichert wurden) gesichert werden und den Strafverfolgungsbehörden unter Einhaltung des Richtervorbehalts für eine begrenzte Zeit zur Verfügung stehen.[738]

Diese Vorschläge sind zwar unter dem Gesichtspunkt der Datensparsamkeit zu begrüßen, führen jedoch auf europarechtlicher Ebene zu Problemen, da die Richtlinie zur Vorratsdatenspeicherung, solange sie nicht geändert wird, weiterhin gemäß Art. 288 UAbs. 3 AEUV umzusetzen ist und Deutschland durch die Nicht-Umsetzung ggf. ein Vertragsverletzungsverfahren nach Art. 258 AEUV droht. Diskussionen über eine mögliche Änderung der Richtlinie lassen die Umsetzungspflicht nämlich gerade nicht entfallen.

G. Das Verhältnis von Freiheit und Sicherheit bei neuen Ermittlungsmethoden

Fraglich ist, ob auch der Freiheit des Einzelnen im Bezug auf die Beurteilung der neuen Ermittlungsmethoden genug Gewicht zugemessen wird. So bewirkt nämlich der Vorrang der Sicherheit, wie er bei diesen Ermittlungsmethoden im Hinblick auf die personenbezogenen Daten vorliegt, gerade das Gegenteil. Die

737 Eckpunktepapier des Justizministeriums, S. 2.

738 Im Einzelnen vgl. Eckpunktepapier des Justizministeriums, S. 2 ff; das Quick-Freeze-Verfahren auch befürwortend: *G. Brinkel/J. Lammers,* ZUM 2008, S. 11 (13).

Freiheit des Einzelnen wird durch die (freiwillige) Nutzung der Technik eingeschränkt, da dieser wegen technischer Gegebenheiten gerade nicht mehr frei entscheiden kann, ob und welche Daten in seinem Herrschaftsbereich verbleiben. Durch die Entscheidungen des Bundesverfassungsgerichts wird daher seit dem Urteil zum Lauschangriff[739] deutlich, dass es bei heimlichen Ermittlungsmethoden auf Grundrechtsschutz durch Verfahren Wert legt, um die Zulässigkeit der Maßnahme zu rechtfertigen. Dies birgt jedoch „ein gewisses Misstrauen gegen absolute Grenzen staatlicher Sicherheitspolitik“[740], die gerade die Brücke zwischen Sicherheitsbedürfnis der Gemeinschaft und der Freiheitsforderung des Einzelnen zu schlagen versucht, um beiden Begehren bestmöglich Gewicht zu verleihen. Das bedeutet, dass auch das Bundesverfassungsgericht beim verfassungsrechtlichen Datenschutz vor immer neuen Herausforderungen steht, die es zu bewältigen gilt. Insofern ist die Ausformung eines neuen Schutzgehalts, wie im Recht auf Vertraulichkeit und Integrität informationstechnischer Systeme geschehen, zwar grundsätzlich zu befürworten, da sich das Gericht damit den neuen Gegebenheiten stellt.

In der Zusammenschau aller Entscheidungen wird man aber feststellen müssen, dass vom früheren Freiheitsverständnis aus dem Volkszählungs-Urteil nicht mehr viel übrig geblieben ist.[741] Vielmehr muss aus sicherheitspolitischen Gründen der Freiheitsschutz regelmäßig im Hinblick auf die Sicherheitsgewährleistung des Staates zurückstehen. Nach den Terroranschlägen des 11. 9. 2001 hat sich das Verhältnis stark verändert und somit auch die Sicht auf die oftmals im Vorfeld eingreifenden Ermittlungsmethoden. Die daraus entstandene Prognoseunsicherheit bezieht sich dabei jedoch weniger auf das „Ob“ sondern mehr auf das „Wann, Wo und Wie“.[742] Daraus jedoch zu schließen, dass man auch nicht zu rechtfertigende Eingriffe in das Recht auf informationelle Selbstbestimmung gemäß Art. 2 Abs. 1 i.V.m. Art. 1 Abs. 1 GG hinnehmen müsste, um effektive Sicherheitsmaßnahmen durchführen zu können, ist gerade nicht im Sinne des

739 Vgl. BVerfGE 109, 279.

740 Vgl. *C. Gusy,* Lauschangriff und Grundgesetz, JuS 2004, S. 457 (461).

741 Vgl. *H.-U. Paeffgen*, StV 1999, S. 668 (674); hierzu auch *W. Hassemer*, Staat, Sicherheit und Information, in: Erscheinungsformen des modernen Rechts, S. 241.

742 *G. Roellecke*, JZ 2006, S. 265 (269).

Grundgesetzes. Daher sollte sein Hüter, das Bundesverfassungsgericht, der Freiheit des Einzelnen das gebührende Gewicht zukommen lassen.[743]

Es wird auch im Hinblick auf die richterliche Kontrolle schwieriger werden, der Freiheit ausreichendes Gewicht zukommen zu lassen, da im Wege der Risikovorsorge nahezu alle Maßnahmen als gerechtfertigt angesehen werden können – gerade dem Terrorismus lässt sich aufgrund der umfangreichen Vorfeldmaßnahmen anderweitig nicht adäquat entgegentreten. So verliert jedoch das materielle Recht an Handhabbarkeit: die „Handlungsebene" erhält durch die Ermächtigungsgrundlage erweiterte Möglichkeiten, die auf der „Rechtsseite" mangels Überprüfbarkeit im Rahmen der Risikovorsorge verloren gehen.[744] Das bedeutet, dass die Ermittlungsbehörden immer weitergehende Handlungsermächtigungen erhalten, die jedoch aufgrund des fehlenden Begriffs der konkreten oder gegenwärtigen Gefahr im Vorsorgebereich, kaum überprüfbar sind. Daher müssen auch hierfür neue Kriterien gefunden werden, um das Rechtsstaatsprinzip – auch in Zeiten des Vorsorge-Rechtsstaats – nicht gänzlich auszuhöhlen.[745]

Die angesprochenen Entscheidungen zeigen daher exemplarisch wie schwierig es ist, Freiheit und Sicherheit in ein angemessenes Verhältnis zueinander zu bringen. Probleme ergeben sich dabei nicht in den Fällen, in denen die Sicherungen gerade auch der freiheitlichen Entfaltung dienen. Vielmehr bedarf es dann einer Entscheidung, wenn das Bedürfnis nach Sicherheit so groß ist, dass damit ein starker Freiheitsverlust einhergeht.[746] So ist bei etwaigen Widersprü-

743 Vgl. dazu *G. Roellecke,* JZ 2006, S. 265 (269), der davon spricht, dass „man dann eben mit einer erhöhten terroristischen Gefahr leben müsse", sofern man gewisse Ermittlungsmethoden nicht zulassen wolle.

744 *U. Volkmann,* Staatliche Schutzpflichten und Eingriffe in die Freiheitsrechte – Gestaltungsfreiheit des Staates und richterliche Kontrolle, in: Verein Deutscher Verwaltungsgerichtstag e.V. (Hrsg.), Dokumentation 16. Deutscher Verwaltungsgerichtstag, S. 301 (313).

745 So verweist *U. Volkmann,* Staatliche Schutzpflichten und Eingriffe in die Freiheitsrechte – Gestaltungsfreiheit des Staates und richterliche Kontrolle, in: Verein Deutscher Verwaltungsgerichtstag e.V. (Hrsg.), Dokumentation 16. Deutscher Verwaltungsgerichtstag, S. 301 (316) hier auf den sog. Sekundärrechtsschutz: also die grundrechtssichernde Ausgestaltung des Verfahrens.

746 Vgl. *W. Brugger*, Freiheit und Sicherheit, S. 103 f., der die Grenze hier durch den Gesetzgeber ziehen will – „ über das demokratisch legitimierte Gesetz, nach einem offenen politischen Diskurs, unter Achtung grundrechtlicher Grenzen und deren gerichtlicher

chen entweder eine rechtspolitische Entscheidung im Rahmen einer Grundgesetzänderung oder eine neue Entscheidung des Bundesverfassungsgerichts nötig, die gegebenenfalls eine Änderung der Rechtsprechung bei der Auslegung des Art. 2 Abs. 1 i.V.m. Art. 1 Abs. 1 GG und deren Schranken zur Folge hat.[747] Schwierig und grenzenlos wird es jedoch, wenn man bei der drohenden Gefahr terroristischer Angriffe generalklauselartig jegliche Eingriffe in Art. 2 Abs. 1 i.V.m. Art. 1 Abs. 1 GG zulässt und diese generell mit dem Zweck der Terrorabwehr rechtfertigen will.[748]

Der Ausgleich von Sicherheit und Freiheit ist bei den neuen Ermittlungsmaßnahmen somit kaum mehr adäquat möglich. Allein ein absoluter Kernbereichsschutz kann hier das Minimum an Freiheitsgewährleistung bringen. Dies würde jedoch zum Ergebnis führen, dass (fast) alle Ermittlungsmaßnahmen aufgrund der sicheren Möglichkeit, auch kernbereichsverletzende Daten zu erhalten, verfassungswidrig sind – ein Zugriff auf Daten mit persönlichem Charakter bliebe somit verwehrt. Dies ist jedoch vor dem Hintergrund der internationalen Gefährdung und insbesondere auch der europäischen Entwicklung im Bereich der Gefahrenabwehr – wie bei der Vorratsdatenspeicherungsrichtlinie ersichtlich – schwierig. Daher kann es Grundrechtsschutz nur noch durch strenge verfahrensrechtliche Vorgaben geben. Hierzu gehören die Vorgaben des Richtervorbehalts und die strikte Einhaltung des Konnexitätsprinzips und der Datensparsamkeit. Insbesondere bei der Frage nach der Kernbereichsbetroffenheit einer Maßnahme bedarf es strenger Regelungen, um zumindest auf sekundärer Ebene einen Ausgleich zu schaffen.[749] Dem Richter in seiner Funktion als „neutraler Dritter" kommt dabei eine Doppelfunktion zu – zum einen hat er darüber zu entscheiden, ob eine Maßnahme überhaupt durchgeführt wird und zum anderen, welche aus der Maßnahme erlangten Daten für die weitere Verwendung durch die Behörden zugelassen werden dürfen.

Überprüfung, aber auch unter Berücksichtigung sozialer Anforderungen an Freiheitssicherung."

747 So auch *C. Gröpl*, Das verfassungsrechtliche Konzept der informationellen Selbstbestimmung und des Datenschutzes, in: FS Käfer, S. 95 (100 f.), der die Entwicklung hin zur richterlichen Rechtsfortbildung des Bundesverfassungsgerichts bereits in der Entwicklung des Allgemeinen Persönlichkeitsrechts sieht.

748 Vgl. *J. Köcher*, DuD 2009, S. 20 (21).

749 So auch *M. Hansen/A. Pfitzmann/A. Roßnagel*, DRiZ 2007, S. 225 (229).

Sofern jedoch Voraussetzungen geschaffen werden wie das Vorliegen einer konkreten oder gegenwärtigen[750] Gefahr, wie dies für die Zulässigkeit der Rasterfahndung der Fall war, wird im präventiven Ermittlungsbereich aus Zeitgründen für diese Maßnahmen wenig Raum verbleiben. Für Vorfeldmaßnahmen im Bereich der Kriminalität gibt es (noch) keine konkrete Gefahr bzw. muss diese erst erforscht werden. So ist für den Fall, dass die Gefahr für die betroffenen Rechtsgüter bereits konkret ist, die „Gefahrverhinderung das polizeiliche Gebot der Stunde, nicht mehr aber nur ihre Ermittlung".[751]

Daher muss der Gesetzgeber eine andere verhältnismäßige Regelung finden, die dem Freiheitsbedürfnis des Einzelnen im Sinne des Grundgesetzes hinreichend Rechnung trägt, aber dennoch notwendige Maßnahmen zum Schutz der Bürger zulässt. Beispielsweise könnten sich die Behörden mit weniger sensiblen Datensätzen „begnügen", wie z.B. solche der staatlichen und nicht der privaten Stellen, was zwar sodann weniger effektiv sein könnte, jedoch auch weniger eingriffsintensiv.[752] Grundsätzlich bleibt jedoch die Frage offen, ob es für Vorfeldmaßnahmen nicht eines anderen Parameters bedarf, um diese Maßnahmen verfassungsrechtlich zu ermöglichen. So könnte man hier an neue Kriterien für Eingriffe in datenschutzrechtlich relevante Informationen denken, die nicht an

---

750 Vgl. *W. Bausback*, NJW 2006, S. 1922 (1923); auch *H. Brenneisen/D. Bock*, DuD 2006, S. 685 (686, 690), der auf den beträchtlichen Zeitraum der Rasterfahndung hinweist, so dass die Gegenwärtigkeit der Gefahr dazu führe, dass die Rasterfahndung sich selten als effektiv erweise; zum Problem der Gegenwärtigkeit ausführlich *C. Gusy*, Rasterfahndung nach Polizeirecht?, KritV 2002, S. 474 (478 f.); *ders.*, Geheimdienstliche Aufklärung und Verfassungsschutz, in: Koch (Hrsg.), Terrorismus – Rechtsfragen der äußeren und inneren Sicherheit, S. 93 (116), der daher die Rasterfahndung als „Verdachtsgewinnungseingriff" – wohl in Anlehnung an die und gleichzeitiger Distanzierung von der polizeirechtlichen Figur des Gefahrerforschungseingriffs – bezeichnet; so auch *U. Volkmann,* JZ 2006, S. 918; dies als „Verdächtigengewinnungseingriff" bezeichnend *C. Hillgruber*, JZ 2007, S. 209 (212).

751 *C. Kirchberg*, CR 2007, S. 10 (12). Diese Kritik äußert auch Haas in ihrem Sondervotum, vgl. BVerfGE 115, 320 (381); so auch *C. Schewe*, NVwZ 2007, S. 174 (176); die zukünftige Nutzung unter den strengen Voraussetzungen auch verneinend *W. Frenz,* NVwZ 2007, 631 (634 f.); dies auch kritisch beurteilend: *U. Volkmann,* JZ 2006, S. 918 (920), *ders.* JURA 2007, S. 132 (136), der die „Überforderung des Gefahrenbegriffs" durch die Festsetzung von Wahrscheinlichkeitsgraden bei der Terrorismusabwehr rügt; grundsätzlich zum Polizeirecht als Vorfeldrecht vgl. *M. Möstl*, Die neue dogmatische Gestalt des Polizeirechts, DVBl. 2007, S. 581 (581 f.).

752 Vgl. *C. Schewe,* NVwZ 2007, S. 174 (177).

den herkömmlichen Gefahrbegrifflichkeiten anknüpfen, sondern im Verhältnis zur Bedrohung als rechtmäßig zu bewerten sind. Dabei muss auf die Notwendigkeit eines konkreten Störers verzichtet werden, den es bei Vorfeldmaßnahmen schwerlich geben kann. So besteht nunmehr das Gefahrenabwehrrecht in der Form eines effektiven Vorfeldrechts, das durch klare verfassungsrechtliche Strukturen seine Schranken erfährt.[753] Die Behörde muss demnach zunächst aufgrund allgemeiner Verdachtsmomente handeln dürfen, um diese sodann mit Tatsachen zu untermauern.[754] Hinsichtlich der Effektivität darf jedoch auch nicht verschwiegen werden, dass die Rasterfahndung bisher keinerlei nennenswerte Ergebnisse hinsichtlich sog. „Schläfer" in Deutschland bringen konnte.[755] Daher ist der Ansicht des Gerichts insoweit zuzustimmen, dass nicht jede Wahrscheinlichkeitsprognose zu einer Rechtfertigung des Datenabgleichs führen darf.[756] Es bedarf hierbei zumindest einer durch Tatsachen gefestigten Prognose der Erfolgsaussichten, auch um die Missbrauchsgefahr, die regelmäßig mit der Erhebung von persönlichen Daten mit einhergeht, einzudämmen.

Auch bei der Entscheidung über die strategische Telekommunikationsüberwachung wird der Weg von der individuellen Freiheit hin zur Gewährleistung der Sicherheit durch flächendeckende Kontrolle deutlich. Dabei stellt das Gericht zur Rechtfertigung der Maßnahmen mehrmals auf den Primärzweck der Überwachungsmaßnahme ab.[757] Damit soll die hochrangige Bedeutung der Überwachung im Verhältnis zur Freiheit des Einzelnen unterstrichen werden. Dies ist jedoch weiterhin ein tiefgreifender Einschnitt in die Freiheit, bei dem es gerade bei der anlasslosen Datenerhebung des BND auch nach Ansicht des Gerichts keines konkreten Tatverdachts bedarf, sofern ein hochrangiges Gemeinschaftsgut betroffen sein könnte. Diese Möglichkeit kann jedoch bei einer solchen Ein-

---

753 Vgl. *M. Möstl,* Die neue dogmatische Gestalt des Polizeirechts, DVBl. 2007, S. 581 (588 f.).

754 Vgl. *M. Möstl*, Die neue dogmatische Gestalt des Polizeirechts, DVBl. 2007, S. 581 (586).

755 Vgl. BVerfGE 115, 320 (324), ganz im Gegenteil führten die Raster-Ergebnisse zu vielen zu überprüfenden Personen, wie *C. Gusy,* Rasterfahndung nach Polizeirecht?, KritV 2002, S. 474 (487 f.) darstellt. Hiernach blieben Tausende sog. „Recherchefälle" übrig, die weiterer Überprüfung bedurften. Dies stellt mangels genauerem Tatverdacht oder -anhaltspunkt auch einen enormen personellen Aufwand dar, der mit der Maßnahme in keinem Verhältnis steht.

756 So auch *H. Haverkamp*, HFR 2009, S. 105 (117).

757 Vgl. BVerfGE 100, 313 (370, 372, 390).

griffsintensität nicht ausreichen.[758] So hat das Gericht zwar den intensiven Eingriff erkannt, aber als im Ergebnis gerechtfertigt angesehen. Dies hätte anhand der angeführten Argumentation des Gerichts jedoch auch gegenteilig entschieden werden können und müssen.

4. Kapitel – Lösungsvorschlag für ein neues Datenschutzgrundrecht

„Das Recht auf informationelle Selbstbestimmung kann nur gewährleistet werden, wenn es durch besondere Vorkehrungen für die technische Durchführung und Organisation der Erhebung, Verarbeitung und Nutzung personenbezogener Daten gesichert wird. Angesichts der weit fortgeschrittenen Digitalisierung der automatisierten Datenverarbeitung und ihrer Allgegenwart, angesichts der Verkettbarkeit personenbezogener Daten kommt technischen und organisatorischen Schutzvorkehrungen eine immer größere Bedeutung zu.“[759] Unter diesen Prämissen bewertet die Konferenz der Datenschutzbeauftragten des Bundes und der Länder die künftigen Herausforderungen, vor denen die Datenschützer in Bezug auf die vom Recht auf informationelle Selbstbestimmung geschützten Daten stehen. Grundsätzlich – und dies ist unabhängig von der Einordnung zu dem einen oder anderen Grundrecht festzustellen – sind die besten Vorhaben sinnlos, sofern eine technische Absicherung fehlt oder nur in ungenügendem Maße Anwendung findet. Im Ergebnis führt es regelrecht zu einer lediglich repressiv wirkenden Rechtsprechungslinie, die es zu durchbrechen gilt, was jedoch durch die rasante Entwicklung der Technik immer schwieriger erscheint.[760]

758 So auch *H. Schrader,* DuD 1999, S. 650 (651), der insofern von Kollateralschäden bei den Betroffenen spricht, die sich gerade in keiner Weise strafbar gemacht haben.

759 3. Teil des Eckpunktepapiers der Konferenz der Datenschutzbeauftragten des Bundes und der Länder – Ein modernes Datenschutzrecht für das 21. Jahrhundert, S. 18; so auch *U. Volkmann*, Staatliche Schutzpflichten und Eingriffe in die Freiheitsrechte – Gestaltungsfreiheit des Staates und richterliche Kontrolle, in: Verein Deutscher Verwaltungsgerichtstag e.V. (Hrsg.), Dokumentation 16. Deutscher Verwaltungsgerichtstag, S. 301 (316).

760 Vgl. hierzu auch *C. Gusy,* Informationelle Selbstbestimmung und Datenschutz, KritV 2000, S. 52 (61), der eine neue dogmatische Lösung statt einer Flut von Einzelgesetzen bevorzugt. Es bedürfe einer dogmatischen Klarheit im Datenverarbeitungs- und Datenschutzrecht.

Wie anhand der dargestellten Entscheidungen ersichtlich wird, bedarf es daher eines technologieneutralen, speicherortunabhängigen Schutzes der personenbezogenen Daten. Zwar gibt es bereits das Recht auf informationelle Selbstbestimmung gemäß Art. 2 Abs. 1 i.V.m. Art. 1 Abs. 1 GG, jedoch wird der Gefahr der automatischen Datenverarbeitung – wie oben dargestellt – hierdurch nicht vollumfänglich Rechnung getragen[761], auch wenn dieses bereits den Namen „Grundrecht auf Datenschutz" trägt.[762] In Betracht kommt daher neben der Entwicklung immer neugearteter Unterfälle des allgemeinen Persönlichkeitsrechts gemäß Art. 2 Abs. 1 i.V.m. Art. 1 Abs. 1 GG auch eine extensive Auslegung des Art. 10 Abs. 1 Alt. 3 GG. Durch die Neuerungen der Technik bietet es sich nämlich an, auch im Bereich der technikbezogenen Grundrechte, wie dies bei Art. 10 Abs. 1 Alt. 3 GG unstreitig der Fall ist, neue Wege zu beschreiten, da ansonsten „nur noch" die altbewährten Telekommunikationsformen wie die Telefonie unter diesen Schutzbereich zu subsumieren sind, andere Eingriffe jedoch aufgrund der alten Definition nie unter dieses Grundrecht fallen werden.

Nach der bisherigen Abgrenzung hängt der Schutzumfang des Fernmeldegeheimnisses jedoch von rein technischen Gegebenheiten ab. Ein eindeutiges Ende der Telekommunikation wie das des „Telefonhörer Auflegens" gibt es heute nicht mehr. Dies bedeutet, dass diese Abgrenzungsparameter sich in Zeiten der Konvergenz und des technischen Fortschritts als Zufälligkeiten darstellen, die nicht durch den Willen des Bürgers verändert werden können. So darf sich also nicht an der Technik der Datenverarbeitung aufgehalten werden, sondern der Anknüpfungspunkt muss bei den Daten selbst liegen.[763] Daher muss ein Grundrecht geschaffen werden, das die datenschutzrelevanten Sachverhalte, insbesondere im Hinblick auf die elektronische Datenverarbeitung unabhängig von ihrer technischen Ausgestaltung einheitlich regelt. Es darf also nicht auf den technischen Zustand oder die technischen Vorgaben an die Speicherung, den Empfang

761 Vgl. *M. Kloepfer*, Datenschutz als Grundrecht, S. 45.

762 Vgl. *W. Hassemer,* Grundrechtliche Spannungen zwischen Pressefreiheit, Öffentlichkeit und Privatheit, in: Erscheinungsformen des modernen Rechts, S. 221.

763 So beschreibt dies auch *M. Albers* in: W. Hoffmann-Riem/E. Schmidt-Aßmann/A. Voßkuhle (Hrsg.), Grundlagen des Verwaltungsrechts II, 2008, § 22, Rn. 26.

oder die Abrufbarkeit ankommen.[764] Anderenfalls kommt man zu dem bereits oben dargestellten Ergebnis, dass dieselben Eingriffe unterschiedlich bewertet werden – abhängig davon, an welcher Stelle der Eingriff stattfindet. Die Schutzgüter selbst, also die Daten, verändern sich jedoch gerade nicht.

Ein einheitliches Grundrecht könnte im Ergebnis zwar dazu führen, dass das spezielle Grundrecht des Art. 10 Abs. 1 Alt. 3 GG weitestgehend obsolet wird, jedoch kommt diesem bereits jetzt aufgrund der engen Definition der Telekommunikation durch das Bundesverfassungsgericht ohnehin kaum mehr Bedeutung zu.

Den Formulierungen der Art. 8 EMRK, Art. 8 EU-Grundrechtecharta und den Landesverfassungen kommt hinsichtlich eines einheitlichen Datenschutzstandards Vorbildwirkung zu.[765] So haben die Mitgliedsstaaten des Europarats ein sehr offenes Recht auf Schutz der Privatsphäre geschaffen, unter das auch der Datenschutz zu subsumieren ist.[766] Art. 8 der EU-Grundrechtecharta definiert wörtlich den Schutz personenbezogener Daten und auch einige Landesverfassungen haben bereits ein Datenschutzgrundrecht festgeschrieben.[767]

Insgesamt bedarf es bei den neuen Ermittlungsmethoden also eines "harmonischen Gesamtsystems"[768], so dass die Normierung eines einheitlichen Datenschutzgrundrechts in Art. 2 GG erforderlich ist, da dieser als allgemeines Auf-

---

764 Vgl. zur gleichen Problematik im Hinblick auf Art. 5 GG: *A. Koreng*, Zensur im Internet, S. 97, 105, der im Hinblick auf Art. 5 GG die Schaffung einer technikunabhängigen Definition der Medien fordert, da die Begrifflichkeiten Presse, Rundfunk und Film aus der analogen in die digitale Medienlandschaft nicht übernommen werden können.

765 Vgl. zum Verweis auf Art. 8 EMRK bereits *M. Klopfer,* Datenschutz als Grundrecht, S. 52.

766 Vgl. *J. Meyer-Ladewig,* EMRK-Handkommentar, Art. 8 EMRK, Rn. 40; *C. Grabenwarter,* Europäische Menschenrechtskonvention, S. 201; EGMR 6. 9. 1987, *Leander ./.* SWE, Nr. 9248/81, Z. 48; EGMR 16. 2. 2000 (GK), *Amann ./.* SUI, Nr. 27798/95, Z. 69, 80; EGMR 4. 5. 2000 (GK), *Rotaru ./.* ROM, Nr. 28341/95, Z. 46; ausführlich zum Schutzgehalt des Art. 8 Grundrechtecharta: *G. Britz,* Vortrag auf der Fachtagung "Datenschutz in Deutschland nach dem Vertrag von Lissabon" am 09. Dezember 2008, „Das Grundrecht auf Datenschutz in Art. 8 der Grundrechtecharta“, abrufbar unter: http://www.datenschutz.hessen.de/europa.htm (Stand: März 2012).

767 Vgl. beispielhaft Art. 4a LV RLP; Art. 12 Abs. 3 LV Bremen; Art. 4 Abs. 2 LV NRW; Art. 6 Abs. 1 LV Mecklenburg-Vorpommern; Art. 6 Abs. 1 LV Sachsen-Anhalt; Art. 33 S. 1 LV Sachsen; Art. 6 Abs. 2 LV Thüringen; Art. 11 Abs. 1 LV Brandenburg.

768 BR-Drucks. 702/01, S. 10 f.; BT-Drucks. 14/7008, S. 6.

fanggrundrecht[769] konzipiert und damit als Standort für ein allgemeines Datenschutzgrundrecht geeignet ist. Zwar hat das Bundesverfassungsgericht mit dem Recht auf Gewährleistung der Vertraulichkeit und Integrität informationstechnischer Systeme einen Schritt hin zu einem offeneren Grundrechtsschutz getan, jedoch ist dieser Schutz zunächst auf das „eigene" informationstechnische System beschränkt, so dass der Anwendungsbereich begrenzt bleibt. Nur das System, das sich im Herrschaftsbereich des Betroffenen befindet, soll von diesem Recht geschützt werden.

Aus diesem Grund bedarf es keiner weiteren Unterfälle des allgemeinen Persönlichkeitsrechts mehr. Vielmehr sollten personenbezogenen Daten allgemein unter einen einheitlichen Schutzbereich und ein einheitliches Schrankensystem fallen, bei dem direkt auf verfassungsrechtlicher Ebene eine Sicherung durch den Richtervorbehalt statuiert werden kann. Somit kommt nur ein allgemeines Grundrecht auf Datenschutz[770] in Betracht.

Dieses Grundrecht könnte folgendermaßen formuliert sein:

Art. 2 Abs. 3 (n.F.): [1]Jeder hat das Recht, über die Erhebung, Verarbeitung und Weitergabe seiner personenbezogenen Daten selbst zu bestimmen. [2]Maßnahmen zur Erhebung, Verarbeitung und Weitergabe personenbezogener Daten dürfen nur durch den Richter, bei Gefahr im Verzuge durch den Staatsanwalt, angeordnet werden. [3]Jeder hat das Recht auf Auskunft über ihn betreffende Daten und auf Einsicht in amtliche Unterlagen, soweit diese solche Daten betreffen.

Zusammenfassung der Arbeit in Thesen

1. Insbesondere im Hinblick auf neuartige Ermittlungsmethoden ist das Gleichgewicht von Freiheit und Sicherheit zu wahren. Allein die Tatsache, dass sich die Gefahren, die von möglichen terroristischen Anschlägen ausgehen, erhöht haben, vermag es nicht zu rechtfertigen, dem Sicherheitsaspekt generell den Vorzug zu gewähren.

769 *D. Murswiek,* in: Sachs (Hrsg.), GG-Kommentar, Art. 2 Rn. 10.

770 Dies befürworteten auch schon einige Datenschutzbeauftrage der Länder 1999, vgl. MMR 1999, S. XVIII; hierzu ausführlich *M. Kloepfer,* Grundrecht auf Datenschutz, S. 49 ff.

2. Die Entscheidungen des Bundesverfassungsgerichts zum elektronischen Datenschutz zeigen deutlich ein Hinwenden zur Sicherheitsgewährleistung, wobei das Recht auf Freiheit des Einzelnen immer mehr zurückgedrängt wird.

3. Hinsichtlich des elektronischen Datenschutzes ist es schwierig, klare Parameter zu finden, um den Anwendungsbereich der Schutzbereiche von Art. 2 Abs. 1 i.V.m. Art. 1 Abs. 1, Art. 13 Abs. 1 und Art. 10 Abs. 1 GG für die jeweilige technische Eingriffsmöglichkeit eindeutig zu bestimmen.

4. Ungenauigkeiten in der Abgrenzungspraxis können im Ergebnis dazu führen, dass für den gleichen Eingriff – je nachdem an welchem Ort das Datum gespeichert ist – unterschiedliche Grundrechte zur Anwendung gelangen und diese Eingriffe damit auch unterschiedlichen Schranken unterliegen.

5. Ferner zeigen die angesprochenen Entscheidungen, dass der Kernbereich gerade nicht absolut geschützt wird. Vielmehr wird eine Abwägung vorgenommen, die jedoch mit Art. 1 Abs. 1 GG nicht zu vereinbaren ist.

6. Durch die neuen Ermittlungsmethoden werden immer mehr generalverdachtsartige Maßnahmen wie die strategische Telekommunikationsüberwachung, die Kfz-Kennzeichenerfassung oder die Vorratsdatenspeicherung durchgeführt, die Einschüchterungseffekte bewirken. Auch das Abrücken vom Prinzip der Datensparsamkeit führt dazu, dass der Staat zumindest die Datensicherheit garantieren muss, um den Einschüchterungseffekt so gering wie möglich zu halten.

7. Der Schwere der Eingriffe im Rahmen der neuartigen Ermittlungsmethoden muss daher mit einem effektiven Rechtsschutzsystem entgegengetreten werden. Es ist deswegen notwendig, einen generellen Richtervorbehalt zu statuieren. Dieser muss auch expressis verbis im Grundrecht verbrieft sein und darf nicht lediglich aus Verhältnismäßigkeitserwägungen durch das Bundesverfassungsgericht im Einzelfall geschaffen werden.

8. Es bedarf somit eines technikneutralen Grundrechts, das alle Eingriffe in datenschutzrelevante Sachverhalte gleichermaßen erfasst und in dem Sicherungsmechanismen wie der generelle Richtervorbehalt inbegriffen sind.

Literaturverzeichnis

Abate, Constantin

Online-Durchsuchung, Quellen-Telekommunikationsüberwachung und die Tücke im Detail, in: DuD 2011, S. 122 ff., zit.: *C. Abate, Online-Durchsuchung,* DuD 2011, S. 122 – mit entsprechender Seitenzahl.

ders.

Präventive und repressive Videoüberwachung öffentlicher Plätze, in: DuD 2011, S. 451 ff., zit.: *C. Abate, Videoüberwachung,* DuD 2011, S. 451.

Alexy, Robert (Hrsg.)

Juristische Grundlagenforschung; Tagung der deutschen Sektion der Internationalen Vereinigung für Rechts- und Sozialphilosophie (IVR) vom 23. bis 25. September 2004 in Kiel, in: Archiv für Rechts- und Sozialphilosophie, Stuttgart 2005, zit.: *Bearbeiter, Kurztitel,* in: R. Alexy (Hrsg.), Juristische Grundlagenforschung – mit entsprechender Seitenzahl.

Bäcker, Matthias

Das IT-Grundrecht – Bestandsaufnahme und Entwicklungsperspektiven, in: LDI NRW Tagungsband, Privatsphäre mit System – Datenschutz in einer vernetzten Welt, Symposium 2009, 2010, S. 4 ff.. zit.: *M. Bäcker*, Das IT-Grundrecht – Bestandsaufnahme und Entwicklungsperspektiven, S. 4 – mit entsprechender Seitenzahl.

Bär, Wolfgang

Anmerkung zu: BVerfG: Auslesen der SIM-Karte bei beschlagnahmtem Mobiltelefon, in: MMR 2005, S. 523 ff., zit.: *W. Bär, BVerfG – SIM-Karte*, MMR 2005, S. 523 – mit entsprechender Seitenzahl.

ders.

Anmerkung zu: BGH- Online-Durchsuchung eines Computers, in: MMR 2007, S. 239, zit.: *W. Bär, BGH – Online-Durchsuchung*, MMR 2007, S. 239 ff – mit entsprechender Seitenzahl.

Baldus, Manfred

Der Kernbereich privater Lebensgestaltung – absolut geschützt, aber abwägungsoffen, in: JZ 2008, S. 218 ff., zit.: *M. Baldus,* JZ 2008, S. 218 – mit entsprechender Seitenzahl.

Bausback, Winfried

Fesseln für die wehrhafte Demokratie?, in: NJW 2006, S. 1922 ff., zit.: *W. Bausback*, NJW 2006, S. 1922 – mit entsprechender Seitenzahl.

Blaschke, Ulrich / Förster, Achim / Lumpp, Stephanie / Schmidt, Judith (Hrsg.)

Sicherheit statt Freiheit? Staatliche Handlungsspielräume in extremen Gefährdungslagen, Schriften zum Öffentlichen Recht, Band 1002, Berlin 2005, zit.: *Bearbeiter,* in: Blaschke/Förster/Lumpp/Schmidt (Hrsg.), Sicherheit statt Freiheit – mit entsprechender Seitenzahl.

Böckenförde, Ernst-Wolfgang

Recht, Staat, Freiheit – Studien zur Rechtsphilosophie, Staatstheorie und Verfassungsgeschichte, Frankfurt a.M. 1991, zit: *E.-W. Böckenförde,* Recht, Staat, Freiheit – mit entsprechender Seitenzahl.

Böckenförde, Thomas

Auf dem Weg zur elektronischen Privatsphäre – zugleich Besprechung von BVerfG, Urteil v. 27.02.2008 – „Online-Durchsuchung“; in: JZ 2008, S. 925 ff., zit.: *Th. Böckenförde*, JZ 2008, S. 925 – mit entsprechender Seitenzahl.

ders.

Die Ermittlung im Netz, Tübingen 2003, zit.: *T. Böckenförde*, Ermittlung im Netz – mit entsprechender Seitenzahl.

Boehme-Neßler, Volker

Unscharfes Recht, Überlegungen zur Relativierung des Rechts in der digitalisierten Welt, Berlin 2008, zit.: *V. Boehme-Neßler,* Unscharfes Recht – mit entsprechender Seitenzahl.

Braun, Johann

Einführung in die Rechtsphilosophie, Tübingen 2006, zit.: *J. Braun,* Einführung in die Rechtsphilosophie – mit entsprechender Seitenzahl.

Brenneisen, Hartmut / Bock, Dennis

Die präventiv-polizeiliche Rasterfahndung im Lichte der aktuellen Rechtsprechung des BVerfG, in: DuD 2006, S. 685 ff., zit.: *H. Brenneisen/D. Bock,* DuD 2006, S. 685 – mit entsprechender Seitenzahl.

Breyer, Patrick

Kfz-Massenabgleich nach dem Urteil des Bundesverfassungsgerichts, in: NVwZ 2008, S. 824 ff., zit.: *P. Breyer,* NVwZ 2008, S. 824 – mit entsprechender Seitenzahl.

Brinkel, Guido / Lammers, Judith

Innere Sicherheit auf Vorrat? – Ein erster Blick auf die Vorratsdatenspeicherung in Deutschland, in: ZUM 2008, S. 11 ff., zit.: *G. Brinkel/J. Lammers,* ZUM 2008, S. 11 – mit entsprechender Seitenzahl.

Britz, Gabriele

Freie Entfaltung durch Selbstdarstellung, Tübingen 2007, zit.: *G. Britz,* Freie Entfaltung durch Selbstdarstellung, mit entsprechender Seitenzahl.

dies.

Vertraulichkeit und Integrität informationstechnischer Systeme, in: DÖV 2008, S. 411ff., zit.: *G. Britz,* DÖV 2008, S. 411 – mit entsprechender Seitenzahl.

dies.

Das Grundrecht auf Datenschutz in Art. 8 der Grundrechtecharta, Vortrag auf der Fachtagung "Datenschutz in Deutschland nach dem Vertrag von Lissabon" am 09. Dezember 2008, abrufbar unter: http://www.daten schutz.hessen.de/europa.htm (Stand: März 2012), zit.: G. Britz, Vortrag auf der Fachtagung "Datenschutz in Deutschland nach dem Vertrag von Lissabon" am 09. Dezember 2008, „Das Grundrecht auf Datenschutz in Art. 8 der Grundrechtecharta“, abrufbar unter: http://www.datenschutz.hes sen.de/europa.htm (Stand: März 2012).

Brugger, Winfried

Freiheit und Sicherheit – Eine staatstheoretische Skizze mit praktischen Beispielen, Baden-Baden 2004, zit.: *W. Brugger,* Freiheit und Sicherheit – mit entsprechender Seitenzahl.

ders.

Gewährleistung von Freiheit und Sicherheit im Lichte unterschiedlicher Staats- und Verfassungsverständnisse, in: Veröffentlichungen der Vereinigung der Deutschen Staatsrechtslehrer (VVDStRL), Band 63, Berlin 2004, zit.: *W. Brugger*, Gewährleistung von Freiheit und Sicherheit, in: VVDStRL 63 – mit entsprechender Seitenzahl.

Buermeyer, Ulf

Die „Online-Durchsuchung“. Technischer Hintergrund des verdeckten hoheitlichen Zugriffs auf Computersysteme, in: hrr-strafrecht, 2007, S. 154 ff., zit.: *U. Buermeyer,* Online-Durchsuchung – Technischer Hintergrund, HRRS 2007, S. 154 – mit entsprechender Seitenzahl.

ders.

Die „Online-Durchsuchung“. Verfassungsrechtliche Grenzen des verdeckten hoheitlichen Zugriffs auf Computersysteme, in: hrr-strafrecht, 2007, S. 329 ff., zit.: *U. Buermeyer,* Online-Durchsuchung – Verfassungsrechtliche Grenzen, HRRS 2007, S. 329 – mit entsprechender Seitenzahl.

ders. / Bäcker, Matthias

Zur Rechtswidrigkeit der Quellen-Telekommunikationsüberwachung auf Grundlage des § 100 a StPO, in: HRRS 2009, S. 433 ff., zit.: *U. Buermeyer/M. Bäcker*, Zur Rechtswidrigkeit der Quellen-Telekommunikationsüberwachung auf Grundlage des § 100 a StPO, HRRS 2009, S. 433 – mit entsprechender Seitenzahl.

Bull, Hans-Peter

Staatszwecke im Verfassungsstaat, in: NVwZ 1989, S. 801 ff., zit.: H.-P. Bull, NVwZ 1989, S. 801 – mit entsprechender Seitenzahl.

Callies, Christian

Gewährleistung von Freiheit und Sicherheit im Lichte unterschiedlicher Staats- und Verfassungsverständnisse, in: DVBl. 2003, S. 1096 ff., zit.: *C. Callies,* DVBl. 2003, S. 1096 – mit entsprechender Seitenzahl.

ders.

Rechtsstaat und Umweltstaat, Tübingen 2001, zit.: *C. Callies,* Rechtsstaat und Umweltstaat – mit entsprechender Seitenzahl.

ders.

Sicherheit im freiheitlichen Rechtsstaat, Eine verfassungsrechtliche Gratwanderung mit staatstheoretischem Kompass, in: ZRP 2002, S. 1 ff., zit.: *C. Callies,* ZRP 2002, S. 1 – mit entsprechender Seitenzahl.

Däubler-Gmelin, Herta / Kinkel, Klaus / Meyer, Hans / Simon, Helmut (Hrsg.)

Gegenrede, Aufklärung – Kritik – Öffentlichkeit, Festschrift für Ernst Gottfried Mahrenholz, Baden-Baden 1994, zit.: *Bearbeiter, Titel des Beitrags*, in: FS Mahrenholz – mit entsprechender Seitenzahl.

Degenhart, Christoph

Verfassungsfragen der Internet-Kommunikation, in: CR 2011, S. 231 ff., zit.: C. Degenhart, CR 2011, S. 231 – mit entsprechender Seitenzahl.

Demko, Daniela

Die Erstellung von Bewegtbildern mittels Mobiltelefon als neuartige strafprozessuale Observationsmaßnahme, in: NStZ 2004, S.57 ff., zit.: *D. Demko*, NStZ 2004, S. 57 - mit entsprechender Seitenzahl.

Denninger, Erhard

Verfassungsrechtliche Grenzen des Lauschens, Der „große Lauschangriff" auf dem Prüfstand der Verfassung, in: ZRP 2004, S. 101 ff., zit.: *E. Denninger*, ZRP 2004, S. 101 – mit entsprechender Seitenzahl.

ders.

Prävention und Freiheit, Juristische Studiengesellschaft Hannover, Band 45, Baden-Baden 2008, zit.: *E. Denninger,* Prävention und Freiheit – mit entsprechender Seitenzahl.

Dietlein, Johannes

Die Lehre von den grundrechtlichen Schutzpflichten, Münsterische Beiträge zur Rechtswissenschaft, Band 58, Berlin 1992, zit.: *J. Dietlein,* Die Lehre von den grundrechtlichen Schutzpflichten – mit entsprechender Seitenzahl.

Di Fabio, Udo

Risikoentscheidungen im Rechtsstaat – Zum Wandel der Dogmatik im öffentlichen Recht, insbesondere am Beispiel der Arzneimittelüberwachung, J.C.B. Mohr (Paul Siebeck) Verlag, Tübingen 1994, zit.: *U. Di Fabio,* Risikoentscheidungen im Rechtsstaat – mit entsprechender Seitenzahl.

ders.

Sicherheit in Freiheit, in: NJW 2008, S. 421 ff., zit.: *U. Di Fabio*, NJW 2008, S. 421 – mit entsprechender Seitenzahl.

Dörr, Dieter

Faires Verfahren, Gewährleistung im Grundgesetz der Bundesrepublik Deutschland, Kehl (u.a.) 198, zit.: *D. Dörr,* Faires Verfahren – mit entsprechender Seitenzahl.

ders.

Die deutsche Handelsflotte und das Grundgesetz, in: Studien zum öffentlichen Recht und zur Verwaltungslehre, Band 39, München 1988, zit.: *D. Dörr,* Die deutsche Handelsflotte und das Grundgesetz – mit entsprechender Seitenzahl.

Dreier, Horst (Hrsg.)

Grundgesetz Kommentar, Band I, 2. Auflage, Tübingen 2004, zit.: *Bearbeiter,* in: Dreier (Hrsg.), GG-Kommentar, Band I, Artikel und Randnummer.

Eifert, Martin

Informationelle Selbstbestimmung im Internet – Das BVerfG und die Online-Durchsuchungen, in: NVwZ 2008, S. 521 ff., zit.: *M. Eifert,* NVwZ 2008, S. 521 – mit entsprechender Seitenzahl.

Eisenberg, Ulrich / Siegelnstein, Tobias

Zur Unzulässigkeit der heimlichen Ortung per „stiller SMS“, in: NStZ 2005, 62 ff., zit.: U. Eisenberg/T. Siegelnstein, NStZ 2005, S. 62 – mit entsprechender Seitenzahl.

Erichsen, Hans-Uwe

Grundrechtliche Schutzpflichten in der Rechtsprechung des Bundesverfassungsgerichts, in: JURA 1997, S. 85 ff., zit.: *H.-U. Erichsen*, JURA 1997, S. 85 – mit entsprechender Seitenzahl.

Fechner, Frank (Hrsg.)

Konvergenz – Datenschutz – Meinungsforen: Fragestellungen des Internetrechts, Medienrechtliche Schriften, Institut für Rechtswissenschaft an der TU Ilmenau, Band 5, Illmenau 2009, zit.: *Bearbeiter, Titel*, in: Fechner (Hrsg.), Konvergenz – Datenschutz – Meinungsforen: Fragestellungen des Internetrechts – mit entsprechender Seitenzahl.

Fink, Udo / Cole, Mark / Keber, Tobias

Europäisches und Internationales Medienrecht, Heidelberg 2008, zit.: *U. Fink/M. Cole/T. Keber,* Europäisches und Internationales Medienrecht – mit entsprechender Randnummer.

Forgó, Nikolaus / Krügel, Tina

Vorschriften zur Vorratsdatenspeicherung verfassungswidrig: Nach der Entscheidung ist vor der Entscheidung. Zugleich Kommentar zu BVerfG, Urteil vom 02.03.2010 – 1 BvR 256/08, 1 BvR 263/08, 1 BvR 586/08, K&R 2010, 248 ff., in: K&R 2010, S. 217 ff., zit: *N. Forgó/T. Krügel,* Kommentar zu BVerfG, Urteil vom 2.3.2010 – Vorschriften zur Vorratsdatenspeicherung verfassungswidrig: Nach der Entscheidung ist vor der Entscheidung, in: K&R 2010, S. 217 – mit entsprechender Seitenzahl.

Fox, Dirk

Der IMSI-Catcher, in: DuD 2002, S. 212 ff., zit: *D. Fox,* IMSI-Catcher, DuD 2002, S. 212 – mit entsprechender Seitenzahl.

ders.

Realisierung, Grenzen und Risiken der „Online-Durchsuchung“, in: DuD 2007, S. 827 ff., zit.: *D. Fox,* Online-Durchsuchung, DuD 2007, S. 827 – mit entsprechender Seitenzahl.

Frenz, Walter

Menschenwürde und Persönlichkeitsrecht versus Opferschutz und Fahndungserfolg, in: NVwZ 2007, S. 631 ff., zit.: *W. Frenz,* NVwZ 2007, S. 631 – mit entsprechender Seitenzahl.

Geis, Max-Emanuel

Der Kernbereich des Persönlichkeitsrechts, in: JZ 1991, S. 112 ff., zit.: *M.-E. Geis,* JZ 1991, S. 112 – mit entsprechender Seitenzahl.

Gelinsky, Katja

Ein atlantischer Vergleich – Freiheit, Sicherheit und Datenschutz aus amerikanischer und deutscher Sicht, in: Frankfurter Allgemeine Zeitung vom 28.05.2010, S. 10, zit.: *K. Gelinsky,* FAZ 28.05.2010, S. 10.

Gercke, Björn

Der Mobilfunkverkehr als Ausgangspunkt für strafprozessuale Überwachungsmaßnahmen – ein Überblick, in: Strafverteidiger Forum 2003, S. 76 ff., zit.: *B. Gercke,* Mobilfunkverkehr, StraFo 2003, S. 79 – mit entsprechender Seitenzahl.

ders.

Rechtliche Probleme durch den Einsatz des IMSI-Catchers, in: MMR 2003, S. 453 ff., zit.: *B. Gercke,* Rechtliche Probleme durch den Einsatz des IMSI-Catchers, MMR 2003, S. 453 – mit entsprechender Seitenzahl.

Gercke, Marco

Heimliche Online-Durchsuchung: Anspruch und Wirklichkeit, in: CR 2007, S. 245 ff., zit.: *M. Gercke,* CR 2007, S. 245 – mit entsprechender Seitenzahl.

Germann, Michael

Gefahrenabwehr und Strafverfolgung im Internet, Schriften zum Öffentlichen Recht, Band 812, Berlin 2000, zit.: *M. Germann*, Gefahrenabwehr und Strafverfolgung im Internet – mit entsprechender Seitenzahl.

Gietl, Andreas

Die Zukunft der Vorratsdatenspeicherung – Anmerkung zum Urteil des BVerfG vom 2. März 2010, in: DuD 2010, S. 398 ff., zit.: *A. Gietl,* DuD 2010, S. 398 – mit entsprechender Seitenzahl.

Götz, Hansjörg

Sicherstellung von Mobiltelefonen, Auswirkungen des Beschlusses des BVerfG vom 4.2. 2005 auf Ermittlungsverfahren, in: Kriminalistik 2005, S. 300 ff., zit.: *H. Götz*, Kriminalistik 2005, S. 300 – mit entsprechender Seitenzahl.

Gola, Peter / Schomerus, Rudolf

Bundesdatenschutzgesetz Kommentar, 10. Auflage München 2010, zit.: *P. Gola/R. Schomerus*, BDSG-Kommentar – mit entsprechendem § und Randnummer.

Grabenwarter, Christoph

Europäische Menschenrechtskonvention, 4. Auflage, München 2009, zit.: *C. Grabenwarter,* Europäische Menschenrechtskonvention – mit entsprechender Seitenzahl.

Günther, Ralf

Zur strafprozessualen Erhebung von Telekommunikationsdaten – Verpflichtung zur Sachverhaltsaufklärung oder verfassungsrechtlich unkalkulierbares Wagnis, in: NStZ 2005, 485 ff., zit.: *R. Günther*, NStZ 2005, S. 485 – mit entsprechender Seitenzahl.

Gurlit, Elke

Verfassungsrechtliche Rahmenbedingungen des Datenschutzes, in: NJW 2010, S. 1035 ff., zit.: *E. Gurlit*, Verfassungsrechtliche Rahmenbedingungen des Datenschutzes, NJW 2010, S. 1035 – mit entsprechender Seitenzahl.

dies.

Die Verfassungsrechtsprechung zur Privatheit im gesellschaftlichen und technologischen Wandel, in: RDV 2006, S. 43 ff., zit.: *E. Gurlit,* Verfassungsrechtsprechung zur Privatheit, RDV 2006, S. 43 – mit entsprechender Seitenzahl.

Gusy, Christoph

Gewährleistung der Vertraulichkeit und Integrität informationstechnischer Systeme – Neuer Grundrechtsname oder neues Grundrechtsschutzgut? in: DuD 2009, S. 33 ff., zit.: *C. Gusy,* Gewährleistung der Vertraulichkeit und Integrität informationstechnischer Systeme, DuD 2009, S. 33 – mit entsprechender Seitenzahl.

ders.

Informationelle Selbstbestimmung und Datenschutz: Fortführung oder Neuanfang?, in: KritV 2000, S. 52 ff., zit.: *C. Gusy,* Informationelle Selbstbestimmung und Datenschutz, KritV 2000, S. 52 – mit entsprechender Seitenzahl.

ders.

Organisierte Kriminalität zwischen Polizei und Verfassungsschutz, in: GA 1999, S. 319 ff., zit.: *C. Gusy,* Organisierte Kriminalität, GA 1999, S. 319 – mit entsprechender Seitenzahl.

ders.

Lauschangriff und Grundgesetz, in: JuS 2004, S. 457 ff., zit.: *C. Gusy,* Lauschangriff und Grundgesetz, JuS 2004, S. 457 – mit entsprechender Seitenzahl.

ders.

Rasterfahndung nach Polizeirecht?, in: KritV 2002, S. 474 ff., zit.: *C. Gusy,* Rasterfahndung nach Polizeirecht?, KritV 2002, S. 474 – mit entsprechender Seitenzahl.

Hain, Karl-Eberhard

Konkretisierung der Menschenwürde durch Abwägung?, in: Der Staat, 45. Band 2006, S. 189 ff., zit.: *K.-E. Hain,* Der Staat, 45. Band 2006, S. 189 – mit entsprechender Seitenzahl.

Hansen, Markus / Pfitzmann, Andreas / Roßnagel, Alexander

Online-Durchsuchung, in: DRiZ 2007, S. 225 ff., zit.: *M. Hansen/A. Pfitzmann/A. Roßnagel*, DRiZ 2007, S. 225 – mit entsprechender Seitenzahl.

Hassemer, Winfried

Erscheinungsformen des modernen Rechts, Frankfurt 2007, zit.: *W. Hassemer,* Titel, in: Erscheinungsformen des modernen Rechts – mit entsprechender Seitenzahl.

Haverkamp, Hauke

Präventive Rasterfahndung: Ein effektives Instrument der Terrorismusbekämpfung?, in: Humboldt Forum Recht (Internetzeitschrift) 2009, S. 105 ff., zit.: *H. Haverkamp,* HFR 2009, S. 105 – mit entsprechender Seitenzahl.

Hillgruber, Christian

Der Staat des Grundgesetzes – nur „bedingt abwehrbereit"?, in: JZ 2007, S. 209 ff., zit.: *C. Hillgruber,* JZ 2007, S. 209 – mit entsprechender Seitenzahl.

Hirsch, Burkhard

Das Grundrecht auf Gewährleistung der Vertraulichkeit und Integrität informationstechnischer Systeme – Zugleich Anmerkung zu BVerfG NJW 2008, 822, in: NJOZ 2008, S. 1907 ff., zit.: *B. Hirsch*, NJOZ 2008, S. 1907 – mit entsprechender Seitenzahl.

Hobbes, Thomas

Leviathan oder Stoff, Form und Gewalt eines kirchlichen und bürgerlichen Staates. I. Fetscher (Hrsg.), Nachdruck Berlin 2002, zit.: *T. Hobbes*, Leviathan 1651, abgedruckt in: Fetscher (Hrsg.), Werkausgabe, mit Kapitel und Seitenzahl.

Hoeren, Thomas

Was ist das „Grundrecht auf Integrität und Vertraulichkeit informationstechnischer Systeme"? in: MMR 2008, S. 365 ff., zit.: *T. Hoeren,* MMR 2008, S. 365 – mit entsprechender Seitenzahl.

Hömig, Dieter

„Neues" Grundrecht, neue Fragen?, in: JURA 2009, S. 207 ff., zit.: *D. Hömig,* JURA 2009, S. 207 – mit entsprechender Seitenzahl.

Hoffmann-Riem, Wolfgang

Schutz der Vertraulichkeit und Integrität informationstechnischer Systeme, in: JZ 2008, S. 1009 ff., zit.: *W. Hoffmann-Riem,* Schutz der Vertraulichkeit und Integrität informationstechnischer Systeme, JZ 2008, S. 1009 – mit entsprechender Seitenzahl.

ders.

Grundrechts- und Funktionsschutz für elektronisch vernetzte Kommunikation, in: Archiv des Öffentlichen Rechts 2009, Band 134, S. 513 ff., zit.: *W. Hoffmann-Riem*, Grundrechts- und Funktionsschutz für elektronisch vernetzte Kommunikation, AöR 2009, S. 513 – mit entsprechender Seitenzahl.

ders.

Freiheit und Sicherheit im Angesicht terroristischer Anschläge, in: ZRP 2002, S. 497 ff., zit.: *W. Hoffmann-Riem,* Freiheit und Sicherheit, ZRP 2002, S. 497 – mit entsprechender Seitenzahl.

ders. /Schmidt-Aßmann, Eberhard / Voßkuhle, Andreas (Hrsg.)

Grundlagen des Verwaltungsrechts, Band 2, Informationsordnung, Verwaltungsverfahren, Handlungsformen, München 2008, zit.: *Bearbeiter,* in: Hoffmann-Riem/ Schmidt-Aßmann/Voßkuhle (Hrsg.), Grundlagen des Verwaltungsrechts II – mit entsprechendem Paragraphen und Randnummer.

Hofmann, Manfred

Die Online-Durchsuchung – staatliches „Hacken" oder zulässige Ermittlungsmaßnahme?, in: NStZ 2005, S. 121 ff., zit.: *M. Hofmann*, NStZ 2005, S. 121 – mit entsprechender Seitenzahl.

Holznagel, Bernd / Schumacher, Pascal

Auswirkungen des Grundrechts auf Vertraulichkeit und Integrität informationstechnischer Systeme auf RFID-Chips, in: MMR 2009, S. 3 ff., zit.: *B. Holznagel/P. Schumacher,* MMR 2009, S. 3 – mit entsprechender Seitenzahl.

Hornung, Gerrit

Ein neues Grundrecht – Der verfassungsrechtliche Schutz der „Vertraulichkeit und Integrität informationstechnischer Systeme", in: CR 2008, S. 299 ff., zit.: *G. Hornung,* Ein neues Grundrecht, CR 2008, S. 299 – mit entsprechender Seitenzahl.

ders.

Ermächtigungsgrundlage für die „Online-Durchsuchung"?, in: DuD 2007, S. 575 ff., zit.: *G. Hornung*, Ermächtigungsgrundlage für die „Online-Durchsuchung"?, DuD 2007, S. 575 – mit entsprechender Seitenzahl.

ders.

Erwiderung auf Johannes Rux, in: JZ 2007, S. 285 ff., S. 828 ff., zit.: *G. Hornung*, JZ 2007, S. 828 ff. – mit entsprechender Seitenzahl.

Hufen, Friedhelm

Erosion der Menschenwürde, in: JZ 2004, S. 313 ff., zit.: *F. Hufen*, JZ 2004, S. 313 – mit entsprechender Seitenzahl.

Isensee, Josef

Das Grundrecht auf Sicherheit; Zu den Schutzpflichten des freiheitlichen Verfassungsstaates, Berlin 1983, zit.: *J. Isensee,* Das Grundrecht auf Sicherheit – mit entsprechender Seitenzahl.

ders.

Die alte Frage nach der Rechtfertigung des Staates – Stationen in einem laufenden Prozeß, in: JZ 1999, S. 265 ff., zit.: *J. Isensee,* JZ 1999, S. 265 – mit entsprechender Seitenzahl.

ders./Kirchhof, Paul

(Hrsg.) Handbuch des Staatsrechts, Band II, 3. Auflage Heidelberg 2004, zit.: *Bearbeiter,* in: Isensee/Kirchhof (Hrsg.), HStR I, Band II – mit entsprechendem § und Rn.

ders. / Kirchhof, Paul (Hrsg.)

Handbuch des Staatsrechts, Band V, 2. Auflage, Heidelberg 2000, zit.: *Bearbeiter,* in: Isensee/Kirchhof (Hrsg.), HStR, Band V, 2. Auflage, mit entsprechendem Paragraphen und Randnummer.

Jäger, Marc

Anmerkung zu BVerfG 1. Senat, Urteil vom 27.02.2007, in: jurisPR-ITR 12/2008, Anm. 2, zit.: *M. Jäger,* jurisPR-ITR 12/2008, Anm. 2.

Kant, Immanuel

Die Metaphysik der Sitten, abgedruckt in W. Weischedel (Hrsg.), Werkausgabe Band VIII, 1968, zit.: *I. Kant,* Die Metaphysik der Sitten, abgedruckt in: W. Weischedel (Hrsg.), Werkausgabe Band VIII, 1968, Bd. VIII – mit entsprechender Seitenzahl.

ders.

Zum ewigen Frieden, Ein philosophischer Entwurf 1795, abgedruckt in: W. Weischedel (Hrsg.), Schriften zur Anthropologie, Geschichtsphilosophie, Politik und Pädagogik 1, Band 11, Frankfurt 2001, zit.: *I. Kant,* Zum ewigen Frieden, Ein philosophischer Entwurf 1795, in: Weischedel (Hrsg.), Schriften zur Anthropologie, Geschichtsphilosophie, Politik und Pädagogik 1, Band 11 – mit entsprechender Seitenzahl.

Keber, Tobias

Jüngste Änderungen des Hessischen Gesetzes über die Öffentliche Sicherheit und Ordnung im Lichte verfassungsgerichtlicher Entscheidungen – Teil 2, in: Die Polizei 2010, S. 167 ff., zit.: *T. Keber,* Die Polizei 2010, S. 167 ff. – mit entsprechender Seitenzahl.

Kirchberg, Christian

Zur Zukunft der Rasterfahndung, in: CR 2007, S. 10 ff., zit.: *C. Kirchberg,* CR 2007, S. 10 – mit entsprechender Seitenzahl.

Klein, Eckart

Grundrechtliche Schutzpflicht des Staates, in: NJW 1989, S. 1633 ff., zit.: *E. Klein,* Grundrechtliche Schutzpflicht, NJW 1989, 1633 – mit entsprechender Seitenzahl.

ders.

Diplomatischer Schutz und grundrechtliche Schutzpflicht, in: DÖV 1977, S. 704 ff., zit.: *E. Klein,* Diplomatischer Schutz, DÖV 1977, S. 704 – mit entsprechender Seitenzahl.

Klein, Hans H.

Die grundrechtliche Schutzpflicht, in: DVBl. 1994, S. 489 ff., zit.: *H.H. Klein*, DVBl. 1994, S. 489 – mit entsprechender Seitenzahl.

Klesczewski, Diethelm

Anmerkung zum Urteil des Bundesverfassungsgerichts vom 02.03.2010, in: JZ 2010, S. 611, 629 ff., zit: *D. Klesczewski*, JZ 2010, S. 611 – mit entsprechender Seitenzahl.

Kloepfer, Michael

Datenschutz als Grundrecht, Verfassungsprobleme der Einführung eines Grundrechts auf Datenschutz, Königstein/Taunus 1980, zit.: *M. Kloepfer*, Datenschutz als Grundrecht – mit entsprechender Seitenzahl.

Koch, Hans-Joachim (Hrsg.)

Terrorismus - Rechtsfragen der äußeren und inneren Sicherheit, Symposium für Hans Peter Bull und Helmut Rittstieg am 31. Mai 2002, Baden-Baden 2002, zit.: *Bearbeiter, Titel,* in: Koch (Hrsg.), Terrorismus – Rechtsfragen der äußeren und inneren Sicherheit – mit entsprechender Seitenzahl.

Köcher, Jan K.

Vorratsdatenspeicherung – Die Zweite, in: DuD 2009, S. 20 ff., zit.: *J. Köcher,* DuD 2009, S. 20 – mit entsprechender Seitenzahl.

Kötter, Matthias

Novellierung der präventiven Wohnraumüberwachung? – Konsequenzen aus der Lauschangriff-Entscheidung des BVerfG, in: DÖV 2005, S. 225 ff., zit.: *M. Kötter,* DÖV 2005, S. 225 – mit entsprechender Seitenzahl.

Koreng, Ansgar

Zensur im Internet, Der verfassungsrechtliche Schutz der digitalen Massenkommunikation, Baden-Baden 2010, zit.: *A. Koreng,* Zensur im Internet – mit entsprechender Seitenzahl.

Kutscha, Martin

Mehr Schutz von Computerdaten durch ein neues Grundrecht?, in: NJW 2008, S. 1042 ff., zit.: *M. Kutscha*, Mehr Schutz von Computerdaten durch ein neues Grundrecht?, NJW 2008, S. 1042 – mit entsprechender Seitenzahl.

ders.

Verdeckte „Online-Durchsuchung“ und Unverletzlichkeit der Wohnung, in: NJW 2008, S. 1169 ff., zit.: *M. Kutscha*, Verdeckte Online-Durchsuchung, NJW 2007, S. 1169 – mit entsprechender Seitenzahl.

Larenz, Karl / Claus-Wilhelm Canaris

Methodenlehre der Rechtswissenschaft, 3. Auflage, Berlin 1995, zit.: *K. Larenz/C.-W. Canaris*, Methodenlehre der Rechtswissenschaft – mit entsprechender Seitenzahl.

Lasalle, Ferdinand

Gesammelte Reden & Schriften, Bremen 2010, zit.: *F. Lasalle*, Gesammelte Reden & Schriften, Kapitel Arbeiterprogramm – mit entsprechender Seitenzahl.

Lepsius, Oliver

Der große Lauschangriff vor dem Bundesverfassungsgericht (Teil I), in: JURA 2005, S. 433 ff., zit.: *O. Lepsius,* Großer Lauschangriff (Teil I), JURA 2005, S. 433 – mit entsprechender Seitenzahl.

Locke, John

Zwei Abhandlungen über die Regierung, W. Euchner (Hrsg.) in deutscher Sprache aus dem Englischen: Two Treatises of Government, zit.: *J. Locke*, Two Treatises of Government 1689, *Angabe des Kapitels*, in deutscher Sprache abgedruckt in: W. Euchner (Hrsg.), Zwei Abhandlungen über die Regierung – mit entsprechender Seitenzahl.

Luch, Anika D.

Das neue „IT-Grundrecht“ – Grundbedingungen einer „Online-Handlungsfreiheit“, in: MMR 2011, S. 75 ff., zit.: *A. Luch,* MMR 2011, S. 75 – mit entsprechender Seitenzahl.

Masing, Johannes

Die Ambivalenz von Freiheit und Sicherheit, in: JZ 2011, S. 753 ff., zit.: *J. Masing,* JZ 2011, S. 753 – mit entsprechender Seitenzahl.

Maunz, Theodor/ Dürig, Günther

Grundgesetz Kommentar, Loseblatt, Stand: 61. Ergänzungslieferung, München 201, zit.: *Bearbeiter,* in: Maunz/Dürig (Hrsg.), GG-Kommentar, *GG-Artikel, Randnummer.*

Maurer, Hartmut

Allgemeines Verwaltungsrecht, 17. Auflage, München 2009, zit.: *H. Maurer,* Allgemeines Verwaltungsrecht – mit entsprechendem Paragraphen und Randnummer.

Meininghaus, Florian

Der Zugriff auf E-Mails im strafrechtlichen Ermittlungsverfahren, Hamburg 2007, zit.: *F. Meininghaus,* Der Zugriff auf E-Mails im strafrechtlichen Ermittlungsverfahren – mit entsprechender Seitenzahl.

Mellinghoff, Rudolf / Morgenthaler, Gerd / Puhl, Thomas (Hrsg.)

Die Erneuerung des Verfassungsstaates – Symposium aus Anlass des 60. Geburtstages von Prof. Dr. Paul Kirchhof, Heidelberg 2003, zit.: *Bearbeiter, Titel,* in: Mellinghoff/Morgenthaler/Puhl (Hrsg.), Die Erneuerung des Verfassungsstaates – mit entsprechender Seitenzahl.

Merten, Detlef / Papier, Hans-Jürgen

Handbuch der Grundrechte in Deutschland und Europa, Band II (Allgemeine Lehren I), Heidelberg 2006, zit.: *Bearbeiter,* in: Merten/Papier (Hrsg.), HbGR II – mit entsprechendem Paragraphen und Randnummer.

Mester, Britta Alexandra

Rechnen in der Wolke, DuD 2010, S. 675 ff., zit.: *B. Mester,* DuD 2010, S. 675 – mit entsprechender Seitenzahl.

Meyer-Ladewig, Jens

EMRK Handkommentar, 3. Auflage Baden-Baden 2011, zit.: *J. Meyer-Ladewig,* EMRK-Handkommentar, *Artikel,* mit entsprechender Randnummer.

Meyer-Wieck, Hannes

Der große Lauschangriff – Anmerkungen aus empirischer Sicht; Ein Votum für die Berücksichtigung rechtstatsächlicher Erkenntnisse, in: NJW 2005, S. 2037 ff., zit.: *H. Meyer-Wieck,* NJW 2005, S. 2037 – mit entsprechender Seitenzahl.

ders.

Der Große Lauschangriff – Eine empirische Untersuchung zu Anwendung und Folgen des § 100 c Abs.1 Nr. 3 StPO, *H.-J. Albrecht/G. Kaiser*

(Hrsg.) Schriftenreihe des Max-Planck Instituts für ausländisches und internationales Strafrecht, Berlin 2005., zit.: *H. Meyer-Wieck,* Der Große Lauschangriff – mit entsprechender Seitenzahl.

Möllers, Christoph

Wandel der Grundrechtsjudikatur – Eine Analyse der Rechtsprechung des Ersten Senats des BVerfG, in: NJW 2005, S. 1973 ff., zit.: *C. Möllers*, NJW 2005, S. 1973 – mit entsprechender Seitenzahl.

Möstl, Markus

Die staatliche Garantie für die öffentliche Sicherheit und Ordnung, Sicherheitsgewährleistung im Verfassungsstaat, im Bundesstaat und in der Europäischen Union,Tübingen 2002, zit.: *M. Möstl*, Die staatliche Garantie für die öffentliche Sicherheit und Ordnung – mit entsprechender Seitenzahl.

ders.

Probleme der verfassungsprozessualen Geltendmachung gesetzgeberischer Schutzpflichten – Die Verfassungsbeschwerde gegen legislatives Unterlassen, in: DÖV 1998, S. 1029 ff., zit.: *M. Möstl*, Verfassungsbeschwerde gegen legislatives Unterlassen, DÖV 1998, S. 1029 – mit entsprechender Seitenzahl.

ders.

Verfassungsrechtliche Vorgaben für die strategische Fernmeldeaufklärung und die informationelle Vorfeldarbeit im Allgemeinen, in: DVBl. 1999, 1394 ff., zit.: *M. Möstl,* Verfassungsrechtliche Vorgaben, DVBl. 1999, S. 1394 – mit entsprechender Seitenzahl.

ders.

Das Bundesverfassungsgericht und das Polizeirecht – Eine Zwischenbilanz aus Anlass des Urteils zur Vorratsdatenspeicherung, in: DVBl. 2010, S. 808 ff., zit.: *M. Möstl,* Das BVerfG und das Polizeirecht, DVBl. 2010, S. 808 – mit entsprechender Seitenzahl.

ders.

Die neue dogmatische Gestalt des Polizeirechts, in: DVBl. 2007, S. 581 ff., zit.: *M. Möstl,* Die neue dogmatische Gestalt des Polizeirechts, DVBl. 2007, S. 581 – mit entsprechender Seitenzahl.

Montesquieu, Charles-Louis

De l´esprit des lois („Vom Geist der Gesetze“) 1748, abgedruckt in deutscher Sprache in: Reclam-Ausgabe, übersetzt von K. Weigand, 2001, mit entsprechender Buch-/Kapitelzahl und Seitenzahl, zit.: *C.-L. Montesquieu,*

De l'esprit des lois („Vom Geist der Gesetze“) 1748, abgedruckt in: Reclam-Ausgabe, übersetzt von K. Weigand, 2001, Buch, Kapitel – mit entsprechender Seitenzahl.

Müller-Terpitz, Ralf

Die „strategische Kontrolle“ des internationalen Telekommunikationsverkehrs durch den Bundesnachrichtendienst, in: Jura 2000, S. 296 ff., zit.: *R. Müller-Terpitz,* JURA 2000, S. 296 – mit entsprechender Seitenzahl.

ders.

Der Schutz des pränatalen Lebens, Tübingen 2007, zit.: *R. Müller-Terpitz,* Der Schutz des pränatalen Lebens – mit entsprechender Seitenzahl.

Murswiek, Dietrich

Die staatliche Verantwortung für die Risiken der Technik – Verfassungsrechtliche Grundlagen und immissionsschutzrechtliche Ausformungen, Berlin 1985, zit.: *D. Murswiek,* Die staatliche Verantwortung für die Risiken der Technik – mit entsprechender Seitenzahl.

Nachbaur, Andreas

Standortfeststellung und Art. 10 GG – Der Kammerbeschluss des BVerfG zum Einsatz des „IMSI-Catchers“, in: NJW 2007, S. 335 ff., zit.: *A. Nachbaur,* NJW 2007, S. 335 – mit entsprechender Seitenzahl.

Obenhaus, Nils

Cloud Computing als neue Herausforderung für Strafverfolgungsbehörden und Rechtsanwaltschaft, in: NJW 2010, S. 651 ff., zit.: *N. Obenhaus,* NJW 2010, S. 651.

Ohler, Christoph

Anmerkung zur Entscheidung des Bundesverfassungsgericht vom 02.03.2010, JZ 2010, S. 611 ff., zit: *C. Ohler,* JZ 2010, S. 611 – mit entsprechender Seitenzahl.

Oster, Jan

Voice over IP: Erscheinungsformen und ihre regulierungsrechtliche Behandlung, in: CR 2007, S. 769 ff., zit.: *J. Oster,* Voice over IP, CR 2007, S. 769 – mit entsprechender Seitenzahl.

Paeffgen, Hans-Ulrich

Das Urteil des Bundesverfassungsgerichts zum G 10 in der Fassung des Verbrechensbekämpfungsgesetzes 1994, in: StV 1999, S. 668 ff., zit.: *H.-U. Paeffgen,* StV 1999, S. 668 – mit entsprechender Seitenzahl.

Palm, Franz / Roy, Rudolf

Mailboxen: Staatliche Eingriffe und andere rechtliche Aspekte, in: NJW 1996, S. 1791 ff., zit.: *F. Palm/R. Roy,* NJW 1996, S. 1791 – mit entsprechender Seitenzahl.

Petri, Thomas B.

Das Urteil des Bundesverfassungsgerichts zur „Online-Durchsuchung“, in: DuD 2008, S. 443 ff., zit.: *T. Petri,* DuD 2008, S. 443 – mit entsprechender Seitenzahl.

Pieroth, Bodo / Schlink, Bernhard

Grundrechte, Staatsrecht II, 26. Auflage, Heidelberg 2010, zit.: *B. Pieroth/B. Schlink*, Grundrechte – mit entsprechender Randnummer.

Pöppelmann, Benno / Jehmlich, Karina

Zum Schutz der beruflichen Kommunikation von Journalisten, in: AfP 2003, S. 218 ff., zit.: *B. Pöppelmann/K. Jehmlich*, AfP 2003, S. 218 – mit entsprechender Seitenzahl.

Poscher, Ralf

Menschenwürde und Kernbereichsschutz – Von den Gefahren einer Verräumlichung des Grundrechtsdenkens, in: JZ 2009, S. 269 ff., zit.: *R. Poscher*, JZ 2009, S. 269 – mit entsprechender Seitenzahl.

Pütz, Stefan

Peilung und Ortung, in: DuD 1998, S. 462, zit.: *S. Pütz*, DuD 1998, S. 462.

Puschke, Jens / Singelnstein, Tobias

Verfassungsrechtliche Vorgaben für heimliche Informationsbeschaffungsmaßnahmen, in: NJW 2005, S. 3534 ff., zit.: *J. Puschke/T. Singelnstein*, Heimliche Informationsbeschaffungsmaßnahmen, NJW 2005, S. 3534 – mit entsprechender Seitenzahl.

dies.

Telekommunikationsüberwachung, Vorratsdatenspeicherung und (sonstige) heimliche Ermittlungsmaßnahmen der StPO nach der Neuregelung zum 1. 1. 2008, in: NJW 2008, S. 113 ff., zit.: *J. Puschke/T. Singelnstein,* TK-Überwachung, Vorratsdatenspeicherung und (sonstige) heimliche Ermittlungsmaßnahmen, NJW 2008, S. 113 – mit entsprechender Seitenzahl.

Robbers, Gerhard

Sicherheit als Menschenrecht, Aspekte der Geschichte, Begründung und Wirkung einer Grundrechtsfunktion, Baden-Baden 1987, zit.: *G. Robbers*, Sicherheit als Menschenrecht – mit entsprechender Seitenzahl.

Roellecke, Gerd

Der Rechtsstaat im Kampf gegen den Terror, in: JZ 2006, S. 265 ff., zit.: *G. Roellecke*, JZ 2006, S. 265 – mit entsprechender Seitenzahl.

Roggan, Frederik (Hrsg.)

Online-Durchsuchungen – Rechtliche und tatsächliche Konsequenzen des BVerfG-Urteils vom 27. Februar 2008, Berlin 2008, zit.: *Bearbeiter,* in: Roggan (Hrsg.), Online-Durchsuchungen – mit entsprechender Seitenzahl.

ders. / M. Kutscha (Hrsg.)

Handbuch zum Recht der inneren Sicherheit, 2. Auflage, Berlin 2006, zit.: *Bearbeiter*, *Titel*, in: Roggan/Kutscha (Hrsg.), Handbuch zum Recht der inneren Sicherheit – mit entsprechender Seitenzahl.

Roßnagel, Alexander

Die „Überwachungs-Gesamtrechnung" – Das BVerfG und die Vorratsdatenspeicherung, in: NJW 2010, S. 1238 ff., zit.: *A. Roßnagel*, Die „Überwachungs-Gesamtrechnung", NJW 2010, S. 1238 – mit entsprechender Seitenzahl.

ders.

Kennzeichenscanning – Verfassungsrechtliche Bewertung, ADAC-Studie zur Mobilität, München 2008, zit.: *A. Roßnagel,* Kennzeichenscanning – Verfassungsrechtliche Bewertung – mit entsprechender Seitenzahl.

ders./Schnabel, Christoph

Das Grundrecht auf Gewährleistung der Vertraulichkeit und Integrität informationstechnischer Systeme und sein Einfluss auf das Privatrecht, in: NJW 2008, S. 3534 ff., zit.: *A. Roßnagel/C. Schnabel,* NJW 2008, S. 3534 – mit entsprechender Seitenzahl.

Ruffert, Matthias

Vorrang der Verfassung und Eigenständigkeit des Privatrechts, Tübingen 2001, zit.: *M. Ruffert*, Vorrang der Verfassung und Eigenständigkeit des Privatrechts – mit entsprechender Seitenzahl.

Rüßmann, Helmut (Hrsg.)

Festschrift für Gerhard Käfer, Saarbrücken 2009, zit.: *Bearbeiter*, *Titel*, in: FS Käfer – mit entsprechender Seitenzahl.

Ruthig, Josef

Verfassungsrechtliche Grenzen der heimlichen Datenerhebung aus Wohnungen, zugleich Besprechung von BVerfG, Urteil vom 3.3.2004, in: GA 2004, S. 587 ff., zit.: *J. Ruthig,* GA 2004, S. 587 – mit entsprechender Seitenzahl.

Rux, Johannes

Ausforschung privater Rechner durch die Polizei- und Sicherheitsbehörden, in: JZ 2007, S. 285 ff., zit.: *J. Rux,* JZ 2007, S. 285 – mit entsprechender Seitenzahl.

Sachs, Michael

Verfassungsrecht II, Grundrechte, Berlin 2000, zit.: *M. Sachs,* Grundrechte – mit entsprechender Abschnittsbezeichnung und Randnummer.

ders.

Grundgesetz Kommentar, München 2009, zit.: *Bearbeiter,* in: Sachs (Hrsg.) GG-Kommentar, *GG-Artikel, Randnummer.*

ders. / Krings, Thomas

Das neue „Grundrecht auf Gewährleistung der Vertraulichkeit und Integrität informationstechnischer Systeme“, in: JuS 2008, S. 481 ff., zit.: *M. Sachs/T. Krings*, JuS 2008, S. 481 – mit entsprechender Seitenzahl.

Säcker, Franz Jürgen (Hrsg.)

Berliner Kommentar zum Telekommunikationsrecht, 2. Auflage, Frankfurt 2009, zit.: *Bearbeiter*, in: Säcker (Hrsg.), Berliner Kommentar zum TKG – mit entsprechendem § und Randnummer

Schaar, Peter / Landwehr, Sebastian

Anmerkung zum Beschluss des BGH vom 31.1.2007 – StB 18/06 – zur verdeckten Online-Durchsuchung, in: K&R 2007, S. 202 ff., zit.: *P. Schaar/S. Landwehr,* K&R 2007, S. 202 – mit entsprechender Seitenzahl.

Schantz, Peter

Verfassungsrechtliche Probleme von „Online-Durchsuchungen“, in: KritV 2007, S. 310 ff., zit.: *P. Schantz,* KritV 2007,S. 310 – mit entsprechender Seitenzahl.

Schewe, Christoph S.

Das Ende der präventiven Rasterfahndung zur Terrorismusbekämpfung, in: NVwZ 2007, S. 174 ff., zit.: *C. Schewe,* NVwZ 2007, S. 174 – mit entsprechender Seitenzahl.

Schiedermair, Hartmut

Das Phänomen der Macht und die Idee des Rechts bei Gottfried Wilhelm Leibniz, Wiesbaden 1970., zit.: *H. Schiedermair,* Das Phänomen der Macht und die Idee des Rechts bei Gottfried Wilhelm Leibniz – mit entsprechender Seitenzahl.

ders. / Dörr, Dieter

Der Schutz der deutschen Handelsflotte – Ein Rechtsgutachten von Dr. jur Hartmut Schiedermair, ordentlicher Universitätsprofessor und Dr. jur Dieter Dörr, erstattet für die Gewerkschaft ÖTV, herausgegeben vom Hauptvorstand der Gewerkschaft Öffentliche Dienste, Transport und Verkehr, Reutlingen 1984, zit.: H. *Schiedermair/D. Dörr*, Der Schutz der deutschen Handelsflotte – mit entsprechender Seitenzahl.

Schiedermair, Stephanie

Der internationale Frieden und das Grundgesetz, Baden-Baden 2006, zit.: *S. Schiedermair*, Der internationale Frieden und das Grundgesetz – mit entsprechender Seitenzahl.

Schlegel, Stephan

Warum die Festplatte keine Wohnung ist – Art. 13 GG und die „Online-Durchsuchung", in: GA 2007, S. 648 ff., zit.: *S. Schlegel,* GA 2007, S. 648 – mit entsprechender Seitenzahl.

Schmitz, Peter

Anmerkung zu BVerfG – Zulässigkeit der Rasterfahndung, in: CR 2006, S. 603 ff., zit.: *P. Schmitz,* CR 2006, S. 603 – mit entsprechender Seitenzahl.

Schnabel, Christoph

Böse Zensur, guter Filter? – Urheberrechtliche Filterpflichten für Access-Provider, in: MMR 2008, S. 281 ff., zit.: *C. Schnabel,* MMR 2008, S. 281 – mit entsprechender Seitenzahl.

Schrader, Hans Hermann

Das Abhörurteil des BVerfG: Gewinn oder Verlust für den Datenschutz?, in: DuD 1999, S. 650 ff., zit.: *H. Schrader,* DuD 1999, S. 650 – mit entsprechender Seitenzahl.

Schramm, Marc / Wegener, Christoph

Neue Anforderungen an eine anlasslose Speicherung von Vorratsdaten, in: MMR 2011, S. 9 ff., zit.: *M. Schramm/C. Wegener*, MMR 2011, S. 9 – mit entsprechender Seitenzahl.

Schwetzel, Wolfram

Freiheit, Sicherheit, Terror, Studien zum öffentlichen Recht und zur Verwaltungslehre, Band 75, München 2006, zit.: *W. Schwetzel*, Freiheit, Sicherheit, Terror – mit entsprechender Seitenzahl.

Sieber, Ulrich / Nolde, Malaika

Sperrverfügungen im Internet, Ergebnisse des Rechtsgutachtens für die KJM, abrufbar unter: http://www.kjm-online.de/files/pdf1/Gutachten_Sperrverfuegungen_Recht_2008.pdf, Freiburg 2008, zit.: *U. Sieber/M. Nolde*, Sperrverfügungen im Internet, Ergebnisse des Rechtsgutachtens für die KJM – mit entsprechender Seitenzahl.

Siegmund, Gerd

Technik der Netze, 5. Auflage, Heidelberg 2002, zit.: *G. Siegmund*, Technik der Netze – mit entsprechender Seitenzahl.

Sobota, Katharina

Das Prinzip Rechtsstaat, Tübingen 1997, zit.: *K. Sobota*, Das Prinzip Rechtsstaat – mit entsprechender Seitenzahl.

Sommermann, Karl-Peter

Staatsziele und Staatszielbestimmungen, Tübingen 1997, zit.: *K.-P. Sommermann*, Staatsziele und Staatszielbestimmungen – mit entsprechender Seitenzahl.

Spindler, Gerald / Schuster, Fabian

Recht der elektronischen Medien, 2. Auflage, München 2011, zit.: *Bearbeiter*, in: Spindler/Schuster, Recht der elektronischen Medien – mit Abschnittsbezeichnung und entsprechender Randnummer.

Staff, Ilse

Sicherheitsrisiko durch Gesetz – Anmerkung zum Urteil des Bundesverfassungsgerichts zum G 10-Gesetz, in: Kritische Justiz 1999, S. 586 ff., zit.: *I. Staff*, KJ 1999, S. 586 – mit entsprechender Seitenzahl.

Stern, Klaus

Das Staatsrecht der Bundesrepublik Deutschland, Band III/1 – Allgemeine Lehren der Grundrechte, München 1988, zit.: *K. Stern*, StR III/1 – mit entsprechender Seitenzahl.

ders.

Das Staatsrecht der Bundesrepublik Deutschland, Band III/2 – Allgemeine Lehren der Grundrechte, München 1994, zit.: *K. Stern*, StR III/2 – mit entsprechender Seitenzahl.

Süme, Oliver J.

Editorial: Vorratsdatenspeicherung – quo vadis, in: MMR 2011, S. 141 ff., zit.: *O. Süme,* MMR 2011, S. 141 – mit entsprechender Seitenzahl.

Szczekalla, Peter

Die sogenannten grundrechtlichen Schutzpflichten im deutschen und europäischen Recht, Berlin 2002, zit.: *P. Szczekalla,* Die sogenannten grundrechtlichen Schutzpflichten im deutschen und europäischen Recht – mit entsprechender Seitenzahl.

Tiedemann, Paul

Vom inflationären Gebrauch der Menschenwürde in der Rechtsprechung des BVerfG, in: DÖV 2009, S. 606 ff., zit.: *P. Tiedemann,* DÖV 2009, S. 606 – mit entsprechender Seitenzahl.

Tinnefeld, Marie-Theres

Rasterfahndung – Jedermann als „Beifang"?, in: MMR 2009, XXVI ff., zit.: *M.-T. Tinnefeld,* MMR 2009, S. XXVI.

Verein Deutscher Verwaltungsgerichtstag e.V. (Hrsg.)

Dokumentation – 16. Deutscher Verwaltungsgerichtstag, Freiburg 2010, Stuttgart 2011, zit.: *Bearbeiter, Titel,* in: Verein Deutscher Verwaltungsgerichtstag e.V. (Hrsg.) Dokumentation 16. Deutscher Verwaltungsgerichtstag – mit entsprechender Seitenzahl.

Volkmann, Uwe

Anmerkung zum Urteil des BVerfG vom 27.2.2008, 1 BvR 370/07 und 1 BvR 595/07, in: DVBl. 2008, S. 590 ff., zit.: *U. Volkmann,* DVBl. 2008, S. 590 – mit entsprechender Seitenzahl.

ders.

Anmerkung zum Urteil des BVerfG zur Rasterfahndung, in: JZ 2006, S. 918 ff., zit.: *U. Volkmann,* JZ 2006, S. 918 – mit entsprechender Seitenzahl.

ders.

Die Verabschiedung der Rasterfahndung als Mittel der vorbeugenden Verbrechensbekämpfung, in: JURA 2007, S. 132 ff., zit.: *U. Volkmann,* Verabschiedung der Rasterfahndung, JURA 2007, S. 132 – mit entsprechender Seitenzahl.

ders.

Sicherheit und Risiko als Probleme des Rechtsstaats, in: JZ 2004, S. 696 ff., zit.: *U. Volkmann,* Sicherheit und Risiko, JZ 2004, S. 696 – mit entsprechender Seitenzahl.

von Denkowski, Charles

Fernmeldeaufklärung durch IMSI-Catcher – Der Einsatz von Messgeräten zur Ortsbestimmung von Mobiltelefonen, in: Kriminalistik 2002, S. 117 ff., zit.: *C. von Denkowski*, Kriminalistik 2002, S. 117 – mit entsprechender Seitenzahl.

von Humboldt, Wilhelm

Ideen zu einem Versuch, die Gränzen der Wirksamkeit des Staats zu bestimmen (1798), Breslau 1851, zit.: W. v. Humboldt, Ideen zu einem Versuch, die Gränzen der Wirksamkeit des Staates zu bestimmen – mit entsprechender Seitenzahl.

von Mangoldt, Hermann / Klein, Friedrich / Starck, Christian (Hrsg.)

Kommentar zum Grundgesetz, Band 1, 6. Auflage, München 2005, zit: *Bearbeiter*, in: v. Mangoldt/Klein/Starck (Hrsg.), GG-Kommentar, *Artikel* mit *Randnummer.*

von Münch, Ingo / Kunig, Philip

Grundgesetz-Kommentar, Band 1, 5. Auflage, München 2000, zit.: *Bearbeiter*, in: v. Münch/Kunig, GG-Kommentar, *Artikel* und *Randnummer.*

Warntjen, Maximilian

Die verfassungsrechtlichen Anforderungen an eine gesetzliche Regelung der Online-Durchsuchung, in: JURA 2007, S. 581 ff., zit.: *M. Warntjen,* JURA 2007, S. 581 – mit entsprechender Seitenzahl.

ders.

Heimliche Zwangsmaßnahmen und der Kernbereich privater Lebensgestaltung, Eine Konzeption im Anschluss an das Urteil des Bundesverfassungsgerichts zur akustischen Wohnraumüberwachung, BVerfGE 109, 279, Baden-Baden 2007, zit.: *M. Warntjen*, Heimliche Zwangsmaßnahmen und der Kernbereich privater Lebensgestaltung – mit entsprechender Seitenzahl.

Weichert, Thilo

Genügen Bergpredigten gegen Sicherheitspopulismus? Zum Lauschurteil des Bundesverfassungsgerichts, in: MMR 2004, S. 209 f., zit.: *T. Weichert*, MMR 2004, S. 209 – mit entsprechender Seitenzahl.

Weiß, André

Online-Durchsuchungen im Strafverfahren, Hamburg 2009, zit.: *A. Weiß*, Online-Durchsuchungen im Strafverfahren – mit entsprechender Seitenzahl.

Welcker, Carl Theodor

Die letzten Gründe von Staat, Recht und Strafe, Gießen 1813, zit.: *C. T. Welcker,* Die letzten Gründe von Staat, Recht und Strafe, 1813 – mit entsprechender Seitenzahl.

Westphal, Dietrich

Leitplanken für die Vorratsdatenspeicherung – Abrücken von Solange, in: EuZW 2010, S. 494, zit.: *D. Westphal*, EuZW 2010, S. 494 – mit entsprechender Seitenzahl.

Wolff, Heinrich Amadeus

Vorratsdatenspeicherung – Der Gesetzgeber gefangen zwischen Europarecht und Verfassung?, in: NVwZ 2010, S. 751 ff., zit.: *H. Wolff,* NVwZ 2010, S. 751 – mit entsprechender Seitenzahl.

Zippelius, Reinhold

Allgemeine Staatslehre, Politikwissenschaft, 16. Auflage, München 2010, zit.: *R. Zippelius,* Allgemeine Staatslehre, mit entsprechendem Paragraphen und Untergliederungsbezeichnung.

Studien zum deutschen und europäischen Medienrecht

Herausgegeben von Dieter Dörr und Udo Fink
mit Unterstützung der Dr. Feldbausch Stiftung

Band 1 Peter Charissé: Die Rundfunkveranstaltungsfreiheit und das Zulassungsregime der Rundfunk- und Mediengesetze. Eine verfassungs- und europarechtliche Untersuchung der subjektiv-rechtlichen Stellung privater Rundfunkveranstalter. 1999.

Band 2 Dieter Dörr: Umfang und Grenzen der Rechtsaufsicht über die Deutsche Welle. 2000.

Band 3 Claudia Braml: Das Teleshopping und die Rundfunkfreiheit. Eine verfassungs- und europarechtliche Untersuchung im Hinblick auf den Rundfunkstaatsvertrag, den Mediendienste-Staatsvertrag, das Teledienstegesetz und die EG-Fernsehrichtlinie. 2000.

Band 4 Dieter Dörr, unter Mitarbeit von Mark D. Cole: *Big Brother* und die Menschenwürde. Die Menschenwürde und die Programmfreiheit am Beispiel eines neuen Sendeformats. 2000.

Band 5 Martin Stock: Medienfreiheit in der EU-Grundrechtscharta: Art. 10 EMRK ergänzen und modernisieren! 2000.

Band 6 Wolfgang Lent: Rundfunk-, Medien-, Teledienste. Eine verfassungsrechtliche Untersuchung des Rundfunkbegriffs und der Gewährleistungsbereiche öffentlich-rechtlicher Rundfunkanstalten unter Berücksichtigung einfachrechtlicher Abgrenzungsfragen zwischen Rundfunkstaatsvertrag, Mediendienstestaatsvertrag und Teledienstegesetz. 2001.

Band 7 Torsten Schreier: Das Selbstverwaltungsrecht der öffentlich-rechtlichen Rundfunkanstalten. 2001.

Band 8 Dieter Dörr: Sport im Fernsehen. Die Funktionen des öffentlich-rechtlichen Rundfunks bei der Sportberichterstattung. 2000.

Band 9 Dieter Dörr (Hrsg.): www.otello.de. Klassik nur noch im Internet oder per pay? Symposium aus Anlass des 85. Geburtstages von Professor Dr. Heinz Hübner. 2000.

Band 10 Markus Nauheim: Die Rechtmäßigkeit des Must-Carry-Prinzips im Bereich des digitalisierten Kabelfernsehens in der Bundesrepublik Deutschland. Illustriert anhand des Vierten Rundfunkänderungsstaatsvertrages. 2001.

Band 11 Stefan Sporn: Die Ländermedienanstalt. Zur Zukunft der Aufsicht über den privaten Rundfunk in Deutschland und Europa. 2001.

Band 12 Christian Ebsen: Fensterprogramme im Privatrundfunk als Mittel zur Sicherung von Meinungsvielfalt. 2003.

Band 13 Dieter Dörr / Stephanie Schiedermair: Rundfunk und Datenschutz. Die Stellung des Datenschutzbeauftragten des Norddeutschen Rundfunks. Eine Untersuchung unter besonderer Berücksichtigung der verfassungsrechtlichen und europarechtlichen Vorgaben. 2002.

Band 14 Dieter Dörr (Hrsg.): Rundfunk über Gebühr. Die Finanzierung des öffentlich-rechtlichen Rundfunks im Zeitalter der technischen Konvergenz. 3. Mainzer Mediengespräch. 2003.

Band 15 Dieter Dörr / Stephanie Schiedermair: Die Deutsche Welle. Die Funktion, der Auftrag, die Aufgaben und die Finanzierung heute. 2003.

Band 16 Frauke Blechschmidt: Das Instrumentarium audiovisueller Politik der Europäischen Gemeinschaft aus kompetenzrechtlicher Sicht. 2003.

Band 17 Christine Jury: Die Maßgeblichkeit von Art. 49 EG für nationale rundfunkpolitische Ordnungsentscheidungen unter besonderer Berücksichtigung von Art. 151 EG. Eine Untersuchung am Beispiel öffentlich-rechtlicher Spartenkanäle. 2005.

Band 18 Sabine Groh: Die Bonusregelungen des § 26 Abs. 2 S. 3 des Rundfunkstaatsvertrages. 2005.

Band 19 Sylke Wagner: Das *Websurfen* und der Datenschutz. Ein Rechtsvergleich unter besonderer Berücksichtigung der Zulässigkeit sogenannter *Cookies* und *Web Bugs* am Beispiel des deutschen und U.S.-amerikanischen Rechts. 2006.

Band 20 Stephanie Reese: Der Funktionsauftrag des öffentlich-rechtlichen Rundfunks vor dem Hintergrund der Digitalisierung. Zur Konkretisierung des Funktionsauftrages in § 11 Rundfunkstaatsvertrag. 2006.

Band 21 Henrike Maaß: Der Dokumentarfilm – Bürgerlichrechtliche und urheberrechtliche Grundlagen der Produktion. 2006.

Band 22 Dorit Bosch: Die „Regulierte Selbstregulierung" im Jugendmedienschutz-Staatsvertrag. Eine Bewertung des neuen Aufsichtsmodells anhand verfassungs- und europarechtlicher Vorgaben. 2007.

Band 23 Johannes Gerhard Reitzel: Arbeitsrechtliche Aspekte der Arbeitnehmerähnlichen im Rundfunk. 2007.

Band 24 Ulf Böge / Jürgen Doetz / Dieter Dörr / Rolf Schwartmann: Wieviel Macht verträgt die Vielfalt? Möglichkeiten und Grenzen von Medienfusionen. 2007.

Band 25 Valérie Schüller: Die Auftragsdefinition für den öffentlich-rechtlichen Rundfunk nach dem 7. und 8. Rundfunkänderungsstaatsvertrag. 2007.

Band 26 Simone Naumann: Die arbeitnehmerähnliche Person in Fernsehunternehmen. 2007.

Band 27 Nathalie Hellmuth: ARTE – Europa auf Sendung. Verfassungsrechtliche Rahmenbedingungen für die Beteiligung von ARD und ZDF an supranationalen Gemeinschaftssendern am Beispiel des Europäischen Kulturkanals ARTE. 2007.

Band 28 Dieter Dörr / Stephanie Schiedermair: Ein kohärentes Konzentrationsrecht für die Medienlandschaft in Deutschland. 2007.

Band 29 Dieter Dörr / Simone Sanftenberg / Rolf Schwartmann (Hrsg.): Medienherausforderungen der Zukunft. Seminar zum nationalen und internationalen Medienrecht. Vom 06.–10. Dezember 2006 in Lech am Arlberg (Österreich). 2008.

Band 30 Nina Nicole Hütt: Zur Frage der Existenz von Hörfunkrechten des Sportveranstalters unter besonderer Berücksichtigung der Fußball-Bundesliga. 2008.

Band 31 Hans-Martin Schmidt: Rundfunkgebührenfinanzierung unter dem GATS. 2008.

Band 32 Julia Niebler: Die Stärkung der Regionalfensterprogramme im Privaten Rundfunk als Mittel zur Sicherung der Meinungsvielfalt durch den Achten Rundfunkänderungsstaatsvertrag. 2009.

Band 33 Jörg Michael Voß: Pluraler Rundfunk in Europa – ein duales System für Europa? Rahmenbedingungen für den öffentlich-rechtlichen Rundfunk in einer europäischen dualen Rundfunkordnung. Unter Berücksichtigung der Anforderungen der europäischen Meinungs- und Medienfreiheit. 2008.

Band 34 Nina Knorre: Die Abwicklung des Arbeitsverhältnisses nach erfolgreicher Statusklage im Rundfunk. 2008.

Band 35 Kai Friedrich Zentara: Medienordnung und Öffentlicher Diskurs. Die Pflicht des Staates zur Gewährleistung der Funktionstüchtigkeit des Öffentlichen Diskurses. 2009.

Band 36 Daniel Rudolph: Erhalt von Vielfalt im Pressewesen. Unter besonderer Berücksichtigung des publizistischen Wettbewerbs. 2009.

Band 37 Felix Heimann: Der Pressekodex im Spannungsfeld zwischen Medienrecht und Medienethik. 2009.

Band 38 Christine Scheunert: Europäischer Jugendschutz für das Fernsehen.Bestimmungen eines kohärenten Harmonisierungsgrades unter Berücksichtigung der Jugendschutzsysteme in Großbritannien, den Niederlanden, Deutschland und Polen. 2009.

Band 39 Kristoff M. Ritlewski: Pluralismus als Strukturprinzip im Rundfunk. Anforderungen aus dem Funktionsauftrag und Regelungen zur Sicherung in Deutschland und Polen. 2009.

Band 40 Carola Drechsler: Europäische Förderung audiovisueller Medien zwischen Welthandel und Anspruch auf kulturelle Vielfalt. Unter besonderer Berücksichtigung der Kulturkompetenz der Europäischen Gemeinschaft. 2009.

Band 41 Marco Rau: Der internationale Schutz von Domainnamen und Markenrechten im Internet. Analyse unter Berücksichtigung deutschen Rechts. 2010.

Band 42 Caroline Hahn: Die Aufsicht des öffentlich-rechtlichen Rundfunks. Bestandsaufnahme und Zukunftsperspektiven. 2010.

Band 43 Harald Bretschneider: Bewertung crossmedialer Verflechtungen im Medienkonzentrationsrecht. Eine rechtsvergleichende Untersuchung unter besonderer Berücksichtigung Deutschlands, Großbritanniens sowie der Entwicklung in der EU. 2010.

Band 44 Rolf Schwartmann: Die Beteiligung von Presseunternehmen am Rundfunk. Rechtsgutachten zur Novellierung des § 33 Abs. 3 LMG NRW. 2010.

Band 45 Christopher Wolf: Der Kulturauftrag des öffentlich-rechtlichen Rundfunks in der Rechtsprechung des Bundesverfassungsgerichts. 2010.

Band 46 Dieter Dörr (Hrsg.): Die Medienordnung der Zukunft. Zum 10jährigen Bestehen des Mainzer Medieninstituts. 2011.

Band 47 Laura Johanna Reinlein: Medienfreiheit und Medienvielfalt. Kontrolle crossmedialer Konzentration in Zeiten der Konvergenz. 2011.

Band 48 Eva Ellen Wagner: Abkehr von der geräteabhängigen Rundfunkgebühr. Die Neuordnung der Rundfunkfinanzierung. 2011.

Band 49 Dieter Dörr (Hrsg.): Die Macht der Medien. Medienrechtliches Kolloquium zum 75. Geburtstag von Hartmut Schiedermair. 2011.

Band 50 Christine Seehaus: Das Pornographieverbot im Rundfunk und in den elektronischen Medien. 2011.

Band 51 Eva Aernecke: Der Schutz elektronischer Daten im Verfassungsrecht. Bedrohungen durch neue Ermittlungsmethoden. 2012.